国家金融与发展实验室
National Institution for Finance & Development

中国住房金融
发展报告
（2024）

顾 问/李 扬
蔡 真 崔 玉 等/著

社会科学文献出版社
SOCIAL SCIENCES ACADEMIC PRESS (CHINA)

目　录

综合篇

市场篇

专题篇

综合篇

General Report

第一章
中国住房市场及住房金融总报告

蔡　真*

- 房地产市场运行方面，2023年，房地产市场延续2022年的下行态势，全年新建商品住宅的销售面积仅为9.48亿平方米，同比下降8.2%，已回落至2011年水平；70城新建商品住宅和二手住宅环比销售价格自2021年9月以来持续下跌20个月，自2023年2月开始反弹，但反弹仅持续1个月，之后形势急转直下，截至2023年12月，新建商品住宅和二手住宅销售价格相对2021年9月分别累计下跌4.12%和8.90%。受房价下行以及房企债务违约影响，房地产景气度下行，土地交易市场低迷，这反映出需求端和供给端存在较大悲观预期。

- 房地产金融形势方面，2023年，需求端，个人住房贷款余额从第二季度开始连续三个季度负增长，2023年末，个人住房贷款余额规模为38.17万亿元；从增量看，受首套房"认房不认贷"政策的实施、首套住房和第二套住房最低首付比例政策下限下调的影响，居民购房的财务杠杆水平有所提高；按揭贷款余额减少主要由于提前还贷。供给端，房企融资方面，2023年末，房地产开发贷款余额为12.88万亿元，同比增长1.5%；2023年年末，房地产信托余额约为9738亿元，同比下降20.43%；2023

---

* 蔡真，中国社会科学院金融研究所副研究员，国家金融与发展实验室房地产金融研究中心主任、高级研究员。

年，房企境内信用债（不包括资产证券化产品）的发行总额为4529亿元，同比下降8.3%；2023年，房企境外债发行总额为195.2亿美元，同比下降8.9%。虽然房企融资政策环境明显改善，但除银行信贷融资渠道外，信托、债券融资规模均在收缩。

- 2023年最值得关注的住房金融现象是提前归还个人按揭贷款。本报告估算了提前还贷的规模，2023年四个季度的提前还贷金额分别为1.23万亿元、1.05万亿元、2.43万亿元和0.98万亿元，全年合计达到5.69万亿元；而2016~2021年的季度提前还贷均值为0.6万亿~0.7万亿元，这说明当前提前还贷的规模巨大。研究发现，以2020年为界，中国住房按揭贷款提前归还的宏观动因发生了根本转变。过往，为了实现资产价值最大化，提前还贷只是居民不停地再投资房产的过程中的一个必经环节；当下，中国居民提前还贷行为可以概括为了降低成本而进行的使负债最小化的行为，直接归还剩余按揭贷款或将按揭贷款替换为经营贷、消费贷都会引发提前还贷的现象。提前还贷的动因的转变有深刻的含义，它既意味着房价正在经历长期拐点，也意味着房地产市场从长期偏离一般均衡逐渐回归，而这一回归的根源是，主导房价上涨的人口红利、快速城镇化以及住房供需缺口等长期因素发生了根本转变。国有银行是我国金融体系的重要部门，按揭贷款主要集中于国有银行，研究按揭贷款提前归还现象对国有银行的影响非常重要。提前还贷造成银行资产负债表出现缩表效应和利润表受到负面冲击，对此，银行可以采取以下三种应对措施。第一，存量按揭贷款利率降幅在12%以内，银行可以主动降低存量按揭贷款利率。下调利率有利于减轻贷款人的利息负担；对银行而言，尽管眼前利益有所损失，但由于降价保住了存量按揭贷款（目前是银行最好的资产），从而也就保住了未来的现金流，这是一个双赢的策略。第二，如果存量按揭贷款利率降幅为12%~18%，那么银行可以采取降低存量贷款利率和允许贷款人提前还贷再投资的混合策略。第三，如果存量按揭贷款利率降幅超过18%，则银行可以采取放任不管的策略。

- 在房地产市场面临需求收缩、预期转弱和房企违约冲击的形势下，政府相关部门出台了一系列重要的住房金融政策。第一，金融"三支箭"政策，即针对房企信贷、债券融资和股权融资的支持政策，从政策效果来看，"第一支箭"取得了一定成效，另外"两支箭"的效果不明显。第二，存量首套房商业利率下调，该政策的目标有两个：一是为居民贷款减负；二是缓解"提前还贷潮"，保住商业银行最优质的资产。目前来看，第一个目标达成，第二个目标基本没有实现。第三，明确商品房消费者超级优先权，即商品房消费者以居住为目的购买房屋并已支付全部价款，其房屋交付请求权优先于建设工程价款优先受偿权、抵押权以及其他债权；在房屋不能交付且无实际交付可能的情况下，商品房消费者可以主张价款返还请求权优先于建设工程价款优先受偿权、抵押权以及其他债权。该政策的目标在于打消老百姓购买新房的疑虑，稳定市场信心。第四，各地进一步放开住房限购政策，其目的在于激发需求，化解库存压力。总体来讲，放开限购政策只是解开过往抑制需求的"枷锁"，由于主导需求的主体——居民行为发生了根本转变，市场恢复或需等待更长时间。

- 展望2024年，房地产政策会延续当前的宽松趋势，我国将逐步构建与房地产发展新模式相适应的住房制度。其中，需求端的现行的行政性限制措施将进一步优化；供给端的房企融资协调机制将全面落实，房地产行业的流动性风险将明显化解，但部分房企"资不抵债"风险的化解需要更多的时间和政策支持。房地产市场运行方面，本报告认为，房价已经下行较长时间且跌幅较大，具备了筑底的条件。支持这一判断的理由是，住宅的租金回报率在2%左右，与其他多种资产的收益率基本持平。然而，作为一种资产，房价不可避免地存在超调属性，考虑超调因素后，租金回报率或许要达到3%才能使房价筑底。房地产金融方面，需求端的按揭贷款形势依然不乐观，这主要是因为存量按揭贷款利率与新增按揭贷款利率之间依然存在可观的利差。供给端的金融形势相对乐观，随着金融"三支箭"政策的进一步落实，房企融资协调机制的推进，房企融资形势将有较大的改善。

一 住房市场形势

（一）住房买卖市场形势

2023年，中国房地产市场在经历了年初的短暂回暖行情后再次进入下行通道，整体上延续了2022年的下跌行情。分季度看，各季度商品住宅销售面积同比增长率分别为1.4%、-6.8%、-13.9%和-14.0%，商品住宅销售额呈现类似的走势，各季度同比增长率分别为7.1%、0.7%、-17.0%和-14.3%（见图1-1）。第一季度短暂回暖的原因是，疫情积压的住房需求集中释放，然而，这一需求的恢复并不稳固。从累计数据看，2023年，全国新建商品住宅的销售面积仅为9.48亿平方米，同比下降8.2%，同比降幅较2022年收窄了18.6个百分点；新建商品住宅销售额为10.30万亿元，同比下降6.0%，同比降幅较2022年收窄了22.3个百分点。新建商品住宅销售面积已回落至2011年的水平①，较2021年15.65亿平方米的峰值下降近40%。2023年，新建住房销售市场规模继续下行的主要原因可能包括以下三点。第一，房地产市场进入深度调整期，购房者对房价还会继续下行的预期较强，房地产市场上的投资、投机性需求者大幅减少，部分刚需、改善性需求者的观望情绪较浓。第二，自2021年第三季度以来，数十家大型房企出现财务风险，问题房企的期房项目大多难以如期交付，购房者对期房的购买意愿下降，导致新建商品住

---

① 2011年的住房销售面积为9.7亿平方米。

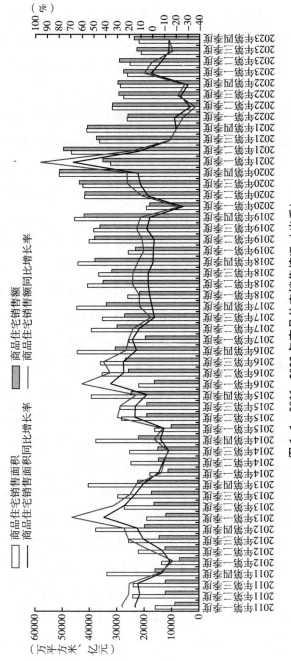

图 1-1　2011~2023 年商品住宅销售情况（当季）

注：商品住宅销售面积同比增长率、销售额同比增长率均按可比口径计算。由于报告期数据与上年已公布的同期数据之间存在不可比因素，因此不能直接相比计算增速。主要处理方式是加强在库项目管理，对退房项目数据进行修订；加强统计执法，对于在检查中发现的问题数据，按照相关规定进行改正；加强数据质量管理，剔除非本地产开发性质的项目投资数据以及具有抵押性质的销售数据。

资料来源：国家统计局、Wind。

宅销售不佳。与此同时，部分家庭出于置换或优化资产配置的目的开始挂牌出售持有的住房，二手住房市场供给增加，且部分二手房源的价格下调幅度较大。因此，部分购房者转而购买更具性价比的二手住房。第三，青年群体就业预期和收入增长预期较差，部分刚性需求难以转化为市场的有效需求。

商品住宅销售价格走势与上述销售数据趋势相同。2023 年，国家统计局公布的 70 城新建商品住宅和二手住宅销售价格在 2~4 月环比经历了短暂的"小阳春"上涨行情后，重回下跌态势，且月度环比跌幅有所扩大。从同比数据看，70 个大中城市的新建商品住宅销售价格下降 0.89%，降幅较 2022 年收窄 1.4 个百分点；二手住宅销售价格则下降了 4.07%，同比降幅较 2022 年扩大 0.31 个百分点，下跌幅度较大。分城市层级来看，2023 年，一线城市新建商品住宅销售价格同比下降 0.10%，二手住宅销售价格同比下降 3.47%；二线城市新建商品住宅销售价格同比上涨 0.05%，二手住宅销售价格同比下降 4.02%；三线城市新建商品住宅销售价格同比下降 1.81%，二手住宅销售价格同比下降 4.18%。2011~2022 年 70 个大中城市房价走势（环比）见图 1-2。总体来看，由于一线、二线城市仍存在较大的刚性、改善性需求，新建商品住宅销售价格相对于三线城市的表现较为坚挺。但是，部分居民出于置换需求或对资产缩水的担忧，开始抛售持有的住房，导致二手住房市场供给增加，各线城市二手住宅销售价格普遍下跌。

库存数据从另一个角度反映了市场供需情况。根据国家统计局的数据，2023 年，中国商品住宅待售面积为 3.31 亿平方米，同比增长 22.20%，为 2017 年以来的最高值。从库存去化周期情况来看，14 个样本城市的平均住宅库存去化周期由 2022 年末的 17.6 个月上升至 2023 年末的 24.6 个月，库存去化周期明显上升。分城市层级来看，三线城市的平均住宅库存去化周期最长：2023 年末为 42.2 个月。这意味着在三线城市已经建好的住宅需要 3 年半以上的时间才能卖出去。一线、二线城市的平均住宅库存去化周期小幅上升，但仍处于合理区间：2023 年末，一线城市的平均住

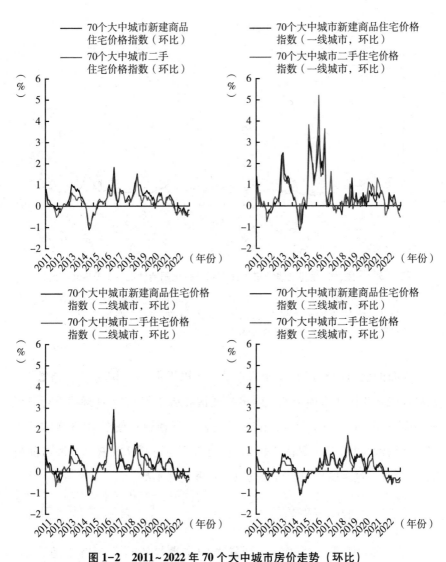

图 1-2 2011~2022 年 70 个大中城市房价走势（环比）

资料来源：国家统计局、Wind。

宅库存去化周期为 13.1 个月，较 2022 年末上升 1.9 个月；二线城市的平均住宅库存去化周期为 18.3 个月，较 2022 年末上升 1.2 个月。一线、二线和三线城市的住宅库存去化周期情况（3 周移动平均）见图 1-3。

供需和价格两个方面的数据反映了过去一年住房市场的情况，国家统

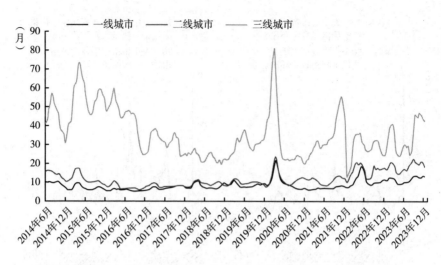

图 1-3　一线、二线和三线城市的住宅库存去化周期情况（3 周移动平均）

注：一线城市包括北京、上海、广州、深圳，二线城市包括杭州、南京、苏州、厦门、南昌、福州、南宁、青岛，三线城市包括泉州、莆田、东营、东莞、舟山、宝鸡。

资料来源：笔者根据 Wind 统计数据绘制。

计局公布的全国房地产开发景气指数①（以下简称"国房景气指数"）则可以较好地反映市场预期。国房景气指数从 2021 年 2 月持续下行，仅在 2023 年 1~4 月小幅反弹，随后又进入下行通道；截至 2023 年末，国房景气指数为 93.33（见图 1-4），相对最高点下跌 7.99%，下跌时间持续 35 个月。这表明房地产行业的景气程度仍然不高。

（二）土地市场形势

由于住宅销售市场趋冷，开发商的拿地投资行为影响土地市场。2023 年，100 个大中城市住宅类用地供应面积为 2.81 亿平方米，同比下

---

① 全国房地产开发景气指数遵循经济周期波动的理论，以景气循环理论与景气循环分析方法为依据，运用时间序列、多元统计、计量经济分析方法，以房地产开发投资为基准指标，选取房地产投资、资金、面积、销售有关指标，剔除季节因素的影响，包含随机因素，辅以增长率循环方法编制而成，每月根据新加入的数据对历史数据进行修订。通常情况下，对于全国房地产开发景气指数，100 是最合适的水平，95~105 为适度水平，95 以下为较低水平，105 以上为偏高水平。

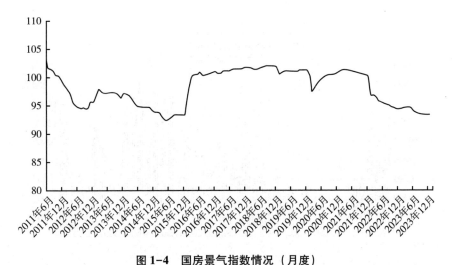

图 1-4　国房景气指数情况（月度）

资料来源：国家统计局、Wind。

降 13.9%；成交面积为 2.06 亿平方米，同比下降 20.7%；成交总价为 2.54 万亿元，同比下降 18.2%。2023 年，100 个大中城市共有 7388 宗土地未能成交，较 2022 年上升 14.8%；住宅类用地成交土地溢价率为 5.0%，较 2022 年有所提升。100 个大中城市土地交易情况见图 1-5。从财政部财政收支数据来看，2023 年，国有土地使用权出让收入为 5.80 万亿元，同比下降 13.2%。总体来看，新建商品住宅市场销售规模的持续下降及民营房企融资难等问题，导致房企拿地意愿和能力仍然较弱，土地交易市场仍未能摆脱低迷状态。虽然住宅类用地供给规模下降，但是部分核心城市增加核心区域土地供给，这使成交土地溢价率略有上升。

（三）住房租赁市场形势

住房租赁市场呈现前高后低的走势。2023 年前三季度，住房租赁市场已经全面复苏，一、二、三线城市的住房租金水平普遍有所上涨，且一线城市的住房租金水平的上涨幅度略高一些；但是进入住房租赁市场

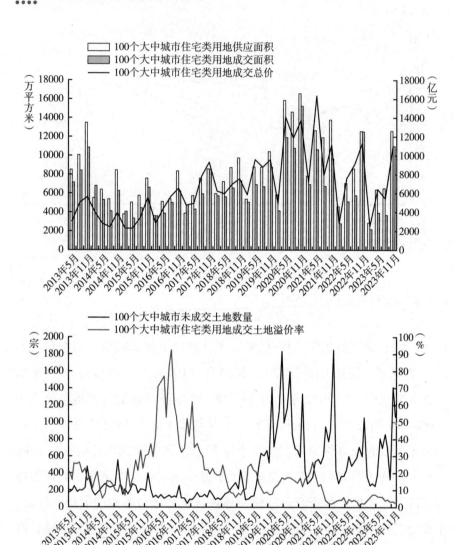

图1-5 100个大中城市土地交易情况

资料来源：Wind。

淡季的第四季度，受需求减弱和保障性租赁住房等供给增加的共同影响，一、二、三线城市的住房租金水平均出现较大幅度的下调。从贝壳研究院统计的50城住房租金指数来看，2023年，4个一线城市的平均住房租金水平同比下降 2.4%；28 个二线城市的平均住房租金水平同比下降 1.7%；18 个三线城市的平均住房租金水平同比下降 1.6%。50 城住房租金指数（月度，定基 2018 年 11 月＝100）见图 1-6。

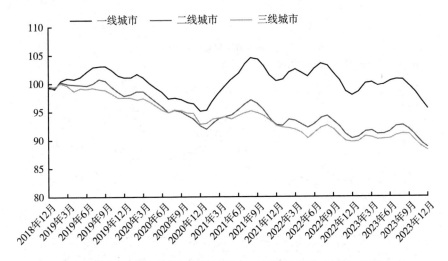

图 1-6　50 城住房租金指数（月度，定基 2018 年 11 月＝100）

　　注：统计时按照一、二、三线城市划分，一线城市指北京、上海、广州、深圳 4 个城市；二线城市指成都、大连、福州、贵阳、哈尔滨、杭州、合肥、呼和浩特、济南、昆明、兰州、南昌、南京、宁波、青岛、厦门、沈阳、石家庄、苏州、太原、天津、武汉、西安、银川、长春、长沙、郑州、重庆共 28 个城市；三线城市指常州、东莞、佛山、惠州、嘉兴、廊坊、洛阳、绵阳、南通、泉州、绍兴、温州、无锡、芜湖、徐州、烟台、中山、珠海共 18 个城市。

　　资料来源：贝壳研究院。

　　除考察租房价格的绝对水平外，还可以通过相对指标衡量价格水平，下文采用的是租金资本化率。租金资本化率由每平方米住宅的价格除以每平方米住宅的年租金得到，其衡量的是一套住宅完全靠租金收回成本要经过多少年，可以较好地用于刻画房价泡沫程度。这一概念与租售比类似，但更加直观。2023 年，4 个一线城市的平均租金资本化率从 2022 年末的 57.8 年小幅下降至 2023 年末的 55.2 年。二线热点城市的平均租金资本化率由 2022 年末的 56.2 年下降至 2023 年末的 49.9 年；2023 年末，二线非热点城市的平均租金资本化率为 47.6 年，与上一年同期基本持平。三线城市的平均租金资本化率由 2022 年末的 42.0 年小幅下降至 2023 年末的 41.0 年。总体来看，因为租房价格水平下降幅度略小于房价下降幅度，样本城市的租金资本化率略有下降或基本持平。租金资本化率走势见图 1-7。

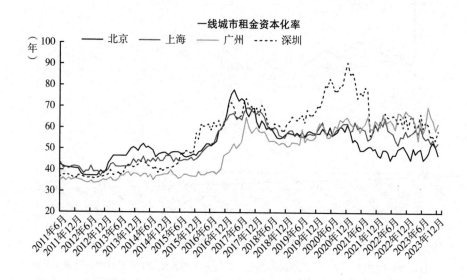

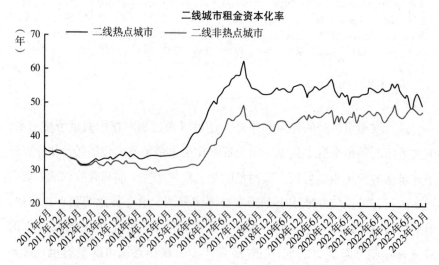

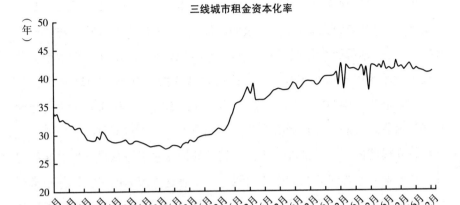

图 1-7　租金资本化率走势

注：二线热点城市包括杭州、南京、苏州、武汉、成都、厦门、福州、西安、合肥，二线非热点城市包括天津、重庆、郑州、长沙、南宁、南昌、青岛、宁波；三线城市包括昆明、太原、兰州、乌鲁木齐、呼和浩特、湖州、泉州、常德、蚌埠。

资料来源：国家金融与发展实验室监测数据。

二　住房金融形势

（一）个人住房金融形势

1. 个人按揭贷款总量情况

从存量数据看，截至 2023 年末，我国个人住房贷款余额为 38.17 万亿元，占全部信贷余额的比例下降至 16.1%。从余额增速来看，个人住房贷款余额同比增速从 2017 年第二季度开始呈持续下降态势；2023 年，个人住房贷款余额同比增速延续这一走势，第一、二、三、四季度，主要金融机构的个人住房贷款余额同比增速分别为 0.3%、-0.7%、-1.2% 和-1.6%，同比增速出现连续三个季度为负值的情况 ［见图 1-8 (a)］。

个人按揭贷款余额连续三个季度同比负增长，住房货币化改革以来首次出现这一罕见现象，并且持续时间较长。粗略地分析，个人按揭贷款余额变动，一方面来自新增贷款（余额增加），另一方面来自归还贷款（余额减少）。根据国家金融监督管理总局公布的数据，2023 年，新增个人住房按揭贷款的规模为 6.4 万亿元，即使在这样的情况下，2023 年个人按揭贷款余额相对于 2022 年减少了 6300 亿元，这意味着 2023 年还贷金额超过新增贷款金额，并且规模在 7 万亿元以上。个人按揭贷款归还包括正常还贷和提前还贷两种情况，正常还贷的规模取决于按揭贷款发放时的规模、合同期限、当时贷款利率等因素，尽管有这些因素的干扰，但正常还贷的规模基本能满足平稳性要求，那么，如此之巨的还贷规模波动必然是因为提前还贷。这一现象值得高度关注，下文将估算提前还贷规模，分析动因并估计其对商业银行的影响。居民部门中长期贷款的月度增量数据也印证了上述现象。2023 年，主要金融机构居民部门新增中长期贷款月度平均增量仅为 2125 亿元，较 2022 年的 2292 亿元的月度平均增量下降了 7.3%；且 2023 年 4 月和 7 月的月度平均增量出现了为负值的情形。

2. 个人按揭贷款风险情况

本报告计算了一线城市和部分二线城市新增二手住房贷款价值比（Loan to Value，LTV），这一指标可以衡量住房价值对新增住房贷款的保障程度，也可以用于反映个人住房贷款违约风险。LTV 与个人住房贷款违约率显著正相关，如果这一指标数值较低，就说明购房者中使用自有资金的比例较高，则银行等金融机构面临的风险不大。

2023 年末，一线城市中，北京的平均新增二手住房的 LTV 为 41%，上海的平均新增二手住房的 LTV 为 45%，均处于较低水平；广州的平均新增二手住房的 LTV 为 60%，深圳的平均新增二手住房的 LTV 为 57%，均处于合理水平。二线城市中，成都的平均新增二手住房的 LTV 为 61%，合肥的平均新增二手住房的 LTV 为 62%，南京的平均新增二手住房的 LTV 为 59%，天津的平均新增二手住房的 LTV 为 62%，均处于合理水平；西安的平均新增二手住房的 LTV 为 65%，重庆的平均新增二手住房的 LTV 为 67%，东莞的平均新增二手住房的 LTV 为 69%，佛山的平均新增二手住房

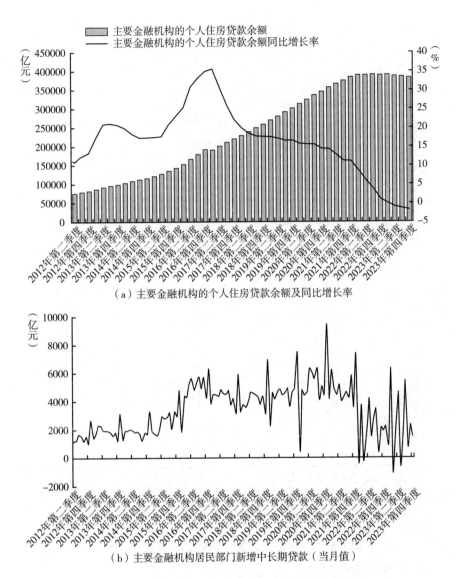

（a）主要金融机构的个人住房贷款余额及同比增长率

（b）主要金融机构居民部门新增中长期贷款（当月值）

图 1-8　主要金融机构的个人住房贷款余额及同比增长率与主要金融机构居民部门新增中长期贷款情况

资料来源：中国人民银行、Wind。

的 LTV 为 71%，处于相对较高水平，但平均首付比例在 3 成左右。一线和部分二线城市新增二手住房的 LTV 见图 1-9。

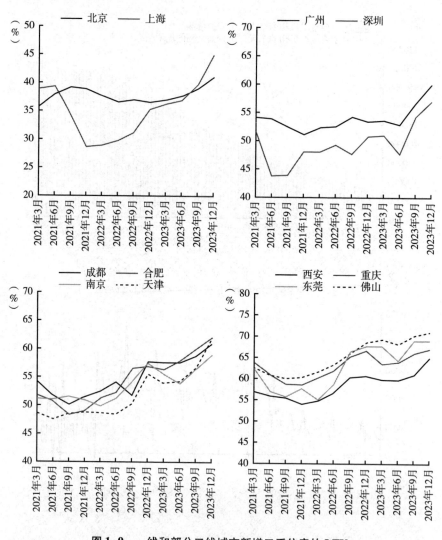

图1-9　一线和部分二线城市新增二手住房的LTV

资料来源：贝壳研究院。

　　总体来看，样本城市新增二手住房的LTV在2023年均有所上升，这一指标上升主要由政策驱动，包括首套房"认房不认贷"、最低首付比例下调等。二手住房的LTV既反映了二手住房按揭贷款的风险水平，也代表了居民购房时所应用的杠杆水平。上文的分析表明，居民部门中有相当规模的人在修复家庭资产负债表,也即去杠杆;本部分的分析表明,一、二线城市在边际上存在显著加杠杆的力量。这一方面说明增量政策并非无效,另一方面更能反映过往政策存在偏误,这导致2023年"去杠杆"的力量大于"加杠杆"的力量。未来我们要高度关注这两股力量的对比情况,因为这决定了居民部门资产负债表的状态到底是收缩还是扩张,也决定了房价的走势。

(二)房企融资形势

1. 房企开发贷款融资情况

从中国人民银行公布的金融机构贷款投向统计数据来看,2023年末,房地产开发贷款余额为12.88万亿元,同比增长1.5%(见图1-10),占全部信贷余额的比例为5.4%。从房地产开发贷款余额的净增量数据来看,2023年第一季度的净增量为6100亿元;第二季度净减少2000亿元;第三季度的净增量为700亿元;第四季度净减少2900亿元。

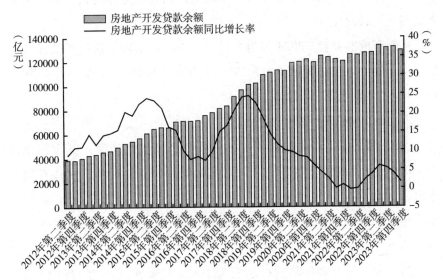

图1-10 房地产开发贷款余额情况(季度)

资料来源:中国人民银行、Wind。

总的来看，随着房企融资政策环境进一步改善、3500 亿元"保交楼"专项借款有序投放、"保交楼"贷款支持计划实施，加上部分存量房地产开发贷款获准展期，房地产开发贷款余额保持连续六个季度同比正增长，这为房企提供了稳定的信贷资金支持。

2. 房地产信托融资情况

从投向房地产的信托资金规模来看，2023 年末，房地产信托余额约为 9738 亿元，同比下降 20.43%；与 2022 年末相比，余额继续压降了 2500 亿元。2023 年末，房地产信托余额占信托业资金余额的比例为 5.6%［见图 1-11（a）］，较 2022 年末下降了 2.53 个百分点。从 2019 年第三季度开始，房地产信托存量余额已连续 18 个季度下滑；房地产信托存量余额较峰值时的 2.93 万亿元已压降 1.95 万亿元；房地产信托余额占信托业资金余额的比例较峰值时的 15.38% 下降了 9.78 个百分点。在行业强监管和房企债务违约事件不断发生的市场环境约束下，信托投资公司持续压降房地产信托规模，房地产信托余额占信托业资金余额的比例持续下降。这意味着传统房地产信托业务作为信托业主营业务的时代已经终结。

从融资成本来看，2023 年第一、二、三、四季度，房地产信托发行的平均预期年化收益率分别为 7.28%、6.96%、6.91%、6.90%［见图 1-11（b）］，呈持续下降趋势。

3. 房企信用债发行情况

2023 年，房企境内信用债（不包括资产证券化产品）的发行总额为 4529 亿元，同比下降 8.3%；平均票面利率为 3.57%。从存量情况来看，2023 年末，房企境内信用债待还余额为 1.96 万亿元，较 2022 年末增长 0.83%；其中，在 2024 年内新增到期的境内信用债规模为 2992 亿元。

2023 年，房企境外债发行总额为 195.2 亿美元（约为 1382 亿元），同比下降 8.9%；平均票面利率为 4.03%。其中，华夏幸福因债务重组发行了约 50 亿美元境外债，利率为 0 或 2.5%，期限为 8 年，用于置换原来

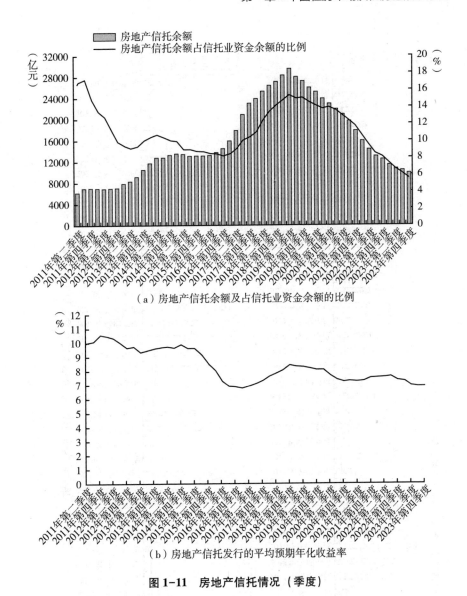

（a）房地产信托余额及占信托业资金余额的比例

（b）房地产信托发行的平均预期年化收益率

图1-11　房地产信托情况（季度）

资料来源：中国信托业协会、用益信托网、Wind。

的高息境外债。从存量情况来看，2023年末，房企境外债存量余额为1348亿美元（约为9545亿元），较2022年末下降了22.08%。

房企境内信用债、境外债发行金额及同比增长率（季度）见图1-12。

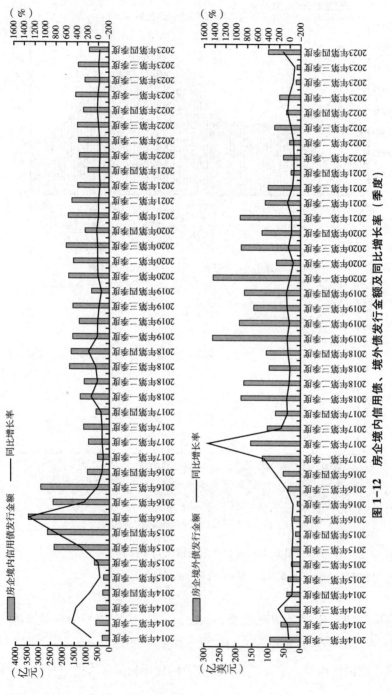

图1-12 房企境内信用债、境外债发行金额及同比增长率（季度）

资料来源：Wind。

三　最值得关注的住房金融现象——提前还贷潮

2023 年上半年，个人按揭贷款出现了较大规模的提前归还的现象，网络上出现了很多鼓动居民提前还贷的视频，银行营销人员或第三方资金中介则大肆推销经营贷或消费贷置换按揭贷款业务。我们在 2023 年 5 月进行的一次调研也证明了这一现象。据中国人民银行四川省分行反映，2023 年第一季度，四川省个人住房贷款提前归还额为 462.6 亿元，同比增长 85.3%；12363 四川省呼叫中心受理个人住房贷款投诉 61 件，同比增长 9 倍，投诉内容主要是存量房贷利率高、提前还款预约时间长。此外，个人住房抵押贷款支持证券（RMBS）的年化早偿率[①]也反映了这一现象：2016 年以来，早偿率为 8%～10%，而 2023 年前三季度早偿率分别为 15.2%、13.1% 和 59.7%。

提前还贷过往在中国个人住房按揭贷款市场是一个正常现象，因为中国个人住房按揭贷款的合同期限一般为 20～25 年，而按揭贷款的实际生存周期只有 10 年左右。然而，这一次不一样，2023 年的提前还贷潮的冲击力巨大，不仅意味着房地产市场从长期偏离一般均衡向一般均衡回归，而且会对银行体系产生深远影响。以下首先阐明提前还贷的估算方法及规模，其次分析提前还贷的动因转变及宏观含义，最后讨论提前还贷对商业银行的影响。

（一）提前还贷的估算方法及规模

个人住房按揭贷款的余额变化取决于上一期按揭贷款余额以及三个流量数据即新发放按揭贷款金额、还贷金额以及 RMBS 新发行金额的变化，可表示为：

$$当期按揭贷款余额=上一期按揭贷款余额+新发放按揭贷款金额$$
$$-还贷金额-RMBS 新发行金额 \qquad (1)$$

其中，新发放按揭贷款金额可以拆分为新房新发放按揭贷款金额与二

---

① 早偿率是提前还贷的专业术语，提前还贷是早偿的通俗说法。

手房新发放按揭贷款金额两项，而还贷金额可以拆分为正常还贷金额与提前还贷金额两项，于是，式（1）可以进一步改写为：

$$当期按揭贷款余额=上一期按揭贷款余额+（新房新发放按揭贷款金额$$
$$+二手房新发放按揭贷款金额）-（正常还贷金额$$
$$+提前还贷金额）-RMBS新发行金额 \qquad (2)$$

式（2）进一步改写即可得到提前还贷金额，即：

$$提前还贷金额=（新房新发放按揭贷款金额+二手房新发放按揭贷款金额）$$
$$-RMBS新发行金额+（上一期按揭贷款余额$$
$$-当期按揭贷款余额）-正常还贷金额 \qquad (3)$$

式（3）右侧，当期按揭贷款余额与上一期按揭贷款余额为已知数据，由中国人民银行公布。新房新发放按揭贷款金额为已知数据，通过国家统计局公布的房地产开发资金来源中其他资金的个人按揭贷款各季度末累计值相减得到。RMBS新发行金额为已知数据，由银行间市场统计，可在Wind数据库查询。2005年，中国建设银行发行首单RMBS，2008年次贷危机发生后，RMBS发行陷入停滞；2014年之后，重启发行RMBS并且其规模呈快速增长态势，2018~2021年年发行规模保持在5000亿元左右；但2022年发行规模只有245亿元，2023年没有新增发行规模，这说明商业银行对按揭贷款没有出表意愿，这从另一个侧面暗示了提前还贷潮的来临。由于RMBS的发行对银行来说意味着卖出资产，也即从资产负债表中移出，因此，在上述公式中，其是扣减项。

式（3）右侧还有两个待估算数据。第一，二手房新发放按揭贷款金额。将二手房交易金额和二手房的LTV相乘，前者使用贝壳找房2020年在纽交所和2022年在港交所上市时的招股说明书中对二手房交易市场的估值，后者用贝壳找房50城LTV的加权平均值替代全国二手房的LTV。[①] 第二，正常还贷金额。这一数据的计算取决于四个参数。其一，按揭贷款利率。

---

① 这一数值可能存在一定程度的高估，但不严重。因为三、四线城市使用贷款买房的比例低于一、二线城市，贝壳找房50城数据覆盖了所有一线和主要二线城市，其二手房市场的交易占整个二手房市场的交易的比例较高。

此数据来源于中国人民银行公布的个人住房贷款加权利率，在使用该数据的过程中应特别注意进行两种处理。一是新发放贷款在年内的正常归还可以直接使用该利率，因为按揭合同的贷款利率一年调整一次。二是对于在一年以前发放的贷款（也即存量按揭贷款），不能使用当年的个人住房贷款加权利率计算正常还贷金额，而要使用上一年个人住房贷款加权利率并根据当年 LPR 的调整幅度进行调整。① 按揭贷款利率与 LPR 之间的关系在2020 年发生了一次转变：2019 年 12 月 28 日，中国人民银行公告〔2019〕第30 号发布，金融机构与存量浮动利率贷款客户就定价基准转换条款进行协商，存量浮动利率贷款可以转换成"LPR+固定点数贷款"，于 2020 年 8 月 31 日完成；而此前按揭贷款利率是在贷款基准利率基础上以打折或上浮百分比方式计算的。因此在测算各时期存量按揭贷款的正常归还金额时，应注意参考利率的计算方式。其二，还款方式。按揭贷款的归还方式有等额本息和等额本金两种：前者每期归还的总金额相等，在贷款生命周期的早期归还的本金较少；后者每期归还的本金相等，在贷款生命周期的早期归还的本金较多。根据实际调研，由于贷款生命周期的早期归还压力比较大，大部分人选择等额本息这种还款方式，因此本报告的测算假定采取等额本息方式。其三，按揭贷款的合同期限。一般按揭贷款的合同期限为 20~25 年，本报告测算时假定为 23 年。其四，提前还贷后的变更选择。对于微观个体而言，提前还贷有全部提前还贷和部分提前还贷两种，对于本报告目前的测算而言，这是一个宏观问题，相当于每期都存在部分提前还贷的情况。部分提前还贷发生后还有待还贷款金额，此时个体可以选择缩短贷款期限（保持月供不变）或减少月供金额（保持贷款合同期限不变）。考虑到我国按揭贷款的实际生存周期只有

---

① 举例来说，2020 年 3 月的个人住房贷款利率为 5.6%，我们将当月所有新发放的按揭贷款（涉及新房和二手房）看作一笔贷款，则在计算 2020 年 3~12 月的正常还贷金额时使用的利率为 5.6%。进入 2021 年 3 月，当月的个人住房贷款利率已经降为 5.37%，但是，对于 2020 年 3 月发放的贷款，在计算 2021 年 3 月的正常还贷金额时使用的利率为5.5%，而不是 5.37%。这是因为，2020 年 3 月至 2021 年 3 月，5 年期 LPR 只下调了 10个基点（由 4.75%下降至 4.65%），按照大部分人选择年初调整按揭贷款合同利率，则2021 年 1~3 月，针对这笔贷款，计算正常还贷金额时的利率是 5.5%。

10 年左右，因此本报告在估算时选择前者。

在完成上述参数假设后即可进行每一期还贷金额和新发放贷款金额的拟合。本报告估算的时间从 2008 年第一季度至 2023 年第四季度。所有指标的频率对标到季度。按揭贷款余额数据本身就是季度数据；对于流量数据中新房新发放按揭贷款金额，可以通过累计数作差得到季度增量值；二手房新发放按揭贷款金额可以直接用季度交易额乘以 LTV 得到；RMBS 季度新发行金额可以通过查询 Wind 资讯直接得到。具体拟合流程如图 1-13 所示。[①] 首先，第 t_0 期有一笔存量贷款 L_0。其次，存量贷款 L_0 在 t_1 期有正常还贷金额 NP_0^1：使用等额本息还款方式，使用现值 L_0、当期按揭贷款加权利率、23 年期限计算月供，然后从月供中分离出本金和利息，将 3 个月的本金累加就得到一个季度的正常还贷金额 NP_0^1。在 t_1 期有新发放按揭贷款 L_1，其中包括新房和二手房新发放按揭贷款，可直接计算；由于知道 t_1 期的按揭贷款余额，根据式（3）可求得提前还贷金额 PP_0^1，在计算完 PP_0^1 后，需要根据现值 L_0^1、t_1 期的按揭贷款加权利率、当前的月供计算剩余期限（以备 t_2 期使用）。最后，进入 t_2 期，先计算正常还贷金额 NP_0^2：NP_0^2 的计算方法与 NP_0^1 的计算方法不同，因为针对 L_0 发生了提前归还的情况，这时同样使用等额本息还款方式，使用现值 L_0^1、t_2 期的按揭贷款加权利率、剩余期限计算月供，然后从月供中分离出本金和利息，将 3 个月的本金累加就得到 L_0^1 在 t_2 期的正常还贷金额 NP_0^2。[②] NP_1^2 的计算方法与 NP_1^1 的计算方法类似，因为对于 L_1，上一期并没有提前还贷的情况；将 NP_0^2 与 NP_1^2 相加得到 t_2 期总的正常还贷金额 $\sum_{i=0}^{1} NP_i^2$；在 t_2 期有新发放按揭贷款 L_2，根据式（3）可求得总的提前还贷金额 PP^2，再根据 L_0^1 和 L_1 的比例将 PP^2 分成 PP_0^2 和 PP_1^2。后面各期数据可参考 t_2 期的计算方法类推。

---

① 为方便读者理解，拟合流程图省略了 RMBS 发行部分。

② 如果 t_2 期和 t_1 期同在一年以内，则 NP_0^2 的数值与 NP_0^1 的数值一样，这是因为年内存量贷款利率不做调整。如果 t_2 期和 t_1 期跨年，且 LPR 下调，则 NP_0^2 的数值小于 NP_0^1 的数值。

在完成上述拟合后，还需要进行两个交叉检验：第一，基于每一期的提前还贷金额 $\sum_{i=0}^{t-1} PP_i^t$ 与上一期存量贷款计算的早偿率应与基于 RMBS 统计的年化早偿率一致，基本保持 8%~10%；第二，每一笔贷款的实际生存周期应在 10 年左右，本报告设定为 9~11 年。[①]

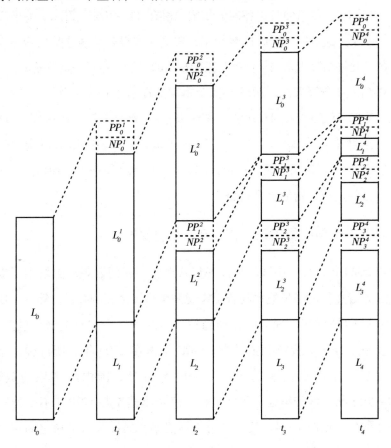

图 1-13 住房按揭贷款提前归还的计算拟合流程图

资料来源：笔者绘制。

此外，这里还要做两点特别说明。第一，关于存量贷款 L_0。它并不是一笔新增贷款，而是前面各期发放的贷款经过还贷衰减后的累加值，它

① 即任意一笔贷款 L 的上角标减去下角标应在 36~44 期余额变为 0。

是一个存量值。用这个存量值计算 NP_0^1 实际上是假定前面累加的各期按揭贷款具有相同的利率和相同的合同贷款期限，这显然是不符合实际情况的。然而，由于数据可得性的限制，难以将计算的基期推进到更早的时期①，对此，本报告在保持 NP_0^1 与 PP_0^1 之和不变的前提下允许对两者的比例关系进行调整，尽量使后面各期的早偿率落在 8%~10%。第二，关于 2023 年的早偿率。这期间 RMBS 的早偿率异常高，本报告认为这是由样本偏差导致的，允许估算出来的早偿率与用于校验的早偿率存在一定偏差。

根据上述测算方法，2023 年四个季度的提前还贷金额分别为 1.23 万亿元、1.05 万亿元、2.43 万亿元和 0.98 万亿元，全年合计达到 5.69 万亿元，季度平均为 1.42 万亿元。2016~2021 年的季度提前还贷均值为 0.6 万亿~0.7 万亿元，相对稳定；2022 年的季度提前还贷均值为 0.96 万亿元，已经呈现一定的上升趋势。

（二）提前还贷的动因转变及宏观含义②

以 2020 年为界，中国住房按揭贷款提前归还的宏观动因发生了根本转变。先看过往房贷早偿率与若干宏观经济指标之间的关系。第一，房贷早偿率与 GDP 增速呈现同向变动趋势。2008 年，为应对全球金融危机，我国实施 4 万亿元投资刺激计划，GDP 增速在 2009 年有所反弹，相应地，房贷早偿率也快速上升；从 2010 年开始，国内经济增速放缓，2010~2013 年，房贷早偿率随之下行。房贷早偿率与 GDP（不变价）当季同比增长率见图 1-14。第二，房贷早偿率与居民收入增速之间在剔除季节性因素后存在一定正相关关系。每年 1~2 月，受春节影响，居民对现金需求较大，提前还贷的情况较少；春节后的 3~5 月，居民对现金需

---

① 用于校验的早偿率最早可以追溯到 2005 年，然而，2005~2014 年，RMBS 发行量较少，底层按揭贷款的资产池规模较小，因此，数据质量并不可靠。此外，新发放的二手房贷款取决于二手房交易情况，这一数据在早期并不准确。

② 本部分图表来源于《房贷早偿率特征及成因分析》，载冯光华等编著《中国信贷资产证券化十年发展回顾与展望（2012—2022）》，中国金融出版社，2022。

求减少，且叠加年终奖的季节性收入变化，居民具备更充足的现金以提前还贷。除却季节性因素，两者之间表现出正相关性。2008 年底至 2009 年底，居民收入增速升高，房贷早偿率随之上升；从 2013 年起，随着居民收入增速稳定，房贷早偿率的波动较之前有所收窄。房贷早偿率与城镇居民人均可支配收入实际累计同比增长率见图 1-15。第三，房贷早偿率与房价的上升与下降趋势基本同步。2012 年和 2015 年房价指数明显抬升，房贷早偿率随之上升。房贷月度早偿率与百城住宅价格指数环比增长率见图 1-16。一般而言，房价上升时住房换手率升高，一方面，部分出于投资目的买房的借款人或将贷款全部结清以实现套利；另一方面，房价上升激发改善性需求，出于自住目的买房的借款人提前还贷后再购买住房，因此，房贷早偿率上升。第四，房贷早偿率与利率之间的关系是利率越高，房贷早偿率越高。本报告分析 2011 年 6 月和 2015 年 6 月两个时点的房贷早偿率，2011 年 6 月的住房贷款加权利率比 2015 年 6 月的住房贷款加权利率高 1.3 个百分点；图 1-17 中纵轴为房贷早偿率，横轴为账龄，从中可以看出，除第 1 年外，高利率贷款（2011 年 6 月的贷款）比低利率贷款（2015 年 6 月的贷款）在后续的贷款生存周期中的房贷早偿率都高。

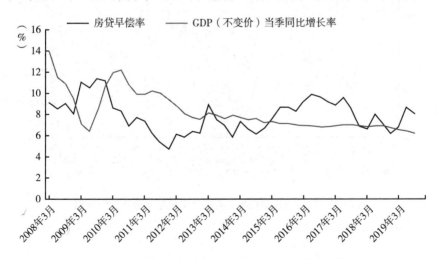

图 1-14　房贷早偿率与 GDP（不变价）当季同比增长率

资料来源：中债资信整理。

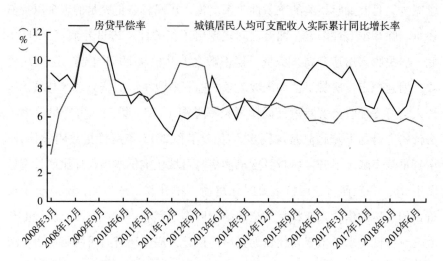

图1-15　房贷早偿率与城镇居民人均可支配收入实际累计同比增长率

资料来源：中债资信整理。

图1-16　房贷月度早偿率与百城住宅价格指数环比增长率

资料来源：中债资信整理。

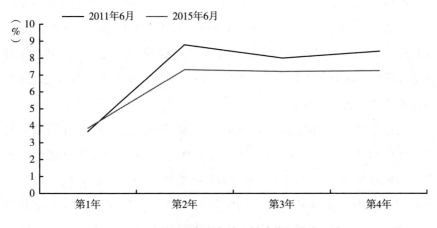

图 1-17　不同利率条件下的房贷早偿率

注：2011 年 6 月的住房贷款加权利率为 6.83%，2015 年 6 月的住房贷款加权利率为 5.53%。

资料来源：中债资信整理。

上述四个指标与房贷早偿率之间的关系如下：GDP 增速、居民收入增速、房价与房贷早偿率都是正相关的，总结起来就是宏观环境越好，房贷早偿率越高；而利率与三者的内生性较强，尤其是与房价，房价较高时往往需要发布政策予以抑制，所以就形成了"利率越高，房贷早偿率越高"的局面。探究过往提前还贷的动因，购房者提前还贷是为了更多、更好地买房，由于我国政策不允许进行再融资贷款，因此无论是为了满足改善性需求还是为了满足投资性需求都需要先还贷然后再应用杠杆。

当下影响房贷早偿率的因素已经发生反转。宏观环境方面，GDP 增速持续下行，居民可支配收入尽管保持增长，但增速放缓。房价方面，70 城新建商品住宅和二手住宅环比销售价格自 2021 年 9 月以来持续下跌 20 个月，自 2023 年 2 月开始反弹，但反弹仅持续 1 个月，形势又急转直下，截至 2023 年 12 月，新建商品住宅和二手住宅销售价格相对 2021 年 9 月分别累计下跌 4.12% 和 8.90%。利率方面，自 2022 年初开始，LPR 多次下调，按揭贷款利率从在 LPR 基础上上浮转变为下浮，2023 年 8 月，存量按揭贷款利率也进行了调整。根据贝壳研究院的统计，首套房贷款平均利率已从 2011 年 10 月 5.75% 的最高点降至 2023 年 12 月的 3.88%。如果按照过往影响房贷早偿率的规律（正相关）推测，当前的房贷早偿率应该是降低的；而当前提前还贷的现象并没有减少，反倒是很多居民抱怨向银行预约提前还贷很困难。

上述规律的反转提示提前还贷的动因可能发生了根本性转变。对于如何解释这一反转，我们应该将其放在居民资产配置的框架下。房产是居民最重要的资产，央行在 2019 年展开的一项城镇居民家庭资产负债调查表明，我国家庭资产以实物资产为主，住房资产占家庭总资产的比例为 59.1%；在负债中，房贷是家庭负债的主要部分，占家庭总负债的 75.9%。因此，研究房产及相关债务成为观察中国居民家庭资产负债表的重要窗口。过去 20 多年，房价的持续上涨是中国居民家庭资产负债表扩张的最重要动因：根据国家金融与发展实验室的统计，2008~2019 年，一线城市房价的年均复合增长率为 12% 且波动率极低，考虑租金资本化率为 1.5%，则投资房产的回报率为 13.5%（二线城市大约低 1 个百分点）。在这样的资产回报率下，使用杠杆扩张资产负债表是合理行为，即使使用杠杆的成本高达 7%[①]也是值得的，而提前还贷只是居民不停地再投资过程中的一个必经环节，所以，资产负债表扩张越厉害，提前还贷金额越大。自 2021 年 9 月以来，房价持续下行，居民资产负债表自然没有扩张动力，而资产负债表两端对应的收益和支出成本的变动会引起居民经济行为的改变。对于居民来说，合理的行为有两个。第一，对于之前过度投资房产的居民，他们需要卖掉房产及时止损，这个过程会引起提前还贷，因为对于二手房交易，需要解抵押才能过户。第二，对于拥有唯一住房的居民而言，在资产价格不涨的情况下，他们需要降低负债成本，具体有两种方式：其一，如果他们有额外储蓄，则可以提前还掉部分贷款或全部贷款；其二，

---

① 2014 年，首套房贷利率高达 7%，二套房贷利率高达 7.5%。

如果他们没有额外储蓄，则可以将房贷替换为成本更低的贷款，如经营贷、消费贷，但这个过程需要使用过桥资金，然后，提前还贷。因此，当前提前还贷行为的动因可以概括为居民为降低成本而进行的负债最小化行为。

居民部门提前还贷的动因由过去实现资产最大化转向实现负债最小化，这一转变有深刻的宏观含义：从上文的分析来看，引起动因转变的根源是房价正在经历长期拐点。对于房地产市场，学界和所谓民间专家存在一种声音：房产是抗通胀的神器，房价将一直上涨。实际上，经济学关于一般均衡的朴素道理告诉我们，不存在长期偏离一般均衡的局部均衡。那么如何解释过去20多年房价持续上涨以及租金回报率如此低？这实际上是由人口红利、快速城镇化以及住房供需缺口等长期因素造成的，而一旦这些长期因素发生根本转变，房价就会改变过去的运动方向，向一般均衡回归。为什么人们会有"房价一直上涨"的偏见呢？因为大部分人的眼光不够长远，不去规划长远的事，只是将短期现象做简单的线性外推。①实际上，站在更远的视角看，房价偏离一般均衡的情况表明其在更长的时间里只是"沧海一粟"。

除去宏观变量转变导致房价经历拐点并致使居民进行负债最小化行为，还有两个方面的因素促使居民提前还贷，且可能造成持续影响，应高度关注。第一，预期的变化。一是房价预期变化，2021年2月至2023年12月，国房景气指数已持续下跌35个月，目前处于95以下较低水平，且没有回升迹象。如果房价不上涨，从负债端降低成本的角度看，提前还贷还会发生。二是居民就业和收入预期变化，自2016年开始，中国未来收入信心指数和就业预期指数整体上呈下降态势（见图1-18）。资产价格不上涨、负债端的现金流不稳定时，自然会引发提前还贷行为。第二，制度的因素。一是信托和理财刚兑被打破：信托和理财这两个市场在过往存在刚性兑付且收益率高于按揭贷款利率的情况，在这一制度背景下，贷款

---

① 这就好比在说未来职业规划时，大多数人只是说说而已，没有落实到行动中。

人的合理行为是尽可能增加杠杆，甚至增加的杠杆超过房价与首付之间的缺口，这是因为多出的金额可以实现套利；然而，随着这两个市场的刚兑被打破，贷款人自然会进行去杠杆行为。二是各类贷款利率之间的定价不合理：一方面，按揭贷款利率高于经营贷、消费贷利率，前者的不良率明显低于后者，这显然不符合风险收益对等的定价原则，自然会造成贷款人将高成本贷款替换成低成本贷款；另一方面，存量房贷利率高于新发放房贷利率，造成这一现象的原因是前者只能随 LPR 调整但下浮比例不能调整，而两笔发放时间相近的贷款的风险也是相近的，这会引发前者的提前还贷行为。当前存量房贷利率与新发放房贷利率存在 1 个百分点左右的利差，这是去杠杆的主要力量，明显削弱了政策效果。

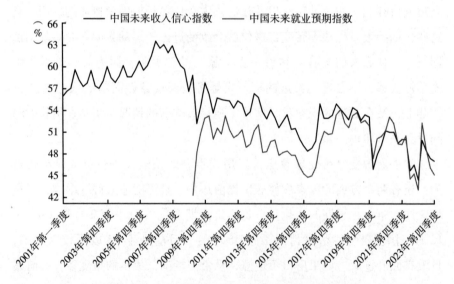

图 1-18　中国未来收入信心指数和就业预期指数

资料来源：Wind。

（三）提前还贷对商业银行的影响——以中国建设银行为例

提前还贷的动因主要来自居民行为导向从过去的资产最大化转变为现在的负债最小化。过往，商业银行从居民资产最大化行为中受益，因为居民部门的负债即银行的资产，居民资产最大化行为导致其资产和负债同时增长，银行的资产规模也随之扩大。当下，居民负债最小化这种缩表行为会对商业银行产生什么影响？从直觉上讲，其结果应该与过去相反，此外，我们还需要定量评估影响。对此，本报告以中国建设银行为例，勾勒出一个简化的资产负债表和利润表结构，考察提前还贷对商业银行的影响，并分析商业银行的两种应对策略。中国建设银行具有代表性，其个人按揭贷款规模在国有银行中最大，而国有银行的按揭贷款规模在全国总规模中的占比达到七成，因此，对这一案例的分析可以反映提前还贷对整个按揭贷款市场的影响。

表1-1展示了中国建设银行的一个简化的资产负债表，资产端展现了三类生息资产。一是贷款，包括个人按揭贷款和其他贷款，这种简单二分法是为了方便后续进行提前还贷的分析，贷款在总资产中的占比为62.47%。二是同业资产及金融投资，包括金融投资、存放同业以及买入返售金融资产，三者占比之和为28.34%，这一比例相对于过往上升较快，反映出商业银行的影子银行化趋势。三是存放央行，也即商业银行的准备金，包括法定准备金和超额准备金，占比为9.18%。负债端展现了四类情况。一是吸收存款，包括个人存款和其他存款（主要是公司存款），两者在总负债中的占比为74.33%，从资金来源与运用的匹配关系看，该部分资金在用于存放央行的准备金后主要用于发放贷款，再有剩余可用于同业投资。二是资本性负债和其他，两者占比之和为15.87%，其中，资本性负债可用于发放贷款和进行金融投资，其他中除却应缴税费、应付薪酬等主要是股东权益，其主要用于满足资本充足率要求。三是同业负债，这部分业务与同业资产对应，包括同业拆入和卖出回购金融资产，两者占比之和为7.52%。四是向央行借款，这里面包括再贴现，主要用于满足商业银行的流动性需求，以及作为其他结构性货币政策工具，商业银行从央行借款后将其主要用于特定目的的贷款。

表1-1　一个简化的资产负债表

单位：百万元，%

生息资产（资金运用）			付息负债及其他（资金来源）		
名称	金额	占比	名称	金额	占比
贷款：个人按揭贷款	6386583	21.21	吸收存款：个人存款	11278207	37.46
贷款：其他贷款	12421247	41.26	吸收存款：其他存款	11100607	36.87
金融投资	7641919	25.38	资本性负债	1323377	4.40
存放同业	343269	1.14	同业拆入	2232201	7.41
存放央行	2763892	9.18	向央行借款	685033	2.28
买入返售金融资产	549078	1.82	卖出回购金融资产	33900	0.11
—	—	—	其他	3452663	11.47
合计	30105988	100.00		30105988	100.00

资料来源：中国建设银行2021年年报。

　　生息资产中的个人按揭贷款与其他贷款之和等于中国建设银行2021年年报第30页"发放贷款和垫款"表中的总额，略大于第29页"资产"表中的"发放贷款和垫款"的总额，这是因为后者扣除了贷款损失准备等。付息负债及其他中的其他并不等于资产负债表中的股东权益，还包括应付职工薪酬、应缴税费、递延所得税负债等。在这里，"其他"的金额是通过左侧总资产的金额减去右侧各项具体负债的金额倒算出来的，其目的是保持资产负债表平衡，本报告主要关注业务层面资金的来源和运用情况。

　　表1-2展示了中国建设银行的一个简化的利润表，结合表1-1可以看出中国建设银行的资金来源运用的收益情况，综合的净息差取决于各项的净利差以及资金运用的结构效应。首先，个人按揭贷款利息收入与个人存款利息支付的净利差为2.84个百分点，其他贷款利息收入与其他存款利息支付的净利差为2.39个百分点。前者高于后者，说明个人按揭贷款为中国建设银行创造的收益更多，实际上，个人按揭贷款在中国建设银行所有产品中的收益最高。从表1-1反映的结构来看，中国建设银行并未将资金充分运用在效益最高的产品上，因为个人存款在负债中的比例高于个人按揭贷款在资产中的比例。假定个人存款多出的资金用于偿还其他贷

款，那么就意味着中国建设银行用相对高的成本（个人存款利息支付的利息率高于其他存款利息支付的利息率）去做收益相对少（其他贷款利息收入的利息率低于个人按揭贷款利息收入的利息率）的业务。其次，金融投资利息收入与资本性负债利息支出之间的净利差为 0.57 个百分点，由于资本性负债利息支出占比小于金融投资利息收入占比，假设公众存款中多出的资金用于进行金融投资，由于公众负债的成本更低，则金融投资贡献的净息差要高一些。再次，考虑同业业务，存放同业利息收入与同业拆入利息支出的净利差是 2.5 个百分点，但由于前者在资产中的占比远小于后者在负债中的占比，考虑结构效应后，这一项对净息差的贡献为负；买入返售利息收入与卖出回购利息支出之间的净利差是-0.06 个百分点，考虑结构效应后，尽管其对净息差的贡献为正，但贡献度较小；两项资金运用对整体净息差的贡献为负。最后，考虑商业银行与中央银行之间的业务往来情况，存放央行利息收入与向央行借款利息支出之间的净利差为-1.65 个百分点，由于前者在资产中的占比远大于后者在负债中的占比，考虑结构效应后，这一项对净息差的贡献为正。综合对表 1-1、表 1-2 的分析，可以看出，贷款对净息差的贡献最大，而个人按揭贷款又是贷款中贡献最大的。

表 1-2 一个简化的利润表

单位：百万元，%

利息收入			利息支出		
名称	金额	利息率	名称	金额	利息率
个人按揭贷款利息收入	296151	4.64	个人存款利息支付	202709	1.80
其他贷款利息收入	470910	3.79	其他存款利息支付	155532	1.40
金融投资利息收入	225706	2.95	资本性负债利息支出	31483	2.38
存放同业利息收入	14898	4.34	同业拆入利息支出	40989	1.84
存放央行利息收入	36775	1.33	向央行借款利息支出	20384	2.98
买入返售利息收入	12894	2.35	卖出回购利息支出	817	2.41
合计	1057334	—		451914	—
净利息及净息差				605420	2.01

资料来源：中国建设银行 2021 年年报。

个人按揭贷款利息收入的计算方法如下：先取得个人贷款和垫款的利息收入数据，2021 年为 3658.33 亿元（年报第 179 页）；然后将其与年报第 79 页个人贷款和垫款中个人住房贷款的比例（80.9%①）相乘求得。其他贷款利息收入用发放贷款和垫款的总收入减去个人按揭贷款利息收入得到。表 1-2 右侧部分不包括其他利息支出，因为表 1-1 中的"其他"项目包括股东权益，而股东权益无须付息，此外，应付职工薪酬、应缴税费无须付息。表 1-2 中的利息率是用利息收入或利息支出与表 1-1 中对应的项目相除得到的。表 1-2 计算的净息差与中国建设银行 2021 年年报的结果存在差异，中国建设银行 2021 年年报的净息差为 2.13%。存在差异的原因是：一方面，对于分子部分的净利息收入，本报告可能有遗漏；另一方面，计算分母部分时应该使用平均生息资产规模，而本报告使用的是年末时点的数据。然而，这一差异并不影响后续的分析与得出的结论，因为本报告的分析是比较静态分析，假定其他条件不变，主要关注个人按揭贷款规模或定价变动产生的影响。

现在考虑贷款人使用存款提前归还按揭贷款，我们假定提前还贷规模占按揭贷款的比例为 5%，这时考察提前还贷后中国建设银行的资产负债表和利润表的变化情况。表 1-3 展示了提前还贷后的资产负债表，左侧的个人按揭贷款金额相对于表 1-1 减少 3193.29 亿元，右侧的个人存款减少同样的金额。其他项目金额不变，在提前还贷比例为 5% 的情况下，中国建设银行的资产负债表规模最终收缩 1.06%。表 1-4 展示了提前还贷后的利润表，假定个人按揭贷款利息收入和个人存款利息支付的利息率不变，则左侧的个人按揭贷款利息收入是用新的个人按揭贷款规模乘以利息率得到的，右侧的个人存款利息支付是用新的个人存款规模乘以利息率得到的。在经过上述计算后，我们看到中国建设银行最赚钱的业务——个人按揭贷款利息收入减少了 148.08 亿元，尽管对应的成本——个人存款利息支付减少了 57.39 亿元，但最终导致净收益减少 90.69 亿元。提前还贷对净息差的影响从 2.01% 降到 2.002%。

---

① 实际为 80.9524%，365833×80.9524%≈296151。

表 1-3　提前还贷后的资产负债表

单位：百万元，%

生息资产（资金运用）			付息负债及其他（资金来源）		
名称	金额	占比	名称	金额	占比
贷款：个人按揭贷款	6067254	20.37	吸收存款：个人存款	10958878	36.79
贷款：其他贷款	12421247	41.70	吸收存款：其他存款	11100607	37.27
金融投资	7641919	25.66	资本性负债	1323377	4.44
存放同业	343269	1.15	同业拆入	2232201	7.49
存放央行	2763892	9.28	向央行借款	685033	2.30
买入返售金融资产	549078	1.84	卖出回购金融资产	33900	0.11
—	—	—	其他	3452663	11.59
合计	29786659	100.00		29786659	100.00

资料来源：笔者计算得到。

表 1-4　提前还贷后的利润表

单位：百万元，%

利息收入			利息支出		
名称	金额	利息率	名称	金额	利息率
个人按揭贷款利息收入	281343	4.64	个人存款利息支付	196970	1.80
其他贷款利息收入	470910	3.79	其他存款利息支付	155532	1.40
金融投资利息收入	225706	2.95	资本性负债利息支出	31483	2.38
存放同业利息收入	14898	4.34	同业拆入利息支出	40989	1.84
存放央行利息收入	36775	1.33	向央行借款利息支出	20384	2.98
买入返售利息收入	12894	2.35	卖出回购利息支出	817	2.41
合计	1042526	—		446175	—
净利息及净息差				596352	2.002

资料来源：笔者计算得到。

　　以上是关于提前还贷的静态分析，从目前情况来看，提前还贷的比例远不止5%。我们设定5%~10%的区间，考察不同比例的提前还贷情况对银行资产负债表和利润表的影响。图1-19给出了敏感性分析的结果。左图显示，随着提前还贷比例的提升，中国建设银行的资产负债表存在明显的缩表效应，当提前还贷比例达到10%时，中国建设银行的资产规模将收缩2.12%。右图显示，随着提前还贷比例的提升，中国建设银行的利润表也将受损，当提前还贷比例达到10%时，中国建设银行的净息差降至1.993%。

针对提前还贷，如果银行什么都不做，就会导致出现缩表效应和净息差收缩效应。下面我们讨论银行的两种应对策略。一种是被动应对策略，即银行不针对提前还贷采取措施，而是将按揭贷款提前归还后释放的信用额度用于再投资。对于再投资品种，本报告假设是其他贷款，而其他贷款是除了按揭贷款以外净利差最好的产品，因此，本报告的测算是依据最好的情景假设做出的。表1-5展示了提前还贷后再投资的资产负债表，左侧的个人按揭贷款金额相对于表1-1减少3193.29亿元，但是由于再投资，其他贷款金额相对于表1-1增加了3193.29亿元。右侧的个人存款减少同样金额，由于在其他贷款发放的时点贷款人并没有提取资金立刻使用，因此其他存款增加同样金额。其他项目金额不变，在提前还贷后再投资的情况下，中国建设银行的资产负债表的规模未发生变动。表1-6展示了提前还贷后再投资的利润表，由于个人按揭贷款利息收入与个人存款利息支付的净利差高于其他贷款利息收入与其他存款利息支付的净利差，

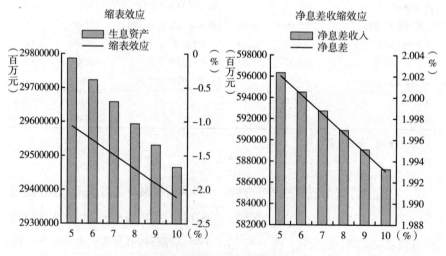

图1-19 提前还贷的敏感性分析

资料来源：笔者绘制。

而资产规模并未改变，因此表1-6计算的净息差低于表1-2的净息差，从2.01%下降为2.006%。然而，由于提前还贷后进行了再投资，再投资会产生利润，其净息差就比提前还贷后什么都不做的净息差要高，即表1-6的净息差高于表1-4的净息差。

表1-5　提前还贷后再投资的资产负债表

单位：百万元，%

生息资产（资金运用）			付息负债及其他（资金来源）		
名称	金额	占比	名称	金额	占比
贷款：个人按揭贷款	6067254	20.37	吸收存款：个人存款	10958878	36.40
贷款：其他贷款	12740576	41.70	吸收存款：其他存款	11419936	37.93
金融投资	7641919	25.66	资本性负债	1323377	4.40
存放同业	343269	1.15	同业拆入	2232201	7.41
存放央行	2763892	9.28	向央行借款	685033	2.28
买入返售金融资产	549078	1.84	卖出回购金融资产	33900	0.11
—	—	—	其他	3452663	11.47
合计	30105988	100.00		30105988	100.00

资料来源：笔者计算得到。

表1-6　提前还贷后再投资的利润表

单位：百万元，%

利息收入			利息支出		
名称	金额	利息率	名称	金额	利息率
个人按揭贷款利息收入	281343	4.64	个人存款利息支付	196970	1.80
其他贷款利息收入	483017	3.79	其他存款利息支付	160006	1.40
金融投资利息收入	225706	2.95	资本性负债利息支出	31483	2.38
存放同业利息收入	14898	4.34	同业拆入利息支出	40989	1.84
存放央行利息收入	36775	1.33	向央行借款利息支出	20384	2.98
买入返售利息收入	12894	2.35	卖出回购利息支出	817	2.41
合计	1054633	—		450649	—
净利息及净息差				603984	2.006

资料来源：笔者计算得到。

本报告针对提前还贷后再投资进行了敏感性分析，图1-20展示了结果。左图显示，无论提前还贷的比例是多少，由于进行了再投资，中国建设银行的资产负债表不存在缩表效应。右图显示，随着提前还贷比例的提升，尽管提前还贷后进行了再投资，中国建设银行的利润表也将受损，当提前还贷比例达到10%时，中国建设银行的净息差降至2.001%[1]。利润表受损的原因是，再投资产品的净利差不如个人按揭贷款，替换的规模越大，产生的损失也就越大。

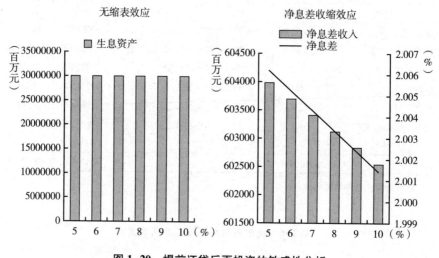

图1-20　提前还贷后再投资的敏感性分析

资料来源：笔者绘制。

银行针对提前还贷还有一种主动应对策略，即针对要提前还贷的人群进行重定价，通过主动降价的方式帮助贷款人降成本。贷款人在贷款成本降低后就不再提前还贷，因此银行的资产负债表不再收缩，但是净息差会收窄。由于当前要提前还贷的人群主要是2021～2022年按揭贷款利率相对LPR上浮比例比较大的人群，我们先假定这部分人群对应的按揭贷款占比为5%，银行只需针对这部分人群降价即可，我

---

[1]　实际数据为2.001423%，为与图1-20中的刻度的小数点位对齐，故省略后面的数据。

们假定利率降价的幅度是 9%，然后计算降价后对银行净息差的影响。具体计算方法如下：记表 1-2 中的个人按揭贷款利息收入为 I，则重定价后的个人按揭贷款利息收入 $I'=I\times$（$1-5\%$）$+I\times5\%\times$（$1-9\%$）。表 1-7 给出了存量贷款重定价后的利润表，可以看出，重定价后的个人按揭贷款利息收入的利息率比原来有所下降，最终的净息差为 2.007%。这一结果高于提前还贷后再投资的情况，这是因为个人按揭贷款利息收入的利息率尽管有所降低，但降低后与个人存款利息支付的净利差依然高于其他贷款利息收入和其他存款利息支付的净利差。如果存量贷款降价的幅度较大，就可能使最终净息差低于提前还贷后再投资的情况。

表 1-7 存量贷款重定价后的利润表

单位：百万元，%

利息收入			利息支出		
名称	金额	利息率	名称	金额	利息率
个人按揭贷款利息收入	294818	4.62	个人存款利息支付	202709	1.80
其他贷款利息收入	470910	3.79	其他存款利息支付	155532	1.40
金融投资利息收入	225706	2.95	资本性负债利息支出	31483	2.38
存放同业利息收入	14898	4.34	同业拆入利息支出	40989	1.84
存放央行利息收入	36775	1.33	向央行借款利息支出	20384	2.98
买入返售利息收入	12894	2.35	卖出回购利息支出	817	2.41
合计	1056001	——		451914	——
净利息及净息差				604087	2.007

资料来源：笔者计算得到。

针对存量贷款重定价后的情况进行敏感性分析。可以明确，针对存量按揭贷款利率上浮比较高的人群进行了降价，这有效遏制了他们的提前还贷动机，因此，中国建设银行的资产负债表没有出现缩表效应。本报告只针对利润表中的净息差进行模拟。在参数上，重定价的比例为 5%～10%，这是为了和上文提前还贷的比例对齐。对于个人按揭贷款降价的幅度，本报告设定为 9%～18%，这样设定的理由是：2021～2022 年是个人按揭贷款利率相对 LPR 上浮程度比较高的年份，这两年的首套房贷款平均利率为 5.06%；2023 年，个人按揭贷款利率相对 LPR 是下沉的，这一年的首套房贷款利率为 3.97%；两者的利差为 1.09 个百分点，但 2021~2022 年的存量贷款利率随着 LPR 下行也下降，这两年的 LPR 均值下调 0.31 个百分点，因此经调整后的利差为 0.78 个百分点。如果利率由 5.06% 下降 78 个基点，则降幅为 15.4%。图 1-21 展示了模拟结果。首先，我们将这一结果与提前还贷后银行什么都不做的情况对比（即图 1-19 右图），在重定价比例与提前还贷比例对齐的情况下，即使存量个人按揭贷款利率降低 18%，重定价策略实施后的净息差也比提前还贷后什么都不做的情况要好。这意味着采取存量贷款重定价策略后，利率下调幅度的底线可以达到 18%。此外，由于采取了重定价策略，银行资产负债表无缩表效应，这意味着银行未来还能获取个人按揭贷款的利息收入。其次，我们将重定价策略的结果与提前还贷后银行再投资的结果对比（即图 1-20 右图），在重定价比例与提前还贷比例对齐的情况下，在存量个人按揭贷款利率降幅超过 12% 之后，重定价策略实施后的净息差的降幅超过提前还贷后银行再投资的净息差的降幅。然而，由于再投资的贷款品种期限小于个人按揭贷款且风险大于个人按揭贷款，综合考虑净息差、期限和风险等因素后，这意味着当存量个人按揭贷款利率降幅超过 12% 之后，银行可以采取存量贷款重定价和再投资的混合策略。

通过以上分析可知，银行针对贷款人的提前还贷行为可以采取三种策略：首先，银行可以主动降低存量个人按揭贷款利率，降幅在 12% 以下都可以采取这一策略；其次，银行可以采取降低存量个人按揭贷款利率和允许贷款人提前还贷再投资的混合策略，贷款利率的降幅为 12%~18% 时可以采取这一策略；最后，如果贷款人要求存量个人按揭贷款利率降幅超过 18%，则银行可采取放任不管的策略。总结起来，目前，银行的存量个人按揭贷款利率仍有下调空间，下调利率有利于减轻贷款人的利息负担；对银行而言，尽管眼前利益有所损失，但由于降价保住了存量个人按揭贷款（目前，其是银行最好的资产），从而也就保住了未来的现金流。因此，这是一个双赢的策略。

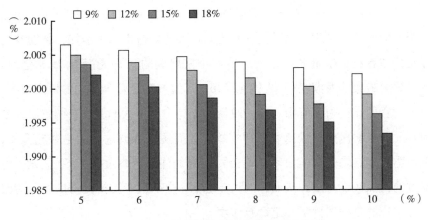

图 1-21　存量贷款重定价后的敏感性分析

注：纵轴为净息差，横轴为重定价后贷款在存量贷款中的比例，不同颜色图例对应存量个人按揭贷款利率降幅。

资料来源：笔者绘制。

四　重要住房金融政策分析

（一）金融"三支箭"政策

2022 年底，央行、银保监会、证监会、住建部等多个部门针对房企信贷、债券融资和股权融资出台了一系列支持性政策，市场称为金融"三支箭"政策。

"第一支箭"——银行信贷取得一定成效。2023 年，银行业累计发放房地产开发贷款约 3 万亿元，向房企提供并购贷款、存量展期贷款规模超过 1 万亿元，3500 亿元"保交楼"专项借款中的大部分已经投放到项目中。2022 年第三季度至 2023 年第四季度，房地产开发贷款余额增速保持正增长，扭转了 2022 年第一、二季度负增长的局面，为房企提供了稳定的信贷资金支持。但"第一支箭"在实施过程中依然存在问题：一是民营房企获得信贷较难；二是股份制银行和农商行对房企的信贷投放不积极，两者在 2023 年发放的房地产贷款的增速仅为 -0.70% 和 -6.15%，而同期国有银行和城商行的该指标分别为 5.51% 和 7.31%。

"第二支箭"——房企债券融资的支持力度不大。2022年以来，中债信用增信公司累计为13家房企的33只债券的发行提供了担保，帮助其通过发行债券获得融资337亿元；平均每家房企的融资规模为25.9亿元，融资规模最大的龙湖获得58亿元；相对于这些房企数千亿元的资产规模，债券融资的支持力度有限。这一政策的支持力度不大的原因有两点：一是债券发行需要房企提供商业抵押物担保，而房企普遍进行的是住宅开发，抵押物不多；二是中债信用增信公司本身的注册资本金仅为60亿元，能提供的担保额度有限。然而，"第二支箭"全部用于支持民营房企，对银行开发贷的收缩发挥了一定缓解作用。

"第三支箭"——房企股权融资的支持力度不大。2022年11月，证监会发布支持房地产企业股权融资的五项调整优化措施之后，共25家A股上市房企发布增发预案公告，筹划再融资，共10家上市房企的增发方案获得监管部门批准；仅招商蛇口、陆家嘴、华发股份、福星股份4家房企完成增发，共募集股权融资301.1亿元，其中仅福星股份为民营房企。这一政策支持力度不大的原因有两点：一是房企基本面较差，难以支持其增发；二是股票二级市场较差，融资会产生不利影响。

（二）存量首套房商业贷款利率下调

2023年8月31日，《中国人民银行　国家金融监督管理总局关于降低存量首套住房贷款利率有关事项的通知》发布，该政策的核心内容是：对于居民的首套房商业贷款，借款人可以向银行申请降低利率，但降低后的利率不得低于原贷款发放时所在城市首套房的商业性个人住房贷款利率的政策下限。据央行公布的数据，该政策推动了超过23万亿元的存量个人住房贷款利率下降，平均降幅为73个基点，可以为借款人每年减少约1700亿元的利息支出；共惠及5325万户，约1.6亿人，户均每年减少约3200元的利息支出。①

---

① 《2023年第四季度中国货币政策执行报告》，中国人民银行网站，http：//www.pbc.gov.cn/goutongjiaoliu/113456/113469/5238308/index.html。

该政策的目标有两个：一是为居民贷款减负；二是缓解"提前还贷潮"，保住商业银行最优质的资产（按揭贷款违约率最低，净息差最高）。从政策效果来看，第一个目标达成，第二个目标基本没有实现：2023年第四季度，新增居民中长期贷款 4500 亿元，而第四季度的个人按揭贷款余额相对于第三季度减少 2500 亿元，这意味着正常还贷和提前还贷的总额达到 7000 亿元。从按揭贷款余额增速来看，2023 年第四季度为-1.6%，而第三季度为-1.2%，这意味着政策出台后提前还贷的幅度更大。

（三）明确商品房消费者的超级优先权

在商品房预售制度下，我国商品房以期房为主，近几年销售的新建住房中期房的占比为 80%～90%。2021 年下半年以来，房企普遍出现流动性紧张、资产负债表恶化的问题，仅债券市场就有超过 40 家大型房企出现债务展期或违约。债务违约房企的期房项目大多出现停工、逾期交付或交付困难等问题，导致众多期房消费者的合法权益难以获得有效保障。

为保护商品房已售但逾期难交付情况下商品房消费者的权益，2023 年 4 月 20 日，《最高人民法院关于商品房消费者权利保护问题的批复》（法释〔2023〕1 号）明确了商品房消费者的超级优先权，将商品房消费者权利置于"超级优先"地位，即商品房消费者以居住为目的购买房屋并已支付全部价款，其房屋交付请求权优先于建设工程价款优先受偿权、抵押权及其他债权；只支付了部分价款的商品房消费者，在一审法庭辩论终结前已实际支付剩余价款的，可以适用前款规定；在房屋不能交付且无实际交付可能的情况下，商品房消费者主张的价款返还请求权优先于建设工程价款优先受偿权、抵押权及其他债权。这一批复的发布为解决因房地产项目烂尾、商品房已售逾期难交付引发的相关纠纷，提供了实际可行的重要指引。

债务违约房企通常会陷入多方债务纠纷中，在商品房消费者的房屋交付请求权和价款返还请求权的保护机制相对较弱的情况下，商品房消费者可能需要通过诉讼途径来维权，所花费的时间、精力、费用成本较高。尤其是当房企因资产不足以清偿全部债务进入破产程序时，如果没有超级优先权，即使购房者赢得诉讼，其权益可能也难以得到应有的保障。因此，在当前的房地产市场形势下，明确商品房消费者的超级优先权，对于保障购房者的合法权益、稳定居民住房消费预期和信心具有极为重要的现实意义。在商品房消费者拥有超级优先权后，房企在破产清算时将按照如下顺序清偿债务：商品房消费者的房屋交付请求权或价款返还请求权、建设工程价款债权、有担保的债权、破产费用、共益债务①、职工债权、欠缴税款、普通债权。如此，即使在房企严重资不抵债、"保交楼"遥遥无期的极端情况下，购房者的权益也大多能获得足额的保障。以在2024年1月29日被香港高等法院正式裁定清盘的中国恒大为例，截至2023年6月，恒大的总资产约为1.74万亿元，总负债约为2.39万亿元，净资产约为-6442亿元。虽然中国恒大已经严重资不抵债，且进入破产清算程序，但由于购房者的房屋交付请求权或价款返还请求权的清偿顺序优先于建设工程价款债权、有担保的债权和其他债权，只要资产处置价值高于账面价值3.5折，即可全额保障商品房消费者支付给中国恒大的约6040亿元的预收账款（合约负债）清偿。②

（四）各地进一步放开住房限购政策

从历史视角来看，以限购、限贷为代表的房地产市场行政性限制措施的实施始于2010年。实施限购、限贷等行政性限制措施的目的是，通过行政性手段抑制房地产市场过于旺盛的投资、投机性需求，从而缓解住房市场的供需矛盾，避免房价过快上涨。然而，当前房地产供求关系发生了

---

① 共益债务包括：因管理人或者债务人请求对方当事人履行双方均未履行完毕的合同所产生的债务；债务人财产受无因管理所产生的债务；因债务人不当得利所产生的债务；为债务人继续营业而应支付的劳动报酬和社会保险费用以及由此产生的其他债务；管理人或者相关人员执行职务致人损害所产生的债务；债务人财产致人损害所产生的债务。
② 商品房消费者的超级优先权的设立体现的是"生存利益优于商业利益"的法理，因此仅适用于以居住为目的的购房，不适用于以投资、经营为目的的购房。因此，商业用房消费者并无超级优先权。

重大变化，继续实施限购、限贷等行政性限制措施会影响房地产市场的筑底复苏。

2023 年，所有三线城市都已放开住房限购政策，2023 年下半年以来，南京、青岛、福州、合肥、武汉、宁波、厦门、苏州等 10 多个二线城市全面取消限购，天津、西安、长沙、成都、杭州等城市取消了主城区外的限购要求。2024 年 1 月以来，广州取消对 120 平方米以上住房的限购要求，上海放松对非户籍单身人士在外环以外的限购要求，北京取消通州区额外的限购要求。

取消限购的目的在于激发需求，化解库存压力。目前来看，政策取得一定效果但整体效果并不明显：2023 年末，三线城市的平均住宅库存去化周期为 42.2 个月，较 2022 年末上升 17.7 个月，库存去化压力较大；一线和二线城市的平均住宅库存去化周期上升的势头并不迅猛，两者分别上升 1.9 个月和 1.2 个月。总体来讲，放开限购只是解开过往抑制需求的"枷锁"，主导需求的主体——居民行为发生了根本转变，居民行为导向从过去的资产最大化转变为现在的负债最小化，市场恢复或需等待更长时间。

五　2024年住房市场及住房金融展望

房地产政策方面，为贯彻 2023 年 7 月 24 日召开的中共中央政治局会议提出的"适应我国房地产市场供求关系发生重大变化的新形势，适时调整优化房地产政策，因城施策用好政策工具箱"要求，房地产政策会延续当前的宽松势，并逐步构建与房地产发展新模式相适应的住房制度。需求端政策方面，为释放住房消费需求潜力，现行行政性限制措施进一步优化，一线城市或将逐步放开限购政策。此外，为应对市场失灵的问题，政府也可能采取一定措施抵补需求缺口。供给端政策方面，为防范化解房地产金融风险，银行信贷的"三个不低于"要求、房企融资协调机制下以项目为载体的融资支持等将全面落实。房地产行业的流动性风险将明显缓解，但部分房企资不抵债的风险的化解仍需更多的时间和政策支持。房地产市场基础性制度方面，按照中央"先立后破"的部署，我国将加速构建"商品住房+保障住房+租赁住房"的新住房供给制度，逐步建立"人、房、地、钱"要素联动的新机制。

房地产市场运行方面，本报告认为，房价已经下行较长时间且跌幅较大，具备了筑底的条件。从一般均衡的视角来看，当前住宅的租金回报率在2%左右，而国债和银行长期存款利率略高于2%，股票和理财产品的收益则面临较大不确定性。未来，如果房价进一步下行，租金回报率将高于大多数资产回报率，则可能引发投资需求增加。然而，作为一种资产，房价不可避免地存在超调属性，导致房价超调的因素包括违约房企的项目出售、个人债务违约导致抵押资产拍卖等。因此，考虑超调因素后，租金回报率或许要达到3%才能使房价筑底。另外，二手房市场和新房市场明显分化，新房市场的复苏明显滞后于二手房市场。

房地产金融方面，需求端的按揭贷款形势依然不乐观，这主要是因为存量按揭贷款利率与新增按揭贷款利率之间依然存在可观的利差，预计2024年按揭贷款余额相对于2023年不会增长。供给端的金融形势相对乐观，随着金融"三支箭"政策的进一步落实，房企融资协调机制的推进，房企融资形势将有较大的改善。对于优质房企来说，可以通过新增银行信贷融资、债券融资与股权融资改善流动性状况；对于已违约的房企来说，可以借助房企融资协调机制，推进能够正常开发建设的项目和资金基本能够平衡的项目的信贷融资，改善流动性状况。

市场篇

Market Reports

第二章
个人住房贷款市场

蔡真　崔玉　刘冲*

- 从总量运行情况看，2023 年底，我国金融机构个人住房贷款余额为 38.17 万亿元，同比减少 1.60%，同比增速自 2016 年以来连续 7 年下降；个人住房贷款余额的年度净增额约为 -6300 亿元，表现为负增长。从市场结构看，国有大型商业银行依然是我国个人住房信贷市场的主力军，截至 2023 年 6 月，中国工商银行、中国农业银行、中国银行、中国建设银行、交通银行、中国邮政储蓄银行六家国有大型商业银行的个人住房贷款余额合计为 26.85 万亿元，占全国金融机构个人住房贷款余额的 69.5%；个人住房贷款业务在六家国有大型商业银行贷款业务中的占比仍是最高的。从个人住房贷款发放周期来看，2023 年末，全国百城个人住房贷款平均发放周期为 20 天，个人住房金融服务持续优化。

- 从利率水平看，2023 年，全国首套、第二套住房贷款平均利率呈下降趋势。2023 年末，全国首套、第二套住房贷款平均利率为 3.88%（为 LPR 减 32 个基点）和 4.42%（为 LPR 加 22 个基点），分别较 2022 年末下降了 23 个基点和 50 个基点。

- 从风险看，部分商业银行的个人住房贷款不良率和不良余额在2023 年呈现"双升"的情形，新增二手住房贷款价值比在 2023

---

* 蔡真，中国社会科学院金融研究所副研究员，国家金融与发展实验室房地产金融研究中心主任、高级研究员。崔玉，国家金融与发展实验室房地产金融研究中心研究员。刘冲，中国社会科学院大学应用经济学院硕士研究生。

年有所上升，但受益于审慎的个人住房信贷政策，个人住房贷款整体风险可控。2023 年末，住户部门债务收入比为 144.89%，房贷收入比为 69.04%；住户部门债务收入比上升速度放缓，连续两年下降，住户部门债务过快增长的势头得到遏制。2022~2023 年，住户部门债务收入比和房贷收入比走势的背离，可能意味着部分借款人在违规使用经营贷置换个人住房贷款，使住户部门总体债务规模继续上升，但房贷规模下降。

- 展望 2024 年，政策方面，本报告认为，为进一步释放住房消费需求潜力，改善房地产市场需求偏弱的形势，政府部门会进一步下调 LPR、差别化设置住房信贷利率下限，住房消费金融服务也将持续优化。数量方面，本报告认为，受就业和收入增长预期依然较弱、投资理财收益较差等因素影响，存量住房贷款借款人降低家庭负债的意愿仍然较强，个人住房贷款余额增长乏力。价格方面，本报告认为，个人住房贷款利率还会进一步下行，一方面，LPR 还会呈现继续下行的趋势；另一方面，仍需通过降低房贷利息负担支持居民的住房消费，推动住房市场平稳健康发展。风险方面，受房价持续下行的影响，部分房价高峰时点购入的住房可能沦为负资产，进而导致商业银行个人住房贷款不良率和不良余额上升；受改善性需求占比上升的影响，在"认房不认贷"的政策背景下，居民新增购房的财务杠杆水平还会有所上升；但是，受个人住房贷款余额增速下滑的影响，房贷收入比可能继续回落；经营贷违规置换个人住房贷款产生的风险在 2024 年将逐渐暴露，需持续关注。

一　个人住房贷款市场运行情况

（一）总量运行情况

个人住房贷款通常被称为个人住房按揭贷款，指商业银行等金融机构向在城镇购买、建造、大修各类型住房的自然人发放的贷款，借款人必须以购买、建造或已有的住房产权为抵押物或以其他抵押、质押、保证、抵押加阶段性保证等担保方式进行担保。

截至 2023 年底，我国金融机构个人住房贷款余额为 38.17 万亿元；同比减少 1.60%（见表 2-1），同比增速自 2016 年以来连续 7 年下降；个人住房贷款余额的年度净增额约为 -6300 亿元，表现为负增长。2023 年末，个人住房贷款余额占总贷款余额比例为 16.07%，较 2022 年末下降了 2.06 个百分点，个人住房贷款余额同比增长率低于金融机构各项贷款余额同比增长率。

表 2-1 1998~2023 年个人住房贷款市场情况

单位：万亿元，%

年份	个人住房贷款余额	个人住房贷款余额同比增长率	金融机构各项贷款余额	个人住房贷款余额占总贷款余额比例
1998	0.07	271.58	8.65	0.81
1999	0.14	94.05	9.37	1.49
2000	0.33	142.34	9.94	3.32
2001	0.56	67.47	11.23	4.99
2002	0.83	48.56	13.13	6.32
2003	1.20	45.28	15.90	7.55
2004	1.60	35.15	17.74	9.02
2005	1.84	15.80	19.47	9.45
2006	2.27	19.00	22.53	10.08
2007	3.00	33.60	26.17	11.46
2008	2.98	10.50	30.34	9.82
2009	4.76	43.10	39.97	11.91
2010	6.20	29.70	47.92	12.94
2011	7.14	15.50	54.79	13.04
2012	8.10	13.50	62.99	12.86
2013	9.80	21.00	71.90	13.63
2014	11.52	17.50	81.68	14.10
2015	14.18	23.20	93.95	15.09
2016	19.14	35.00	106.60	17.95
2017	21.90	22.20	120.13	18.23
2018	25.75	17.80	136.30	18.89
2019	30.07	16.70	153.11	19.64
2020	34.44	14.60	172.75	19.94
2021	38.32	11.30	192.69	19.89

续表

年份	个人住房贷款余额	个人住房贷款余额同比增长率	金融机构各项贷款余额	个人住房贷款余额占总贷款余额比例
2022	38.80	1.20	213.99	18.13
2023	38.17	-1.60	237.59	16.07

资料来源：《中国货币政策执行报告》，中国人民银行货币政策分析小组，2001~2011年；《金融机构贷款投向统计报告》，中国人民银行，2021~2023年；Wind。

住房既是消费品也是资产，其价格波动与个人住房信贷增速表现出较强的正相关性。房价上涨较快的阶段，也是个人住房贷款增速较快的阶段；房价持续下跌的阶段，也是个人住房贷款增速下降或负增长的阶段。从余额增长率来看，个人住房贷款余额同比增长率从2017年第二季度开始呈持续下降态势（见图2-1）；2023年，个人住房贷款余额同比增长率延续这一走势：第一、二、三、四季度个人住房贷款余额同比增长率分别为0.3%、-0.7%、-1.2%和-1.60%，同比增长率出现连续三个季度为负值的情况。从季度净增

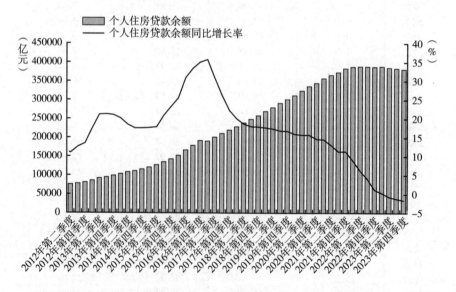

图2-1　2012~2023年个人住房贷款余额及同比增长率（季度）

资料来源：Wind。

量数据来看，2023 年第一季度，个人住房贷款余额净增量为 1400 亿元，第
二、三、四季度个人住房贷款余额分别净减少 3400 亿元、1800 亿元、2500 亿
元。总体来看，2023 年，个人住房贷款余额增速持续回落，且余额连续三个
季度负增长。这种情况发生的主要原因是大量购房者提前偿还个人住房贷款。

（二）市场结构情况

国有大型商业银行是我国个人住房贷款业务的开拓者，最早一笔个人
住房贷款就是由中国建设银行在 1985 年发放的。截至 2023 年 6 月，中国
工商银行、中国农业银行、中国银行、中国建设银行、交通银行、中国邮
政储蓄银行六家国有大型商业银行的个人住房贷款余额合计为 26.85 万亿
元，占全国金融机构个人住房贷款余额的 69.5%（见图 2-2），这表明国
有大型商业银行依然是我国个人住房信贷市场的主力军。2017 年以来，
六家国有大型商业银行的个人住房贷款余额占全国金融机构个人住房贷款
余额的比例有所下降。不过，2010~2019 年，该比例均维持在 70% 以上；
2020 年至 2023 年 6 月，该比例下降至 69% 左右。

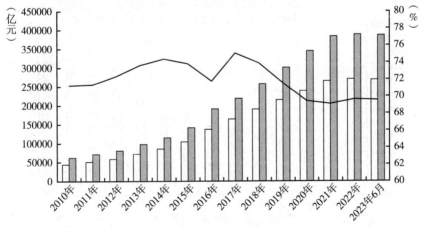

图 2-2　六家国有大型商业银行的个人住房贷款余额及占全国金融机构
个人住房贷款余额的比例

资料来源：Wind。

　　从六家国有大型商业银行的个人住房贷款余额同比增速来看，自2016年以来，六家国有大型商业银行的个人住房贷款余额同比增速持续下降，这一走势与全国金融机构个人住房贷款余额同比增速的走势基本保持一致。其中，2016～2017年的增速表现为急剧下降，从2016年的31.2%下降至2017年的19.7%；2017～2021年的增速降幅变小且较为稳定，从2017年的19.7%缓慢下降至2021年的11.0%；2022年，六家国有大型商业银行的个人住房贷款余额同比增速再次大幅下降，从2021年的11.0%下降至2022年的1.8%；2023年6月，六家国有大型商业银行的个人住房贷款余额同比增速进一步下降至-0.5%（见图2-3），略高于同期全国金融机构个人住房贷款余额-0.7%的同比增速，但远低于同期六家国有大型商业银行的贷款总余额的同比增速（13.5%）。从银行贷款业务结构来看，个人住房贷款占六家国有大型商业银行贷款总额的比例从2010年的16.9%上升到2019年最高时的31.5%，之后开始缓慢下降；2023年6月，个人住房贷款占六家国有大型商业银行贷款总额的比例下降至25.6%，较峰值下降5.9个百分点。

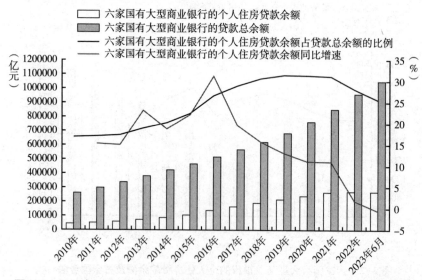

图2-3　2010年至2023年6月六家国有大型商业银行的个人住房贷款余额情况

资料来源：Wind。

从截面数据来看，六家国有大型商业银行2023年半年报显示，中国建设银行个人住房贷款余额最大，为6.48万亿元，占该行贷款总额的28.06%（见图2-4），较上年末下降了2.90个百分点；中国工商银行个人住房贷款余额为6.37万亿元，占该行贷款总额的25.20%，较上年末下降了2.51个百分点；中国农业银行个人住房贷款余额为5.32万亿元，占该行贷款总额的24.46%，较上年末下降了2.65个百分点；中国银行个人住房贷款余额为4.86万亿元，占该行贷款总额的25.28%，较上年末下降了2.81个百分点；交通银行个人住房贷款余额为1.50万亿元，占该行贷款总额的19.20%，较上年末下降了1.53个百分点；中国邮政储蓄银行个人住房贷款余额为2.32万亿元，占该行贷款总额的29.71%，较上年末下降了1.66个百分点。虽然受个人住房贷款余额负增长的影响，六家国有大型商业银行的个人住房贷款余额占贷款总额的比例在2023年均有所下降，但是个人住房贷款业务的占比仍是最高的，远高于制造业，交通运输、仓储和邮政业等主要贷款业务的占比。因此，个人住房贷款依然是六家国有大型商业银行最重要的贷款业务。对

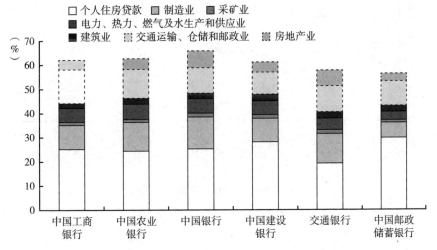

图2-4 2023年六家国有大型商业银行主要贷款业务占比（2023年半年报）

资料来源：Wind。

照《中国人民银行　中国银行保险监督管理委员会关于建立银行业金融机构房地产贷款集中度管理制度的通知》的要求，截至2023年末，六家国有大型商业银行的个人住房贷款余额占比全部低于监管要求的上限（32.5%）。

（三）个人住房金融服务情况

优化住房金融服务，满足居民合理的住房信贷需求，对促进房地产市场的健康平稳发展至关重要。从个人住房贷款发放周期来看，2023年末，全国百城个人住房贷款平均发放周期为20天（见图2-5），已低于三周。与2021年10月最长时的73天相比，已大幅缩短，这表明个人住房金融服务持续优化。其中，2023年末，一线城市的平均放款周期为27天；二线城市的平均放款周期为26天。

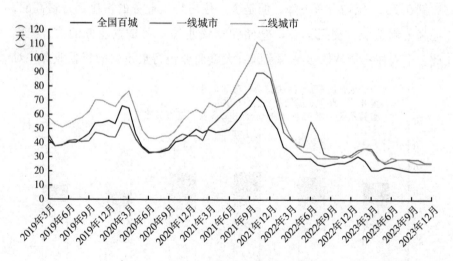

图2-5　个人住房贷款平均发放周期

注：一线城市包括北京、上海、广州、深圳，二线城市包括天津、重庆、西安、南京、合肥、成都、佛山、东莞。

资料来源：贝壳研究院。

二　个人住房贷款利率走势情况

（一）全国首套、第二套住房贷款平均利率情况

基于 50 城①个人住房贷款平均利率，2023 年，全国首套住房贷款平均利率为 3.97%，较 2022 年 4.63% 的平均利率下降了 66 个基点。从首套住房贷款平均利率走势来看，与 2022 年的快速下滑不同，2023 年呈现缓慢回落趋势。2023 年末，全国首套住房贷款平均利率为 3.88%（为 LPR 减 32 个基点）（见图 2-6），较 2022 年末的 4.11% 下降了 23 个基点，下降幅度高于 LPR 的 10 个基点的降幅。其中，中山、珠海两个样本城市的

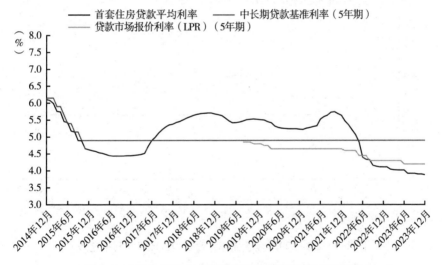

图 2-6　2014~2023 年全国首套住房贷款平均利率走势

资料来源：贝壳研究院、中国人民银行、Wind。

---

① 50 城包括北京、常州、成都、大连、东莞、佛山、福州、广州、贵阳、哈尔滨、杭州、合肥、呼和浩特、惠州、济南、嘉兴、昆明、兰州、廊坊、洛阳、绵阳、南昌、南京、南通、宁波、青岛、泉州、厦门、上海、绍兴、深圳、沈阳、石家庄、苏州、太原、天津、温州、无锡、芜湖、武汉、西安、徐州、烟台、银川、长春、长沙、郑州、中山、重庆、珠海。

首套住房贷款利率已降至3.6%，福州、哈尔滨、昆明等24个样本城市的首套住房贷款利率已低于4%，全部样本城市的首套住房贷款利率均不高于同期LPR（4.2%）。

从第二套住房贷款平均利率看，2023年，全国第二套住房贷款平均利率为4.76%，较2022年5.21%的平均利率下降了45个基点。从第二套住房贷款平均利率走势来看，2023年上半年，第二套住房贷款平均利率维持在4.92%的水平（见图2-7），但下半年快速下降了50个基点。2023年末，全国第二套住房贷款平均利率为4.42%（为LPR加22个基点），较2022年末下降了50个基点。珠海、常州等43个样本城市的第二套住房贷款利率下调至房贷利率政策下限——4.40%（LPR加20个基点）。

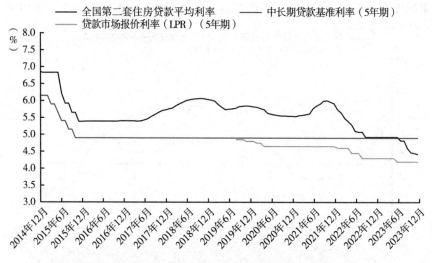

图2-7　2014~2023年全国第二套住房贷款平均利率走势

资料来源：贝壳研究院、中国人民银行、Wind。

总的来看，2023年，受益于LPR的下调、新发放首套住房贷款利率动态调整机制的实施和房贷利率政策下限的降低，我国首套、第二套住房贷款平均利率均有一定程度的下调。其中，第二套住房贷款平均利率的下调集中在下半年，且下调幅度更大，首套、第二套住房贷款利差较2022年末缩小了27个基点。

（二）部分城市住房贷款利率情况

从四个一线城市的个人住房贷款利率走势来看，2023年，北京、上海、广州、深圳的个人住房贷款利率均有所下降（见图2-8）。2023年末，北京首套、第二套住房贷款利率分别为4.20%和4.75%，均高于全国平均水平；首套、第二套住房贷款利率分别下调65个基点和60个基点，首套、第二套住房贷款的利差由上年末的50个基点扩大到2023年末的55个基点。上海的首套、第二套住房贷款利率分别为4.10%和4.40%，

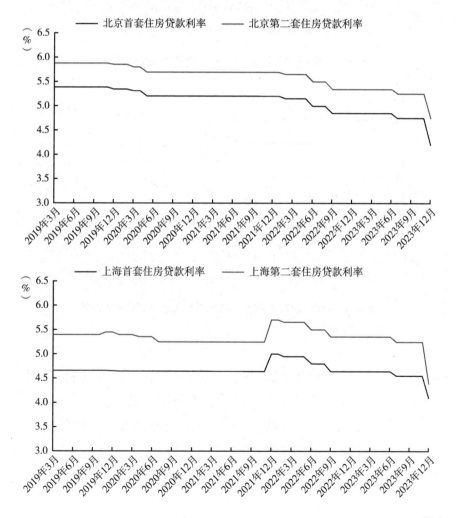

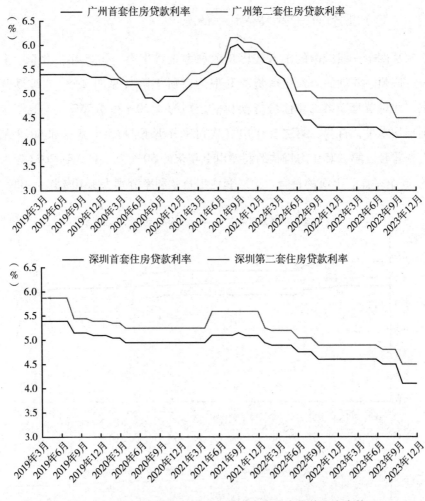

图 2-8 2019~2023 年四个一线城市个人住房贷款利率走势

资料来源：贝壳研究院。

首套住房贷款利率高于全国平均水平，第二套住房贷款利率略低于全国平均水平；首套、第二套住房贷款利率分别下调 55 个基点和 95 个基点，首套、第二套住房贷款的利差由上年末的 70 个基点收窄至 2023 年末的 30 个基点。广州首套、第二套住房贷款利率分别为 4.10% 和 4.50%，均高于全国平均水平；首套、第二套住房贷款利率分别下调 20 个基点和 40 个基点，首套、第二套住房贷款的利差由上年末的 60 个基点收窄至 2023 年末的 40 个基点。深圳首套、第二套住房贷款利率与广州相同，分别为 4.10% 和 4.50%，也均高于全国平均水平；首套、第二套住房贷款利率分别下调 50 个基点和 40 个基点，首套、第二套住房贷款的利差由上年末的 30 个基点扩大到 2023 年末的 40 个基点。

从四个二线样本城市个人住房贷款利率走势来看，2023 年，南京、杭州、武汉和重庆四个二线城市首套、第二套住房贷款利率呈阶梯式下降的态势（见图 2-9）。2023 年末，南京首套、第二套住房贷款利率分别为

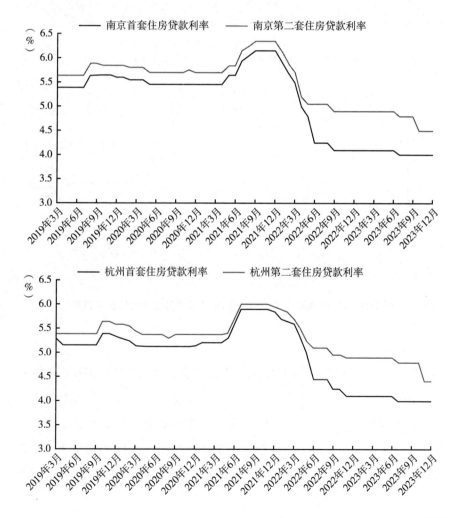

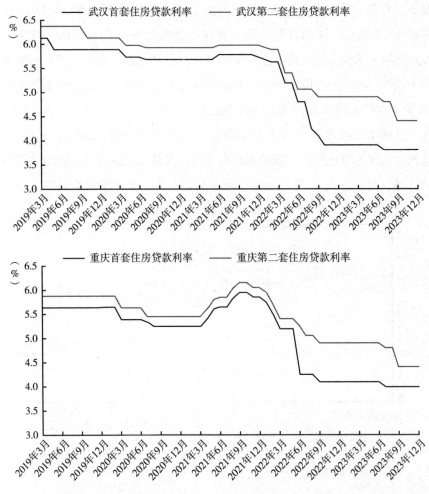

图 2-9 2019~2023 年四个二线样本城市个人住房贷款利率走势

资料来源：贝壳研究院。

4.00%和 4.50%，均高于全国平均水平；首套、第二套住房贷款利率分别下调 10 个基点和 40 个基点，首套、第二套住房贷款的利差由上年末的80 个基点收窄到 2023 年末的 50 个基点。杭州首套、第二套住房贷款利率分别为 4.00%和 4.40%，首套住房贷款利率高于全国平均水平，第二套住房贷款利率略低于全国平均水平；首套、第二套住房贷款利率分别下调 10 个基点和 50 个基点，首套、第二套住房贷款的利差由上年末的 80 个基点收窄至 2023 年末的 40 个基点。武汉首套、第二套住房贷款利率分别为 3.80% 和 4.40%，均略低于全国平均水平；首套、第二套住房贷款利率分别下调 10 个基点和 50 个基点，首套、第二套住房贷款的利差由上年末的 100 个基点收窄至 2023 年末的 60 个基点。重庆首套、第二套住房贷款利率分别为 4.00% 和 4.40%，首套住房贷款利率高于全国平均水平，第二套住房贷款利率略低于全国平均水平；首套、第二套住房贷款利率分别下调 10 个基点和 50 个基点，首套、第二套住房贷款的利差由上年末的 80 个基点收窄到 2023 年末的 40 个基点。

（三）存量首套住房商业贷款利率的调整情况

2023 年，对于个人住房贷款，"提前还贷潮"多次登上热搜。在个人住房金融服务持续优化、LPR 下调 10 个基点的情况下，大量借款人仍出于降低利息支出和调整家庭资产负债表方面的考虑，大规模提前偿还个人住房贷款。这也使个人住房贷款存量余额从 2023 年第二季度开始连续负增长。

为引导商业性个人住房贷款的借贷双方有序调整优化资产负债结构，规范住房信贷市场秩序，2023 年 7 月 14 日，国新办举行 2023 年上半年金融统计数据情况新闻发布会，中国人民银行货币政策司司长邹澜提出"按照市场化、法治化原则，我们支持和鼓励商业银行与借款人自主协商变更合同约定，或者是新发放贷款置换原来的存量贷款"。2023 年 8 月 31 日，《中国人民银行 国家金融监督管理总局关于降低存量首套住房贷款利率有关事项的通知》明确提出，对于 2023 年 8 月 31 日前金融机构已发放的和已签订合同但未发放的首套住房商业性个人住房贷款或借款人实际住房情况符合所在城市首套住房标准（认房不认贷）的其他存量住房商业性个人住房贷款，借款人可以自 2023 年 9 月 25 日起，向承贷金融机构提出申请，通过协商变更贷款合同约定的利率水平或新发放贷款置换存量首套住房商业性个人住房贷款的方式调整和降低存量首套住房个人住房贷款利率。但是，调整后利率水平的 LPR 加点幅度不得低于原贷款发放时所在城市首套住房商业性个人住房贷款利率政策下限。2023 年 9 月 5 日之后，各商业银行陆续发布实施存量首套住房贷款利率调整的规则公告。从 2023 年 9 月 25 日开始，各商业银行通过统一批量调整和借款人申请两种方式对存量首套住房贷款利率进行调整。

从央行公布的数据来看，此次存量首套住房个人住房贷款利率调整工作推动了超过 23 万亿元的存量个人住房贷款利率的下降，平均降幅为 73 个基点，可以为借款人每年减少约 1700 亿元的利息支出，共惠及 5325 万户，约 1.6 亿人，户均每年减少约 3200 元的利息支出。降低存量首套住房个人住房贷款的利率，切实减轻了借款居民的利息负担。

三 个人住房贷款市场风险状况分析

（一）部分商业银行个人住房贷款不良率和不良余额"双升"

贷款不良率是衡量商业银行贷款质量和风险的重要指标，相应地，个人住房贷款不良率是对个人住房贷款风险的度量指标，它是一个事后指标。从 16 家样本商业银行的个人住房贷款不良率数据来看，2023 年上半年，样本银行个人住房贷款不良率为 0.18%～1.67%（见表 2-2），均值为 0.57%，中位数值为 0.49%，不同银行间的差异较大；但是，平均来看仍远低于同期商业银行平均 1.62% 的不良贷款率。从银行的经营视角来看，个人住房贷款仍是风险最低的一个贷款品种，因此，也就不难理解个人住房贷款居各商业银行贷款投向之首了。个人住房贷款不良率相对其他贷款较低的原因有三。第一，银行能够控制对第一还款来源居民收入的风险。相对于企业收入，居民收入的现金流更为稳定。长期来看，居民收入伴随着经济发展而增长，因此，个人住房贷款的违约风险相对较小。加之银行在放贷时要求居民月收入为还款月供两倍以上，这一措施很好地控

表2-2　部分样本商业银行个人住房贷款不良率及不良额

单位：%、亿元

银行简称	金融机构类型	个人住房贷款不良率					个人住房贷款不良余额				
		2019年	2020年	2021年	2022年	2023年上半年	2019年	2020年	2021年	2022年	2023年上半年
中国农业银行	大型商业银行	0.30	0.38	0.36	0.51	0.50	123.86	176.55	188.72	272.58	267.11
交通银行	大型商业银行	0.36	0.37	0.34	0.44	0.47	40.38	48.49	50.83	67.31	71.04
中国工商银行	大型商业银行	0.23	0.28	0.24	0.39	0.42	116.79	162.07	154.60	253.94	267.46
中国邮政储蓄银行	大型商业银行	0.38	0.47	0.44	0.57	0.50	64.89	90.44	94.10	128.78	115.35
中国建设银行	大型商业银行	0.24	0.19	0.20	0.37	0.42	124.84	113.20	129.09	238.47	269.28
浦发银行	股份制商业银行	0.27	0.34	0.40	0.52	0.58	19.78	28.65	36.68	45.66	49.86
民生银行	股份制商业银行	0.21	0.22	0.26	0.50	0.57	8.81	11.08	15.68	28.76	32.01
招商银行	股份制商业银行	0.25	0.29	0.28	0.35	0.35	27.49	37.59	38.21	49.04	48.65
郑州银行	城市商业银行	0.11	0.52	0.96	1.65	1.67	0.34	1.86	3.91	6.23	5.82
苏州银行	城市商业银行	0.12	0.04	0.15	0.24	0.22	0.25	0.11	0.47	0.83	0.77
杭州银行	城市商业银行	0.04	0.07	0.05	0.11	0.18	0.23	0.49	0.43	0.95	1.65
上海银行	城市商业银行	0.16	0.14	0.09	0.16	0.20	1.47	1.77	1.48	2.70	3.29
成都银行	城市商业银行	0.25	0.25	0.25	0.41	0.46	1.49	1.83	2.12	3.58	4.09
重庆银行	城市商业银行	0.34	0.29	0.27	0.52	0.71	0.90	1.03	1.17	2.16	2.88
青农商行	农村商业银行	0.23	0.27	0.41	0.75	0.84	0.50	0.78	1.33	2.40	2.57
渝农商行	农村商业银行	0.33	0.31	0.46	0.77	1.01	2.38	2.80	4.69	7.51	9.59

资料来源：Wind。

制了风险。住房在中国极受重视，即使在还款能力不足的情况下，借款人主动违约的意愿也较低，存在借助"六个钱包"或通过亲友的民间借贷行为还款的情况。第二，我国实行审慎的个人住房信贷政策，对于个人住房贷款提出较高的首付比例要求。目前，我国商业银行首套住房贷款的最低首付比例要求为20%～35%；第二套住房贷款的最低首付比例要求为30%～60%，这可以有效降低借款人主动违约的意愿，有利于商业银行控制个人住房贷款的风险。第三，房价在过去较长一段时间经历了多轮上涨，住房抵押是个人住房贷款的重要担保措施，因此，对于大部分存量个人住房贷款来说，保护垫较厚。

从近年来样本商业银行个人住房贷款不良率和不良余额的变化来看，相比2022年，2023年上半年，中国农业银行、中国邮政储蓄银行、苏州银行的个人住房贷款不良率略有下降，下降幅度分别为0.01个、0.07个和0.02个百分点；招商银行的个人住房贷款不良率维持不变；而交通银行、中国工商银行、中国建设银行、浦发银行、民生银行、杭州银行、上海银行、成都银行、重庆银行、青农商行、渝农商行的个人住房贷款不良率和不良余额出现了"双升"的情况，不良率上升幅度为0.02～0.24个百分点。在房地产市场区域形势大分化的背景下，我们需要警惕因区域房价大幅下行或期房项目烂尾引发个人住房贷款抵押资产质量迅速恶化，从而导致区域商业银行个人住房贷款不良率大幅上升的风险。例如，区域房价下行幅度较大、期房项目烂尾较多的郑州的城市商业银行——郑州银行的个人住房贷款不良率增长异常迅速；2019年至2023年上半年，个人住房贷款不良率分别为0.11%、0.52%、0.96%、1.65%、1.67%，个人住房贷款不良余额从0.34亿元增长至5.82亿元。

（二）居民新增购房的财务杠杆水平有所提高

贷款价值比（Loan to Value Ratio，LTV）指贷款金额与抵押品价值（评估价值或交易价格中的较小者）的比例，是一个国际通用的抵押贷款风险评估指标，多见于抵押贷款，可以用于衡量抵押品价值对贷款的保障程度。LTV 的具体计算公式为：LTV = 贷款金额/住房市场价值。相关研究表明，LTV 与个人住房贷款违约率显著正相关，即 LTV 越高，个人住房贷款的违约风险越大。原因是当房价波动使作为抵押品的住房市场价值小于待偿还的个人住房贷款金额时（LTV 大于 1 时），其会对理性的贷款人产生违约激励，金融机构面临的贷款违约风险增加。LTV 除了作为风险监测的指标之外，也是宏观审慎管理的政策工具之一，即通过提高首付比例来降低 LTV，以达到防范市场风险向信用风险传导的目的。

由于难以获得计算存量个人住房贷款的 LTV 所需数据，基于数据可得性方面的考虑，本报告计算了一线城市和部分二线城市新增二手住房的贷款价值比。这一指标反映了当年居民部门在购买二手住房中使用杠杆的程度，也可以反映新增二手住房贷款的信用风险。2023 年末，一线城市中北京的新增二手住房贷款价值比为 41%，上海的新增二手住房贷款价值比为 45%（见图 2-10 左上图），均处于较低水平；广州的新增二手住房贷款价值比为 60%，深圳的新增二手住房贷款价值比为 57%（见图 2-10 右上图），均处于合理水平。二线城市方面，成都的新增二手住房贷款价值比为 61%，合肥的新增二手住房贷款价值比为 62%，南京的新增二手住房贷款价值比为 59%，天津的新增二手住房贷款价值比为 62%（见图 2-10 左下图），均处于合理水平；西安的新增二手住房贷款价值比为 65%，重庆的新增二手住房贷款价值比为 67%，东莞的新增二手住房贷款价值比为 69%，佛山的新增二手住房贷款价值比为 71%（见图 2-10 右下图），处于相对较高水平，但平均首付比例亦在 3 成左右。

总体来看，受首套房"认房不认贷"政策的实施、首套房和第二套房最低首付比例政策下限下调的影响，样本城市新增二手住房 LTV 在 2023 年均有所上升，居民购房的财务杠杆水平有所提高。但是，12 个样本城市购房者的平均首付比例为 3～6 成，新增二手住房贷款抵押物保障程度仍较高，个人住房贷款整体风险可控。

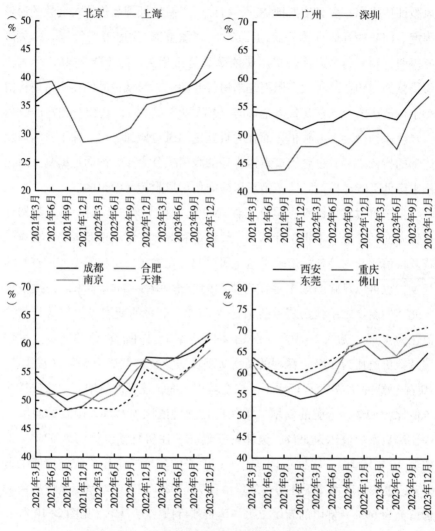

图 2-10 一线和部分二线城市新增二手住房的 LTV

资料来源：贝壳研究院。

（三）住户部门债务收入比连续两年下降

住户部门债务收入比（Debt to Income，DTI）是指住户部门债务余额与可支配收入的比值，用于衡量住户部门的债务水平。因为住户部门债务中占比最高的是个人住房贷款，所以 DTI 成为多数发达经济体和部分新兴市场经济体进行房地产宏观审慎管理的重要工具之一。从该指标的分子与分母的含义来看，分子为住户部门债务（主要为住户部门的消费贷款和经营贷款），是一个存量指标；分母为可支配收入，是住户部门偿还债务的主要资金来源，是一个流量指标。住户部门债务与名义可支配收入的比值，可以用于反映住户部门债务负担水平。

从住户部门债务收入比来看，该指标仅在 2008 年下降，其余年份都呈现上升趋势。2008 年前的上升速度比较慢，从 2005 年底的 37.85% 缓慢上升至 2008 年末的 43.17%，年均上升 1.77 个百分点；2008 年之后开始快速上升，从 2008 年末的 43.17% 快速上升至 2020 年末的 139.02%，上升了 95.85 个百分点，年均上升 7.99 个百分点；从 2021 年开始，住户部门债务收入比上升速度显著放缓；2023 年末，住户部门债务收入比为 144.89%，与 2022 年末相比，仅上升了 0.97 个百分点（见图 2-11）。从房贷收入比[①]来看，其从 2008 年末的 22.54% 上升至 2021 年末的 77.22%，累计上升了 54.68 个百分点；但受个人住房贷款余额同比增速持续大幅下滑的影响，该指标从 2022 年开始明显回落，从 2021 年末的 77.22% 下降至 2023 年末的 69.04%，两年间下降了 8.18 个百分点（见图 2-11）。虽然一线城市和部分二线样本城市的新增二手住房 LTV 在上升，居民新增购房的财务杠杆水平有所提升，但是已购房居民在大规模偿还存量个人住房贷款，使住户部门债务收入比连续两年下降。总体来看，2023 年，住户部门债务收入比上升趋势放缓，房贷收入比持续回落，住户部门债务过快增长的势头得到遏制。2022~2023 年，住户部门债务收入比和房贷收入比走势的背离，可能意味着部分借款人在违规使用经营贷置换个人住房贷款，使住户部门总体债务规模继续上升，但房贷规模下降。

（四）个人住房贷款市场出现"提前还贷潮"

2023 年，"提前还贷"多次登上热搜，大量存量个人住房贷款借款人开

[①] 即个人住房贷款余额与居民可支配收入的比值。

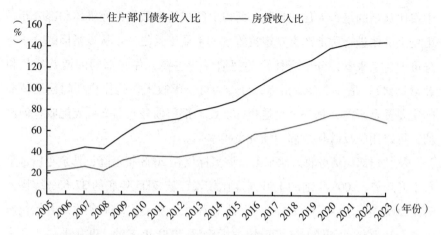

图 2-11 2005~2023 年我国住户部门债务收入比和房贷收入比

注：住户部门债务为居民贷款，包括消费贷和经营贷，数据来自中国人民银行《金融机构本外币信贷收支表》；个人住房贷款数据来自《中国货币政策执行报告》（中国人民银行货币政策分析小组，2005~2011 年）、《金融机构贷款投向统计报告》（中国人民银行，2012~2023 年）；居民可支配收入数据采用国家统计局公布的年度人均可支配收入与年末总人口数量相乘得到。

资料来源：Wind、CEIC、国家统计局、中国人民银行。

始集中提前偿还个人住房贷款。从已发行 RMBS 基础资产的早偿率情况来看，2023 年末，个人住房贷款早偿率（年化）为 15.4%（见图2-12），远高于 2022 年末的 8.9%，也高于 2016~2022 年的 10.3% 的平均水平。分季度来看，2023 年第一、二季度，个人住房贷款早偿率（年化）分别为 15.2%、13.1%；第三季度，个人住房贷款早偿率（年化）高达 59.7%，提前还贷规模达到峰值；随着 8 月 31 日《中国人民银行　国家金融监督管理总局关于降低存量首套住房贷款利率有关事项的通知》的实施，第四季度的个人住房贷款早偿率（年化）回落至 15.4%。

从国家金融监督管理总局公布的数据来看，2023 年，新增个人住房贷款的规模为 6.4 万亿元。但是，由于出现了较大规模的提前还贷的情况，2023 年，个人住房贷款余额反而净减少了 6300 亿元，表现为负增长。大量借款人提前偿还个人住房贷款，导致个人住房贷款市场出现"提前还贷潮"。究其原因，一方面是新增和存量个人住房贷款利差较大，叠加理财市场收益率较低，部分前期较高利率的借款人为降低利息支出和资金的机会成本，开始利用家庭存款或违规使用经营贷来提前偿还房贷；另一方面是居民部门的就业、收入增长预期较弱，部分家庭开始通过减少债务、增加储蓄、减少投资、降低消费等方式来调整家庭资产负债表。

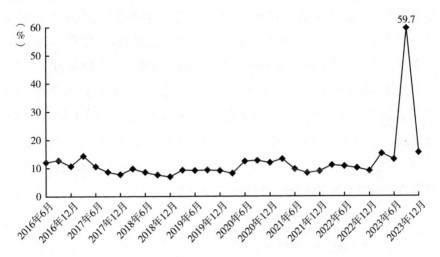

图 2-12　2016~2023 年个人住房贷款早偿率（年化）

资料来源：Wind。

就提前偿还个人住房贷款而言，对于借款人来说，如果还贷资金来自家庭储蓄，则可以降低利息支出；但是，如果偿还贷款资金来自转贷或经营贷的置换，则可能存在一定的隐患。对于商业银行来说，个人住房贷款长期以来是商业银行最为优质的贷款，具有规模大、周期长、收益稳定、风险低等特征。大规模的个人住房贷款提前归还的情况，一方面，会降低商业银行贷款业务规模增速和利润水平；另一方面，商业银行需要承受收回资金的再投资风险。

（五）经营贷违规置换个人住房贷款产生的风险将逐渐暴露

经营贷是指银行业金融机构发放的用于满足借款人（包括个体工商户、小微企业主、农户等）在生产经营过程中的正常资金需求的贷款，贷款用途限于生产经营活动。经营贷具有还款方式灵活、担保方式灵活多样、贷款额度高、利率低、放款快等特点。

为缓解疫情期间个体工商户等中小微企业的生存压力，2020 年 5 月26 日，《中国人民银行 银保监会 国家发展改革委 工业和信息化部 财政部国家市场监管总局 证监会 国家外汇局关于进一步强化中小微企业金融服务的指导意见》（银发〔2020〕120 号）印发，鼓励金融机构加大对中小微企业的信贷支持力度，降低中小微企业的融资成本。在政策的支持下，住户经营贷款的余额从 2020 年初的 11.5 万亿元快速增长至 2023 年末的22.1 万亿元（见图 2-13），年均复合增长率为 17.7%（其间月度同比增速峰值高达 24.6%），高于企（事）业单位贷款余额 11.9% 的年均复合增长率 5.8 个百分点。而且经营贷的利率最低可至 3% 左右，同期首套个人住房贷款的利率则高于 5%，利差超过 200 个基点。

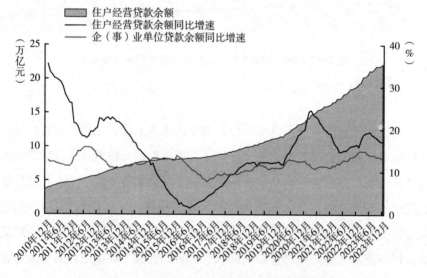

图 2-13　2010~2023 年住户经营贷款余额及同比增速
与企（事）业单位贷款余额同比增速

资料来源：Wind。

因为经营贷和个人住房贷款之间存在较大利差，部分个人住房贷款借款人为降低购房借贷资金成本和月度还款压力，通过中介机构违规操作申请经营贷以用于置换个人住房贷款。经营贷违规置换个人住房贷款的一般操作流程如下：首先，借款人利用中介的过桥资金偿还剩余房贷，解除住房产权抵押；其次，其把住房作为抵押物向商业银行申请经营贷；最后，贷款发放后，其通过第三方转出，用于偿还过桥资金。从表面上看，使用经营贷置换个人住房贷款可以降低利息支出，且可以通过先息后本到期续贷的方式大幅降低月度还款金额。但是，在实际操作中，经营贷置换个人住房贷款存在成本较高的情况，隐藏风险较多。

从成本方面来看，借款人需要支付中介机构的中介费、过桥资金利息、借壳主体维护费等，成本占到借款金额的 1%~2%。在经营贷和个人住房贷款之间的利差较大时，仅从成本方面考虑，经营贷置换个人住房贷款可能是划算的；但是，随着存量房贷利率的下调，经营贷和个人住房贷款之间的利差大幅缩小，经营贷置换个人住房贷款的综合资金成本可能高于正常个人住房贷款的利息。

从风险方面来看，第一，商业银行与借款人签订的贷款合同会明确约定经营贷用于生产经营活动，若被查出经营贷违规流入房地产市场，则借款人将承担违约责任，银行会提前收回贷款，借款人需要提前还清所借经营贷。这可能会影响借款人的征信，情节严重的还可能会因为涉嫌骗贷而被依法追究刑事责任。第二，虽然经营贷的授信期限可以超过 10 年，但贷款期限一般只有 3~5 年，远低于个人住房贷款期限。这意味着每隔 3~5 年，经营贷借款人就需要向银行申请续贷。续贷时，一方面，大多数银行要求一次性偿还本金；另一方面，银行会对经营贷的合规性进行重新审核，对抵押物的价值进行重新评估。一次性偿还本金尚可通过借入过桥资金解决，但是，如果经营贷续贷审核不通过，或房价下降，抵押物（住房）的评估值会下降，续贷借款额度就会下调，这可能导致借款人的现金流断裂。在房价持续下行、经营贷合规性审查愈加严格的当下，最早一批使用经营贷违规置换个人住房贷款的借款人，已经面临续贷的问题，因停贷、减贷导致借款人现金流断裂的风险也将逐渐暴露。

四 2024年个人住房贷款市场展望

展望 2024 年，政策方面，本报告认为，为进一步释放住房消费需求潜力，改善房地产市场需求偏弱的形势，政府部门会进一步下调 LPR、差别化设置住房信贷利率下限，住房消费金融服务也将持续优化。数量方面，本报告认为，受就业和收入增长预期依然较弱、投资理财收益较差等因素影响，存量住房贷款借款人降低家庭负债的意愿仍然较强，个人住房贷款余额增长乏力。价格方面，本报告认为，个人住房贷款利率还会进一步下行，一方面，LPR 还有继续下行的可能；另一方面，仍需通过降低房贷利息负担支持居民的住房消费，推动住房市场平稳健康发展。风险方面，受房价持续下行影响，部分房价高峰时点购入的住房可能沦为负资产，进而导致商业银行个人住房贷款不良率和不良余额上升；受改善性需求占比上升的影响，在"认房不认贷"的政策背景下，居民新增购房的财务杠杆水平还会有所上升；但是，受个人住房贷款余额增速下滑的影响，房贷收入比可能继续回落；经营贷违规置换个人住房贷款产生的风险在 2024 年将逐渐暴露，需要持续关注。

第三章
房地产开发企业融资市场

蔡 真　崔 玉　霍盈辰*

- 从房企资金来源情况来看，2023年，房企可用于房地产开发的到位资金规模为12.75万亿元，同比下降13.6%，连续两年负增长；与2021年峰值时的20.11万亿元相比，下降36.6%。其中，国内贷款约为1.56万亿元，利用外资约为47亿元，自筹资金约为4.20万亿元，定金及预收款约为4.32万亿元，个人按揭贷款约为2.15万亿元。定金及预收款、个人按揭贷款等经营性资金是房企到位资金的主要来源，两者占比合计为50.75%，占比在一半以上。总体来看，2023年，受部分房企债务违约、新建住房销售下滑、房地产行业景气度下降等因素的影响，房企到位资金规模继续下降，行业融资规模呈现持续收缩的态势。

- 从房企主要融资渠道来看，银行贷款方面，截至2023年末，房地产开发贷款余额为12.88万亿元，同比增长1.5%，年度净增量为1900亿元。信托融资方面，截至2023年末，房地产信托余额为9738.61亿元，同比下降20.43%；与2022年末相比，余额继续压降了2500亿元。债券融资方面，2023年，房企境内信用债（不包括资产证券化产品）的发行总额为4529亿元，同比下降8.3%；房企境外债发行规模为195.2亿美元（约为1382亿

---

* 蔡真，中国社会科学院金融研究所副研究员，国家金融与发展实验室房地产金融研究中心主任、高级研究员。崔玉，国家金融与发展实验室房地产金融研究中心研究员。霍盈辰，中国社会科学院大学应用经济学院硕士研究生。

元），同比下降 8.9%；截至 2023 年末，房企境内信用债存量余额为 1.96 万亿元，其中，在 2024 年内新增到期的房企境内信用债规模为 2992 亿元；房企境外债存量余额为 1348 亿美元（约为 9545 亿元）。股权融资方面，2023 年，A 股上市房企通过定向增发、配股获得股权融资的规模为 301.1 亿元；房地产开发企业从境外资本市场通过配售、供股、代价发行等方式获得 142.35 亿港元的股权融资。总体来看，房企融资政策环境明显改善，银行信贷、股权融资规模保持增长，但是信托、债券融资规模仍在收缩，而且，房企境外债的融资功能大幅减弱。

- 从融资成本情况来看，银行贷款利率方面，2023 年，银行贷款平均利率整体呈下降趋势。从金融机构一般贷款加权平均利率来看，其从 2022 年末的 4.14 下降至 2023 年末的 3.83%；从部分上市房企财报披露的银行借款情况来看，银行贷款利率集中在 3%~7%，部分大型国有房企的银行贷款利率已低至 3% 左右，部分负债率较高或规模较小的民营房企的银行贷款（尤其是银行委托贷款）的实际利率可能超过 10%，且需要提供足额或超额抵押资产。信托融资成本方面，2023 年，房地产信托加权平均发行预期年化收益率为 7.06%，加上 2%~3% 的信托公司报酬和信托计划发行费用，房企信托融资的平均成本为 9.06%~10.06%，较 2022 年下降了约 45 个基点。信用债利率方面，2023 年，房企境内信用债加权平均票面利率为 3.57%，较 2022 年上升了 17 个基点；内地房企境外债加权平均票面利率为 4.03%，与 2022 年相比下降了 402 个基点，主要原因是华夏幸福和融创中国发行大规模的无息或低息境外债用于在债务重组过程中置换原高息境外债或原境外债。总体而言，在房地产开发企业融资成本方面，2023 年，银行贷款、房地产信托、房企境外债的融资成本均有所下降，但是房企境内信用债的融资成本略有上升。

- 从风险情况来看，2023 年，房企融资市场风险主要集中在以下四个方面。第一，房地产行业风险尚未出清，房企仍是债券市场违约的绝对主力。2023 年，房企境内债违约规模（违约日债券余额）为 1986.6 亿元，房企境外债违约规模（违约日债券余额）为 191.9 亿美元。第二，因房企大规模债务违约，部分商业银行的房地产行业贷款不良率、不良余额继续大幅上升。以贵州银行为例，2019～2023 年，其房地产行业贷款不良率从 3.43%上升至 40.39%，不良贷款余额从 2.73 亿元增长至 30.46 亿元。第三，在市场需求下行、房价下降和债务刚性偿还的"三重压力"下，房企普遍出现资产负债表恶化的情况。其中，中国恒大、蓝光发展、中天金融、中国奥园、恒盛地产、天誉置业、花样年控股、嘉凯城、建业地产、当代置业 10 家上市房企已出现资不抵债的情况。第四，蓝光发展、中天金融、美好置业、粤泰股份、宋都股份、嘉凯城、泰禾集团、阳光城、海航投资 9 家 A股已债务违约的上市房企的股票价格持续低于 1 元/股，被强制退市，房企债务问题化解难度增加。

- 从房企融资政策来看，2023 年，政府部门加大对房企融资的支持力度，包括全面落实针对房企信贷、债券融资和股权融资的"三支箭"政策，推进实施房企融资协调机制，从而更为精准、有效地解决房企融资过程中金融市场存在的所有制歧视和过度避险问题。

- 展望 2024 年，就房企融资形势而言，我们认为，随着金融"三支箭"政策的进一步落实、房企融资协调机制的推进，房企融资形势将大幅改善。对于优质房企来说，可以通过新增银行信贷融资、债券融资与股权融资改善流动性状况；对于已违约的房企来说，可以借助房企融资协调机制，推进能够正常开发建设的项目和资金基本能够平衡的项目的信贷融资，改善流动性状况。随着房地产融资协调机制的推进落实，获批"白名单"项目贷款的发放进一步增加，房地产开发贷款余额同比增速将有所上升。

但是受市场投资者对房企债务风险、持续经营能力、盈利能力担忧的影响，房企的债券融资、信托融资、股权融资的规模可能还会有所下降。房企融资成本方面，银行信贷利率将随着 LPR 的下行而继续下降；房地产信托和信用债融资成本也会继续下降。风险方面，2024 年，房地产开发企业融资市场仍有以下几个风险点需要持续关注：第一，房企违约债务的处置；第二，商业银行房地产行业贷款不良率、不良余额的持续上升；第三，房地产行业持续下行调整及房地产资产价格下降导致房企资产负债表的持续恶化；第四，更多上市房企由于面值、市值等原因而退市。

一 房地产开发企业资金来源情况

房地产行业属于资金密集型行业，无论是土地的购置，还是房地产的开发和建设均需要大量资金；加之房地产项目建设和销售周期较长，资金成为房地产开发企业赖以生存和发展的命脉。这些行业特点决定了房企难以仅仅依靠自有资金开展经营活动，需要高度依赖外源性融资的支持。因此，房企在从事房地产开发、建设、销售等活动的同时，必须不断地进行资金融通活动。我国大多数房企以高杠杆、高负债、高周转的模式运转，其融资能力和获取的资金规模在很大程度上决定了企业的生存、发展和盈利能力。

从国家统计局公布的房地产开发企业本年到位资金①来看，2023 年，房企可用于房地产开发的到位资金规模为 12.75 万亿元，同比下降 13.6%，连续两年负增长；与 2021 年峰值时的 20.11 万亿元相比，下降 36.6%。其中，国内贷款约为 1.56 万亿元，同比下降 9.9%；利用外资约为 47 亿元，同比下降 39.1%；自筹资金约为 4.20 万亿元，同比下降

---

① 房地产开发企业本年到位资金，是指房地产开发企业报告期内实际可用于房地产开发的各种货币资金。国家统计局公布的同比数据与根据数值计算的同比数据存在差异可能是由统计口径调整造成的，本章以国家统计局公布的同比数据为准。

19.1%；定金及预收款约为 4.32 万亿元，同比下降 11.9%；个人按揭贷款约为 2.15 万亿元，同比下降 9.1%（见表 3-1）。总体来看，2023 年，受部分房企债务违约、新建住房销售下滑、房地产行业景气度下降等因素的影响，房地产开发企业到位资金规模继续下降，行业融资规模呈现持续收缩的态势。

表 3-1　2005~2023 年房地产开发企业到位资金情况

单位：亿元

年份	房地产开发企业到位资金总额	国内贷款	利用外资	自筹资金	定金及预收款	个人按揭贷款	其他到位资金
2005	21398	3918	258	7000	6954	1341	1926
2006	27136	5357	400	8597	8193	2588	2000
2007	37478	7016	641	11773	10663	5080	2305
2008	39619	7606	728	15312	9757	3886	2331
2009	57799	11365	479	17949	16217	8562	3227
2010	72944	12564	791	26637	19275	9524	4154
2011	85689	13057	785	35005	22470	8678	5694
2012	96537	14778	402	39082	26558	10524	5193
2013	122122	19673	534	47425	34499	14033	5958
2014	121991	21243	639	50420	30238	13665	5787
2015	125203	20214	297	49038	32520	16662	6473
2016	144214	21512	140	49133	41952	24403	7073
2017	156053	25242	168	50872	48694	23906	7171
2018	166407	24132	114	55755	55748	23643	7015
2019	178609	25229	176	58158	61359	27281	6406
2020	193115	26676	192	63377	66547	29976	6348
2021	201132	23296	107	65428	73946	32388	5968
2022	148979	17388	78	52940	49289	23815	5470
2023	127459	15595	47	41989	43202	21489	5137

资料来源：国家统计局、Wind。

从 2023 年房地产开发企业到位资金的来源结构来看，定金及预收款、个人按揭贷款等经营性资金是房企到位资金的主要来源，两者占比合计为

50.75%，占比在一半以上；房企自有资金和借入资金（不包括贷款、外资）等自筹资金的占比为 32.94%，约占房企到位资金的 1/3；国内贷款及利用外资的占比为 12.28%；其他到位资金占比为 4.03%（见图 3-1）。

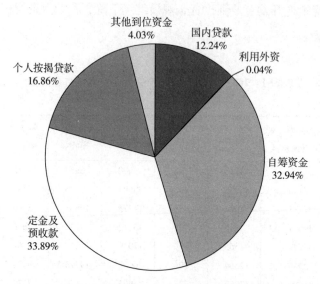

图 3-1 2023 年房地产开发企业到位资金的来源渠道和占比情况

资料来源：国家统计局、Wind。

二 房地产开发企业融资情况

在房企资金来源中，除定金及预收款和个人按揭贷款等经营性资金、房企自有资金外，主要是外源性融资。房企外源性融资方式包括债务性融资和权益性融资两大类，从具体融资渠道来看，主要包括银行贷款、房地产信托融资、债券融资、股权融资等。

（一）银行贷款

1. 房地产开发贷款

房地产开发贷款指商业银行等金融机构向符合资质要求的房企发放

的，用于借款人开发建设向市场销售、出租等的房地产项目的中长期贷款，是房企最重要的融资方式之一。房地产开发贷款主要用于满足房企在商品房及配套设施开发建设过程中的资金需求，具有贷款金额大、贷款期限与房地产项目开发周期相匹配的特点。贷款产品包括普通商品住房类房地产开发贷款、经济适用房类房地产开发贷款、商业用房类房地产开发贷款等。基于房地产项目投入情况、开发建设项目的实际资金需求、借款人资信情况、银行和地区的房地产信贷政策等因素，房地产开发贷款的额度由商业银行等金融机构综合评估后确定；一般把土地、在建工程抵押作为主要担保方式，贷款额度一般不超过项目总投资的 65%、抵押物评估价值的 50%~60%；贷款期限根据房地产项目开发建设的实际需要期限设定，一般不超过 3 年（含 3 年）；贷款的利率根据贷款业务风险状况和市场利率水平，在中国人民银行规定的相应期限 LPR 基础上合理确定。近年来，对于新增房地产开发贷款的发放，商业银行不仅要求房地产开发项目满足监管规定的"四三二"要求①，还会基于房企的信用状况、债务杠杆、贷款的增信措施及担保、国家及区域房地产信贷政策的情况进行综合研判，而且贷款资金用途需接受商业银行管控（一般采用"受托支付"方式，在房企向商业银行提供合法依据后，由商业银行将贷款通过借款人账户支付给符合合同约定用途的借款人交易对象），并且商业银行要求资金只能用于本地区的房地产项目建设，严禁跨地区使用。

从中国人民银行公布的金融机构贷款投向统计数据来看，2023 年末，房地产开发贷款余额为 12.88 万亿元，同比增长 1.5%，占全部信贷余额的比例为 5.4%。2012~2023 年房地产开发贷余额及同比增长率（季度）见图 3-2。从房地产开发贷款余额的净增量数据来看，2023 年第一季度的净增量为 6100 亿元，第二季度净减少 2000 亿元，第三季度

---

① "四三二"要求，指商业银行向房企发放房地产开发贷款时，房地产项目必须"四证齐全"（四证即土地使用权证、建设用地规划许可证、建设工程规划许可证、建筑工程施工许可证），"房地产项目已投入自有资金占比达到 30%"，"开发商或其控股股东具有二级及以上房地产开发资质"。

的净增量为 700 亿元，第四季度净减少 2900 亿元。总的来看，随着房企
融资政策环境的进一步改善、3500 亿元"保交楼"专项借款的有序投
放、"保交楼"贷款支持计划的使用，加上部分存量房地产开发贷款获
准展期，虽然房地产开发贷款余额的季度环比增速有涨有跌，但是房地
产开发贷款余额的同比增速连续六个季度保持正增长，为房企提供了稳
定的信贷资金支持。

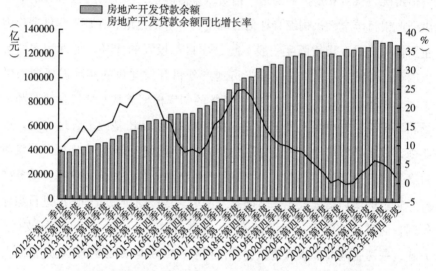

图 3-2　2012~2023 年房地产开发贷余额及同比增长率（季度）

资料来源：中国人民银行、Wind。

2. 房地产并购贷款

房地产并购贷款是指并购方或其子公司以受让目标房企或房地产项目
公司部分或全部股权、房地产开发项目或土地项目资产为由，向商业银行
等金融机构申请的用于支付并购交易价款和费用的贷款，以支持其通过受
让目标企业现有股权，认购新增股权，或收购资产、承接债务等方式实现
合并或实际控制房企或房地产项目公司。房地产并购贷款额度不超过并购
交易价款的 60%；贷款期限最长不超过 7 年，以 3~5 年为主。2008 年，
银监会出台的《商业银行并购贷款风险管理指引》（2015 年 2 月，银监会

再次修订该指引）允许符合条件的商业银行办理并购贷款业务，在此之后，房地产并购贷款逐渐成为房企取得银行信贷资金的重要方式之一。房地产并购贷款相对于其他融资渠道来说，是目前唯一可用于支持股本权益性融资的银行信贷类产品。房地产并购贷款可以提供不超过并购交易价款及费用60%的信贷资金，相当于变相取得相应比例的土地出让金的融资额；对于取得并购所得的房地产项目，仍可以继续通过房地产项目公司申请房地产开发贷款，这是一种对房企自有资金比例要求较低的高杠杆融资方式。

在房地产市场过热时期，随着房地产市场调控持续加码，招标拍卖挂牌出让国有土地使用权的竞买资格、竞价要求、出让条件越来越苛刻，并购交易成为房企获取土地储备的常规方式之一。房企在并购贷款的支持下，通过并购交易，有机会获取低价或无限竞价要求的土地资源，并且可以快速增加房企土地储备规模，从而迅速扩大房企的规模及增加市场份额，甚至可以通过并购垄断区域新建住房市场来增加企业的盈利。2018年，房地产行业并购规模达到1.08万亿元的峰值。2019年，银保监会连续发文，要求商业银行和非银行金融机构加强对房地产业务的合规性审查，防止并购贷款、经营性物业贷款资金被违规挪用，进行房地产开发。这些政策直接导致房地产并购贷款的发放更为严格，房地产行业并购规模随之大幅下降。

近年来，房企债务违约事件持续发生，房地产市场进入下行调整时期。出售公司或项目子公司股权、房地产开发项目、在建工程或土地，已经成为房企获取现金流、缓解资金链压力、偿还到期债务本息的重要手段。房地产并购也成为房地产行业化解风险、实现市场出清较为有效的市场化手段。2021年12月，《中国人民银行　中国银行保险监督管理委员会关于做好重点房地产企业风险处置项目并购金融服务的通知》（银发〔2021〕320号）指出，鼓励银行"按照依法合规、风险可控、商业可持续原则，稳妥有序开展房地产项目并购贷款业务，重点支持优质房地产企业兼并收购出险和困难大型房地产企业的优质项目"，房地产并购贷款的发放再次得到政策的支持。

2023 年，房地产行业并购交易数量为 125 宗（见图 3-3），同比下降 25.6%；并购金额为 812.92 亿元，同比下降 16.2%。按照最高可以占并购交易价款 60% 的比例来估算，2023 年，房地产并购贷款的发放金额最高为 487.75 亿元。虽然目前房企出售公司或项目子公司股权、房地产开发项目、在建工程或土地的意愿较高，行业并购交易机会较多，但是因为房地产市场仍处于下行调整阶段，并购交易的买方热情不足，出手较为谨慎，行业并购规模继续下降。房地产行业并购活动相对低迷，也体现在金融资产管理公司对中国人民银行创设房企纾困专项再贷款的实际使用情况上。2023 年 1 月，中国人民银行创设房企纾困专项再贷款，发放对象为华融、长城、东方、信达、银河五家全国性金融资产管理公司，支持其对受困房地产企业项目并购化险。对于符合要求的并购资金，按并购实际投入金额的 50% 予以资金支持。再贷款规模为 800 亿元，实施期为 2023 年 1 月至 2023 年末，按季度操作。但从中国人民银行公布的 2023 年四个季度的结构性货币政策情况数据来看，全国性金融资产管理公司并未实际使用房企纾困专项再贷款。

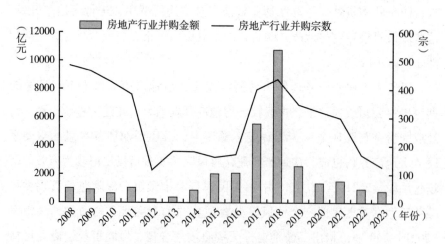

图 3-3　2008~2023 年房地产行业并购情况（年度）

资料来源：Wind。

（二）房地产信托融资

房地产信托是指信托投资公司发挥专业理财优势，通过实施信托计划筹集资金，将募集的资金按照信托合同约定运用于房地产领域，并对信托财产进行管理、运用和处分的经营行为，即由信托投资公司制订信托投资计划募集资金，委托人（合格投资者）将其资金委托给信托投资公司，并由信托投资公司通过信托贷款、房地产项目股权投资或购买房地产抵押贷款证券等方式进行房地产相关投资活动。按照交易和投资模式，一般可以将房地产信托划分为债权型信托、股权回购型信托、权益型信托和混合型信托四种类型。从实践来看，最主要的房地产信托是债权型信托，即信托公司向房企发放信托贷款，为房地产项目的开发、建设或并购提供资金支持；同时，房企向信托投资公司提供资产抵押、股权质押或第三方担保，并承诺还本付息。股权回购型信托也是较为常见的房地产信托。一般情况下，信托投资公司在将信托资金以股权投资方式投给房企前，与房企或相关联第三方签署股权回购协议，形成类似房地产信托贷款的融资方式，即所谓的"明股实债"。直接将信托资金投资房地产项目公司或房企的股权，形成实质性股权投资的权益型信托的融资相对较少。房地产信托融资对房企来说是受限较少的融资渠道，可以作为银行信贷的有益补充。房地产信托融资的优点如下。一是，融资方式和融资期限较灵活。信托投资公司可以根据房地产项目的实际资金需求设计和发行专门的信托产品，为房企提供更匹配的资金支持，在授信额度、资金发放效率、灵活程度、资金用途管控等方面较银行贷款存在一定优势。二是，对融资的房企资质和项目合规程度要求相对较低。虽然房地产金融政策要求房地产信托贷款需满足"四三二"规定，但是仍然有部分信托投资公司通过"明股实债""夹层融资"等一系列操作，规避相关政策限制和监管要求，向资质不足的房企提供资金支持。房地产信托融资是房企的重要融资渠道之一，对于房企的资金周转起到较为重要的作用。房地产信托融资的缺点有二：一是融资期限较短，一般为 1~3 年；二是融资成本相对较高。

　　从投向房地产的资金信托规模来看，2023 年末，房地产信托余额为 9738.61 亿元，同比下降 20.43%；与 2022 年末相比，余额继续压降了 2500 亿元。2023 年末，房地产信托余额占资金信托总规模的比例为 5.6%（见图 3-4），较 2022 年末下降了 2.53 个百分点。房地产信托存量余额从 2019 年第三季度开始已连续 18 个季度下滑；2023 年末，房地产信托存量余额较峰值时的 2.93 万亿元压降 1.95 万亿元；房地产信托余额占资金信托总规模的比例较峰值时的 15.38% 下降了 9.78 个百分点。在行业强监管和房企债务违约事件不断发生的市场环境约束下，信托投资公司持续压降房地产信托规模，房地产信托余额占资金信托总规模的比例持续下降，这在一定程度上表明传统房地产信托业务作为信托业主营业务的时代已告终结。

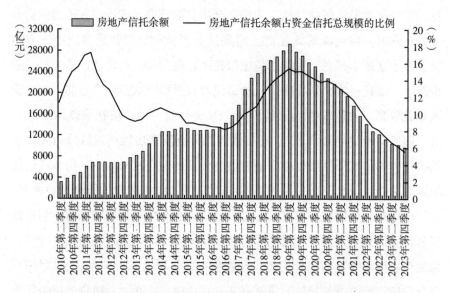

图 3-4　2010~2023 年房地产信托余额及占资金信托总规模的比例（季度）

资料来源：中国信托业协会、用益信托网、Wind。

（三）债券融资

　　债券是指债务人为筹集资金，依照法定程序发行，并承诺按照约定利率和期限还本付息的有价证券，是金融市场重要的金融工具之一。房企债券融资指房企通过在证券市场发行债券募集社会资金，是房企重要的融资渠道之一。债券融资属于直接融资，优点是融资成本相对较低，资金使用受到的限制较少，而且，公司债、企业债等债券的期限较长，可以使房企获得中长期资金支持。房企通过发行债券融资，不但可以取得新增资金来源，还可以优化融资结构，减少对银行贷款等间接融资的依赖。债券融资的缺点是发行门槛较高，审批标准严格，且易受房地产市场宏观调控政策影响。按照类型划分，房企发行的信用债主要包括公司债、企业债、中期票据、短期融资券和非公开定向债务融资工具等。

1. 房企境内信用债融资

2013 年之前，房企境内信用债发行量较小。从 2015 年开始，受益于房地产调控政策的放松、房企融资政策环境的改善和《公司债券发行与交易管理办法》的实施，房企境内信用债发行规模呈现爆发式增长的趋势。但是随着 2016 年 9 月 30 日进行新一轮房地产调控，房地产金融监管趋严，房企融资政策环境趋紧，对发债房地产开发企业的规模、资质、财务状况、资金用途的要求均进一步提升，房企境内信用债融资规模开始下降。2022 年 11 月，为促进房地产市场平稳健康发展，《中国人民银行 中国银行保险监督管理委员会关于做好当前金融支持房地产市场平稳健康发展工作的通知》（简称"房地产金融 16 条"）明确提出"保持债券融资基本稳定。支持优质房地产企业发行债券融资。推动专业信用增进机构为财务总体健康、面临短期困难的房地产企业债券发行提供增信支持"，房企债券融资再次获得政策支持。

2023 年，房企境内信用债（不包括资产证券化产品）的发行总额为 4529 亿元，同比下降 8.3%。2013~2023 年房企境内信用债融资情况（季度）见图 3-5。从存量情况来看，2023 年末，房企境内信用债存量余额为 1.96 万亿元，较 2022 年末增加了 0.83%。在 2024 年内新增到期的房企境内信用债规模为 2992 亿元。虽然房企发行债券融资再次获得政策支持，但是受房企债券大规模展期、违约的影响，投资者对房企债券的投资意愿下降，房企境内信用债融资规模持续下降。

2.房企境外债融资

房企境外债指境内房企及其控制的境外企业或分支机构，在境外金融市场发行的以本币或外币计价，按约定还本付息的债务融资工具。房企境外债在一定程度上能够提升房企的金融资源配置效率，对促进房地产行业健康发展和良性循环具有重要意义。从市场情况来看，我国房企境外债的发行方式主要是通过设立境外全资子公司，把境外子公司作为主体，在境外金融市场（主要为香港联合交易所和新加坡证券交易所）发行以美元、欧元、港元、新加坡元或人民币计价的企业债（以美元债为主），期限以 3 年期和 5 年期为主，是境内房企为利用境外资金使用的最重要的融资工具。

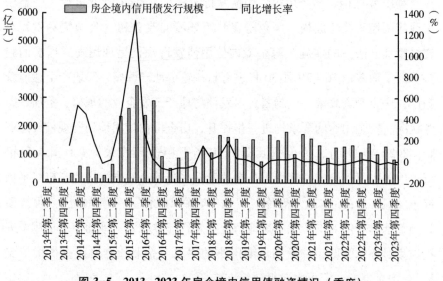

图 3-5 2013~2023 年房企境内信用债融资情况（季度）

资料来源：Wind。

2023 年，房企境外债发行规模为 195.2 亿美元（约为 1382 亿元），同比下降 8.9%。2013~2023 年房企境外债发行情况（季度）见图 3-6。其中，华夏幸福因债务重组发行了约 50 亿美元境外债，利率为 0 或 2.5%，期限为 8 年，用于置换原高息境外债；融创中国因债务重组发行了约 94.5 亿元的美元境外债，利率为 0~ 6.25%，用于置换原境外债。从存量情况来看，

2023 年末，房企境外债存量余额为 1348 亿美元（约为 9545 亿元），较 2022 年末下降了 22.08%。在房企境外债大规模违约的背景下，房企境外债发行规模继续下降，而且新增境外债主要是在债务重组过程中用于置换原高息境外债或原境外债，房企境外债的融资功能大幅减弱。

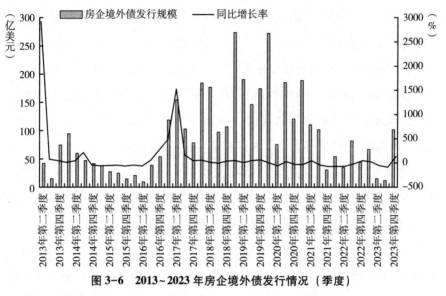

图 3-6　2013~2023 年房企境外债发行情况（季度）

资料来源：Wind。

（四）股权融资

资本市场股权融资方式主要指房企通过 IPO 进行直接融资和已上市房企通过公开或定向增发、向股东配股等方式进行融资。股权融资的优点主要包括以下几个方面。第一，通过股权融资，房企可以从资本市场获得较大规模无须偿还的永久性资金，这符合房地产行业需要得到长期资金支持的要求。第二，可以提升房企的信用水平，使其更易通过银行贷款或其他融资方式筹措公司发展所需资金。第三，通过股权融资可以降低房企资产负债率，优化财务结构，改善房企现金流，降低财务风险。第四，股权融资不需要支付资金利息，其融资成本仅为上市或增发股票的发行费用，后期只需根据房企自身经营情况和董事会决定进行分红。第五，股权融资还可以促进房企完善治理体系，建立现代企业制度，提高企业的经营管理水平。股权融资的缺点主要包括以下两个方面。一是 IPO 对房企的营业规模、股权结构、盈利水平、负债情况等方面要求严格，审核门槛较高，而且以 IPO、增发、配股等方式融资受房地产行业调控政策的影响较大。二是股权融资会对原始股东股权进行稀释，减弱其控股权。

1. 房企境内证券市场股权融资

通过 IPO 融资是房企梦寐以求的融资方式，目前只有少数大中型房企可以实现。2010 年之后，我国 A 股房企 IPO 基本处于停滞状态，公开或定向增发逐渐成为房企在境内证券市场获得股权融资最主要的方式。

受上市房企债务违约事件持续发生的影响，我国 A 股房企在 2021年、2022 年连续两年的境内股权融资规模为 0。为积极发挥资本市场的功能，通过加大权益补充力度改善优质房企资产负债表，2022 年 11 月，证监会发布支持房地产企业股权融资的五项调整优化措施。在政策支持下，共有 10 家 A 股上市房企的增发方案被监管部门批准通过。其中，招商蛇口、陆家嘴、华发股份、福星股份 4 家上市房企已在 2023 年顺利完成增发，共募集股权融资 301.1 亿元（见图 3-7）。

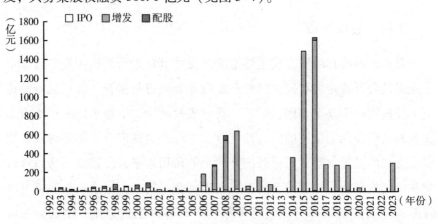

图 3-7　1992~2023 年房企境内证券市场股权融资情况

资料来源：Wind。

2. 房企境外证券市场股权融资

2010 年以来，房企 A 股 IPO 基本陷入停滞状态，众多内地房企开始谋求境外上市。在此背景下，香港成为内地房企境外上市的首选之地，在香港联合交易所上市成为内地房企上市最主要的途径。原因主要包括以下两点。一是中国香港地理位置与内地较近，且香港对拟上市房企的财务要求比内地低；加之其采取注册制，上市审核时间相对较短，房企可以较为便捷地实现 IPO。二是中国香港是重要的国际金融中心，资本市场发达，估值合理，融资和再融资渠道均较畅通。在香港 IPO 是房企实现上市和连接国际资本市场最有效的途径，这也为内地房企有效利用境外资金创造了有利的条件。2005~2023 年内地房地产开发企业在香港联合交易所的股权融资规模见图 3-8。

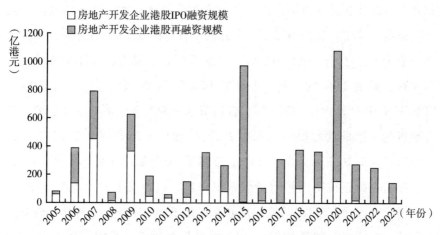

图 3-8　2005~2023 年内地房地产开发企业在香港联合交易所的股权融资规模

资料来源：Wind。

2023 年，嘉创地产从上市公司嘉利国际分拆出来，以介绍方式在香港联合交易所 IPO，实际募集资金规模为 0；中加国信（原名为亚洲资源控股）、越秀地产、易居企业控股、雅居乐集团、新城市建设发展、万科、碧桂园、北大资源 8 家港股上市房企通过配售、供股、代价发行等方式获得 142.35 亿港元的股权融资。

三 房地产开发企业融资成本情况

（一）银行贷款利率

银行贷款是房企（尤其是中小房企）最主要的融资方式，其利率由各商业银行根据房企或房企项目公司的资信水平、财务状况、信贷额度、贷款期限、增信措施（抵押、质押、股东担保）的情况，基于贷款业务风险状况和市场利率水平，在中国人民银行规定的相应期限 LPR 基础上合理确定。

2023 年，中国人民银行综合运用降准、中期借贷便利（MLF）、再贷款、再贴现和公开市场操作等多种方式投放流动性，银行体系流动性合理充裕。其中，2023 年 3 月、9 月两次各降准 0.25 个百分点，释放长期资金超 1 万亿元，MLF 超额续作 2.5 万亿元。因为银行体系流动性合理充裕，叠加 LPR 的下行（1 年期 LPR 下行 20 个基点，5 年期以上 LPR 下行 10 个基点），2023 年，银行贷款平均利率整体呈下降趋势。从金融机构一般贷款加权平均利率来看，[①] 加权平均利率从 2022 年末的 4.14% 下降至 2023 年末的 3.83%，下降了 31 个基点（见图 3-9）。从部分上市房企财报披露的银行借款情况来看，银行贷款利率集中在 3%~7%，部分大型国有房企的银行贷款利率已低至 3% 左右。与其他融资方式相比，房企银行贷款的融资成本依然相对较低，尤其是对综合实力强、负债率较低的国有房企来说，商业银行放贷意愿较强，其贷款利率相应较低；相反，部分负债率较高或规模较小的民营房企的银行贷款（尤其是银行委托贷款）的实际利率可能超过 10%，且需要提供足额或超额抵押资产。

[①] 因无法获得房地产企业银行贷款平均利率，本报告使用金融机构一般贷款加权平均利率反映房地产行业银行贷款平均利率的变化情况。

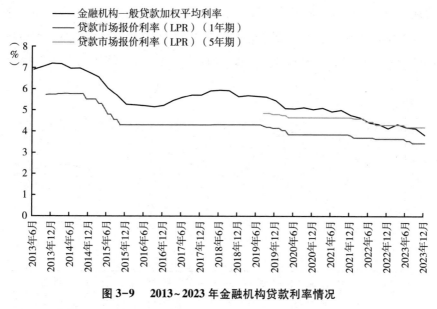

图 3-9　2013~2023 年金融机构贷款利率情况

资料来源：Wind。

（二）房地产信托融资成本

对于房企来说，信托融资一直是成本较高的融资方式。从近些年发行的投资于房地产的资金信托产品来看，其预期最高年化收益率一般为 5%~10%，以 6%~9% 为主，加权平均预期收益率在 6%~9% 浮动，考虑 2%~3% 的信托公司报酬和信托计划发行费用，房企信托融资的平均成本为 8%~12%。

2023 年，房地产信托加权平均发行预期年化收益率为 7.06%，加上 2%~3% 的信托公司报酬和信托计划发行费用，房企信托融资的平均成本为 9.06%~10.06%，较 2022 年下降了约 45 个基点。分季度来看，第一、二、三、四季度，房地产信托加权平均发行预期年化收益率分别为 7.28%、6.96%、6.91%、6.90%，呈持续下降趋势（见图 3-10）。房地产信托加权平均发行预期年化收益率持续下滑的原因有二：一是，稳健的货币政策精准有力，市场流动性合理充裕，社会综合融资成本稳中有降，房地产信托发行预期收益率也随之下滑；二是，在房企出现大规模债务违约的市场环境约束下，新增房地产信托资金基本投向债务违约风险相对较小的优质房地产资产或项目，收益率相对较低。

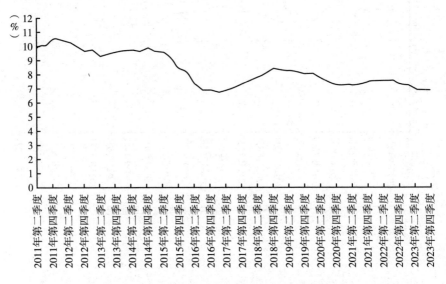

图3-10　2013~2023年房地产信托加权平均发行预期年化收益率（季度）

资料来源：用益信托网。

（三）信用债发行利率

1. 境内信用债发行利率

从债券市场情况来看，房企境内信用债发行主体以大中型房企为主，发行主体和债券评级一般在 AA 级以上。2023 年，房企境内信用债加权平均票面利率为3.57%，较2022年上升了17个基点。分季度来看，2023年第一季度的加权平均票面利率为3.82%；第二季度的加权平均票面利率为3.46%；第三季度的加权平均票面利率为3.42%；第四季度的加权平均票面利率为3.50%（见图3-11）。房企境内信用债发行门槛较高，但融资成本相对较低，且不同房企的信用债发行利率差异较大。其中，招商蛇口、华润置地等房企的短期或超短期融资债券的发行利率已低至2%左右；民营房企新城控股的2年期公司债利率高达6.3%，新希望五新实业的2年期公司债利率为5.5%。

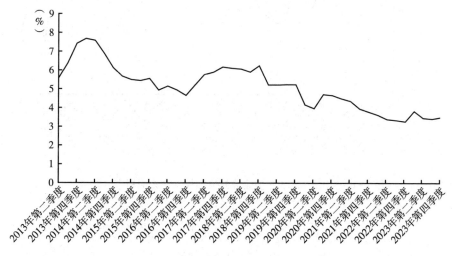

图3-11 2013~2023年房企境内信用债加权平均票面利率（季度）

资料来源：Wind。

2. 境外债发行利率

由于境外债发行门槛相对较低，在房地产市场繁荣时期，境外债是民营房企重要的融资方式。从近些年房企境外债发行情况来看，其票面利率为2.5%~15%，以4%~8%居多。2023年，内地房企境外债加权平均票面利率为4.03%，与2022年相比下降了402个基点。分季度来看，2023年第一、二、三、四季度，房企境外债加权平均票面利率分别为3.73%、6.92%、5.97%、3.58%（见图3-12）。房企境外债加权平均票面利率大幅下降的主要原因是：华夏幸福在2023年1月因债务重组发行了约50亿美元无息和低息境外债，利率为0或2.5%，用于置换原高息境外债；融创中国在2023年11月因债务重组发行了约94.5亿元的美元境外债，利率为0~6.25%，用于置换原境外债。

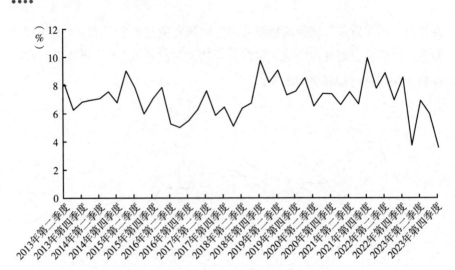

图 3-12　2013~2023 年房企境外债加权平均票面利率（季度）

资料来源：Wind。

四　房地产开发企业主要金融风险情况分析

（一）房企仍是债券市场违约的绝对主力

从债券市场违约情况来看，房地产行业风险尚未出清，房企仍是债券市场违约的绝对主力。2023 年，房企境内债出现实质违约、展期的数量为150 只，占境内债券市场违约数量的 73.9%；违约规模（违约日债券余额）为 1986.6 亿元，占境内债券市场违约规模的 86.8%（见图 3-13），涉及中国奥园、碧桂园、当代置业、泛海控股、万通地产、富力地产、方圆地产、时代中国、中国恒大、华夏幸福、佳源创盛、中南建设、金科、景瑞地产、俊发、荣盛发展、融创中国、融侨、融信中国、禹洲、宝龙地产、三盛宏业、世茂集团、龙光、益田集团、天房信托、鑫苑置业、旭辉、阳光城、远洋集团、正荣地产、中天金融 32 家房企。2023 年，房企境外债出现实质违约、展期的数量为 40 只，占中资海外债违约数量的 100%；违约规模（违约日债券余额）为 191.9 亿美元，占中资海外债违约规模的 100%，涉及宝龙地产、碧桂园、大发、万达、大唐集团、海伦堡、合景泰富、弘阳地产、建业地产、领地控股、绿地控股、融信中国、时代中国、旭辉、远洋集团、中骏集团 16 家房企。

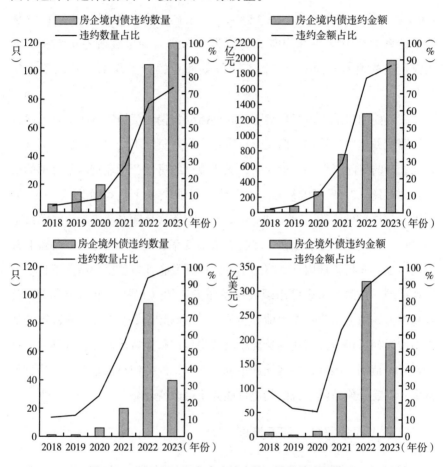

图 3-13 2018~2023 年房企境内债、境外债违约情况

资料来源：Wind。

（二）商业银行房地产行业贷款不良率和不良余额"双升"

贷款不良率是衡量商业银行贷款质量和风险的重要指标。近年来，

24 家样本商业银行房地产行业贷款不良率和不良余额呈现双升的态势。房地产行业贷款不良率中位数值从 2019 年的 0.89% 快速上升至 2023 年末的 4.57%，上升了 3.68 个百分点；不良贷款余额从 2019 年的 531.05 亿元快速增加至 2023 年的 3049.79 亿元（见表 3-2），增长了 474%。从样本数据来看，2023 年，24 家样本商业银行房地产行业贷款不良率为 0.10%~40.39%，均值为 5.32%，中位数值为 4.57%，不同银行间的差异较大，但是远高于同期商业银行平均 1.59% 的不良贷款率。

在当前的房地产市场形势下，我们需要警惕住房销售持续下行、房企大规模债务违约导致部分商业银行房地产行业贷款不良率、不良余额继续大幅上升的风险。例如，近年来，贵州银行的房地产行业贷款不良率的增长异常迅速。2019~2023 年，其房地产行业贷款不良率分别为 3.43%、0.10%、0.83%、20.21%、40.39%，不良贷款余额从 2.73 亿元增长至 30.46 亿元。贵州银行房地产行业贷款不良率在 2023 年进一步大幅上升的原因是：在报告期内，其将个别房地产开发企业贷款全部纳入不良贷款管理范围。目前，房企已出现大规模债务违约（仅从上市房企来看，已有超过 1/3 的上市房企发生债务违约），且可能出现违约房企的银行贷款在多次展期后仍难以偿还的情况，这些房地产行业贷款最终会被纳入不良贷款管理范围。因此，在房地产市场出清前，商业银行房地产行业贷款不良率、不良余额持续上升的趋势可能并不会改变。

（三）部分房企已资不抵债

2023 年，房地产市场仍处于深度下行调整阶段，从上市房企公布的财务数据来看，房企普遍出现资产负债表恶化的情况，且部分房企已资不抵债。164 家样本境内外上市房企在 2023 年的总资产合计为 24.6 万亿元，较 2021 年的 28.8 万亿元，减少了 4.2 万亿元；2023 年的总负债合计为 20.5 万亿元，较 2021 年的 23.8 万亿元，减少了 3.3 万亿元；2023 年的所有者权益合计为 4.1 万亿元，较 2021 年的 5.0 万亿元，减少了 9000 亿

表 3-2　部分样本商业银行房地产行业贷款不良率及不良余额情况

单位：%，亿元

银行简称	金融机构类型	房地产行业不良贷款率					房地产行业不良贷款余额				
		2019年	2020年	2021年	2022年	2023年	2019年	2020年	2021年	2022年	2023年
中国工商银行	大型商业银行	1.71	2.32	4.79	6.14	5.37	109.36	162.38	338.20	445.31	409.57
中国农业银行	大型商业银行	1.45	1.81	3.39	5.48	5.42	100.38	142.09	281.72	460.39	466.15
中国银行	大型商业银行	1.65	4.68	5.05	7.23	5.51	29.36	299.52	346.94	559.66	481.72
中国建设银行	大型商业银行	0.94	1.31	1.85	4.36	5.64	52.74	90.11	135.36	336.05	481.58
交通银行	大型商业银行	0.33	1.35	1.25	2.80	4.99	8.77	47.11	52.60	145.60	244.03
中国邮政储蓄银行	大型商业银行	0.08	0.09	0.02	1.45	2.45	0.12	0.17	0.22	30.59	61.91
平安银行	股份制商业银行	1.18	0.21	0.22	1.43	0.86	26.98	5.71	6.36	40.54	21.96
浦发银行	股份制商业银行	2.63	2.07	2.75	3.06	4.11	87.90	71.72	91.03	98.54	142.10
华夏银行	股份制商业银行	0.07	0.01	0.66	2.82	4.21	0.96	0.14	8.35	29.56	40.71
民生银行	股份制商业银行	0.28	0.69	2.66	4.28	4.92	13.25	30.40	95.74	155.45	170.38
招商银行	股份制商业银行	0.44	0.30	1.41	4.08	5.26	16.36	11.90	56.55	153.48	171.83
兴业银行	股份制商业银行	0.84	0.92	1.08	1.30	0.84	21.16	29.21	36.38	46.28	36.75
光大银行	股份制商业银行	2.25	3.91	5.89	3.89	5.33	9.51	16.29	24.36	69.52	88.33
浙商银行	股份制商业银行	0.29	0.09	0.62	1.66	2.48	4.28	1.46	10.52	27.70	44.08
中信银行	股份制商业银行	1.19	3.35	3.63	3.08	2.59	34.26	96.33	103.31	85.42	67.29
宁波银行	城市商业银行	1.02	1.37	0.93	0.41	0.10	2.88	5.02	3.41	3.47	1.19
郑州银行	城市商业银行	0.15	1.25	3.47	4.06	6.48	0.40	3.82	11.94	13.35	18.91
杭州银行	城市商业银行	0.27	2.79	3.78	3.45	6.36	0.92	12.79	14.37	13.65	23.39
上海银行	城市商业银行	0.10	2.39	3.05	2.56	2.11	1.54	37.47	47.64	33.16	26.00

续表

银行简称	金融机构类型	房地产行业不良贷款率					房地产行业不良贷款余额				
		2019 年	2020 年	2021 年	2022 年	2023 年	2019 年	2020 年	2021 年	2022 年	2023 年
齐鲁银行	城市商业银行	0.23	0.31	1.45	2.51	1.37	0.28	0.28	1.37	1.68	0.61
成都银行	城市商业银行	0.02	0.01	1.18	2.40	3.04	0.04	0.04	2.87	7.64	11.74
重庆银行	城市商业银行	1.79	3.88	4.71	5.88	6.48	2.46	5.65	5.43	5.97	6.20
贵州银行	城市商业银行	3.43	0.10	0.83	20.21	40.39	2.73	0.10	0.74	20.62	30.46
青农商行	农村商业银行	1.64	2.34	3.44	6.10	1.36	4.41	8.15	10.40	15.19	2.91
合计							531.05	1077.85	1685.80	2798.82	3049.79

资料来源：样本商业银行年度财务报告、Wind。

元。与 2021 年相比，164 家样本上市房企中有 133 家资产规模收缩，仅华润置地、华发股份、中国海外发展等 31 家上市房企资产规模仍表现为扩张；112 家上市房企所有者权益下降。其中，中国恒大、蓝光发展、中天金融、中国奥园、恒盛地产、天誉置业、花样年控股、嘉凯城、建业地产、当代置业 10 家上市房企因为出现大规模的经营性亏损和非经营性亏损（存货、持有投资性物业资产价格下跌，土地被收回，资产处置减值损失等），已经资不抵债（见表 3-3）。以中国恒大为例，在 2021 年计提了 1137.5 亿元的经营性亏损和 5851.5 亿元的非经营性亏损，在 2022 年计提了 433.9 亿元的经营性亏损和 693.7 亿元的非经营性亏损，在 2023 年上半年计提了 173.8 亿元的经营性亏损和 150.3 亿元的非经营性亏损。合计超过 8000 亿元的巨额亏损，叠加明股实债等隐性债务调整为表内显性债务，使中国恒大的所有者权益规模由 2020 年的 3504 亿元下降至 2023 年 6 月的 -6442 亿元，严重资不抵债。

对于已违约房企来说，其当前采取的债务展期、置换、债务重组、金融支持等措施，仅能缓解流动性问题，并不能解决资不抵债的问题。为解决房企资不抵债的问题，并尽最大可能保护债权人的权益，需在保障房企持续经营和盈利可能性的前提下，对资不抵债房企进行破产重整。如果不能进行破产重整，资不抵债房企最终可能要面临破产清算程序，给普通债权人带来较大的财产损失。在破产清算过程中，因要进行大规模的资产处置而产生资产减值损失，资产规模会进一步缩小。例如，土地储备、在建工程、待售商品房等存货资产在变价出售时可能仅有市场价格的 6 折左右。根据《中华人民共和国企业破产法》等相关法律法规的规定，房企破产后的财产按照如下顺序清偿负债端的债务：商品房消费者的房屋交付请求权或价款返还请求权、建设工程价款债权、有担保的债权、破产费用、共益债务、职工债权、欠缴税款、普通债权。其中，普通债权最终的清偿比例大概会不足 10%。例如，在破产清算情景下，德勤对中国恒大境外无担保债券的预估回收率仅为 3.53%，实际回收率可能比预估回收率还要低，甚至为 0。

表3-3　资不抵债上市房企资产负债情况

单位：亿元

上市房企简称	总资产			总负债			所有者权益		
	2021年	2022年	2023年	2021年	2022年	2023年	2021年	2022年	2023年
中国恒大	21071	18383	17440	25802	24374	24374	−4731	−5991	−6442
蓝光发展	1746	1323	1072	1676	1527	1463	70	−204	−391
中天金融	1545	1461	1239	1434	1555	1531	111	−94	−292
中国奥园	2614	2344	1994	2690	2521	2275	−75	−176	−281
恒盛地产	499	485	448	495	484	477	4	1	−28
天誉置业	308	260	208	252	243	230	56	17	−22
花样年控股	1051	950	777	945	905	797	107	46	−20
嘉凯城	128	104	77	118	105	92	10	−1	−15
建业地产	1458	1390	1173	1331	1356	1180	127	33	−7
当代置业	776	585	563	708	576	576	68	9	−3

注：因中国恒大、当代置业2023年年度财务报告截至2024年6月30日仍未发布，表中数据来源于2023年上半年财务报告。

资料来源：上市房企2023年上半年财务报告，Wind。

（四）A股上市房企批量面值退市

2023年，蓝光发展、中天金融、美好置业、粤泰股份、宋都股份、嘉凯城、泰禾集团、阳光城、海航投资9家A股已债务违约的上市房企，因股票价格持续低于1元/股，触及《上海证券交易所股票上市规则》中"连续20个交易日的每日股票收盘价均低于1元"或《深圳证券交易所股票上市规则》中"连续二十个交易日的股票收盘价均低于1元"的交易类强制退市条款被强制退市（见表3-4）。

房企批量面值退市的原因如下。一是已违约房企的期房项目销售额大幅下滑，房企面临经营业绩不佳、债务重组进展缓慢、资不抵债等问题。其可持续经营能力较为薄弱，难以获得投资人的认可，导致股价大幅下降。二是全面注册制的实施，上市公司的壳的价值降低，导致已违约上市房企的市场价值下降。三是部分已违约房企及大股东存在"躺平"心态，无意或无力通过股票回购、大股东增持、高管增持等方式及早维持股价。对于已违约房企来说，退市后将失去上市平台，这会对其品牌形象、信用资质、再融资能力产生较大影响，加大房企债务问题化解难度。同时，上市房企的批量退市，也对房地产市场较为羸弱的信心产生了冲击。

表 3-4　2023 年 A 股上市房企退市情况

单位：元

证券代码	上市房企简称	退市日期	退市时每股股价	退市时每股净资产
600466. SH	蓝光发展	2023 年 6 月 6 日	0.4	-8.08
000540. SZ	中天金融	2023 年 6 月 30 日	0.4	-0.86
000667. SZ	美好置业	2023 年 7 月 14 日	0.58	0.68
600393. SH	粤泰股份	2023 年 7 月 18 日	0.37	0.21
600077. SH	宋都股份	2023 年 7 月 25 日	0.41	0.49
000918. SZ	嘉凯城	2023 年 7 月 28 日	0.49	-0.29
000732. SZ	泰禾集团	2023 年 8 月 4 日	0.43	0.85
000671. SZ	阳光城	2023 年 8 月 16 日	0.37	0.79
000616. SZ	海航投资	2023 年 8 月 23 日	0.85	2.89

资料来源：Wind。

五　房企融资政策分析

（一）房企融资"三支箭"政策的落实情况

2021 年下半年之后，多家大型房企出现流动性风险。为防范化解金融风险，确保房地产市场平稳发展，2022 年底，中国人民银行、银保监会、证监会、住建部等多个部门联合发文，围绕中央经济工作会议精神提前部署，针对房企信贷、债券融资和股权融资出台了一系列支持性政策（市场称为房企融资"三支箭"政策），加大对房企融资的支持力度。房企融资"三支箭"政策通过为房企融资提供支持，在避免房企违约持续蔓延方面发挥了积极作用。

从"第一支箭"银行信贷支持的情况来看，2022 年 11 月，《中国人民银行　中国银行保险监督管理委员会关于做好当前金融支持房地产市场平稳健康发展工作的通知》（简称"房地产金融 16 条"）发布后，银行业金融机构密集向优质房企提供大规模的授信额度。从国家金融监管总局公布的数据来看，2023 年，银行业累计发放房地产开发贷款约 3 万亿元，向房企提供并购贷款、存量展期贷款规模超过 1 万亿元，3500 亿元"保交楼"专项借款大部分已经投放到项目中。从存量情况来看，房地产开发贷款余额的同比增速保持连续六个季度的正增长，房地产开发贷款余额年度净增量为 1900 亿元，为房企提供了稳定的信贷资金支持。虽然银行业金融机构密集向优质房企提供大规模的授信额度，但是从上市银行的数据来看，国有大型商业银行和城市商业银行较为积极地响应了政策要求，对房企的信贷支持力度较大，房地产行业贷款余额同比增速分别为 5.51% 和 7.31%，而股份制商业银行和农村商业银行对房企的信贷支持力度相对较小（见表 3-5）。

表 3-5　2020~2023 年样本上市银行房地产行业贷款余额及同比增速情况

单位：亿元，%

金融机构类型	指标	2020 年	2021 年	2022 年	2023 年
国有大型商业银行	贷款余额	41242	44176	48473	51143
	贷款余额同比增速	13.01	7.11	9.73	5.51
股份制商业银行	贷款余额	25961	24958	24282	24111
	贷款余额同比增速	5.98	-3.86	-2.71	-0.70
城市商业银行	贷款余额	6637	6336	6576	7057
	贷款余额同比增速	12.90	-4.55	3.80	7.31

金融机构类型	年份	2020 年	2021 年	2022 年	2023 年
农村商业银行	贷款余额	458	395	356	334
	贷款余额同比增速	13.49	−13.72	−9.99	−6.15

注：样本上市银行包括国有大型商业银行（中国银行、中国邮政储蓄银行、中国农业银行、交通银行、中国建设银行、中国工商银行共 6 家）、股份制商业银行（中信银行、浙商银行、招商银行、兴业银行、浦发银行、平安银行、民生银行、华夏银行、光大银行共 9 家）、城市商业银行（重庆银行、郑州银行、西安银行、厦门银行、苏州银行、上海银行、青岛银行、齐鲁银行、宁波银行、南京银行、江苏银行、杭州银行、贵阳银行、长沙银行、成都银行、北京银行共 16 家）、农村商业银行（张家港银行、渝农商行、无锡银行、苏农银行、青农商行、江阴银行、常熟银行共 7 家）。

资料来源：Wind。

　　从"第二支箭"民营企业债券融资支持工具的发行情况来看，2022 年以来，中债信用增信公司已累计为龙湖、新城控股、美的置业等 13 家民营房企发行的 33 只债券提供信用增进担保，帮助其通过发行债券获得融资 337 亿元（见表 3-6）。虽然在"第二支箭"机制下，房企融资规模有待扩大，但是该政策在缓解民营房企信用收缩、修复民营房企债券融资渠道方面依然发挥了积极作用。

表 3-6　"第二支箭"民营房企债券融资支持工具的发行情况

单位：只，亿元

发行人	发行债券数量	发行债券金额
龙湖	4	58
新城控股	4	47
碧桂园	4	42
美的置业	4	40
金辉集团	3	28
新希望五新实业	3	26
卓越商管	4	25
中骏集团	2	22
雅居乐集团	1	12
旭辉	1	12

续表

发行人	发行债券数量	发行债券金额
华宇集团	1	11
合景控股	1	7
新湖中宝	1	7
合计	33	337

资料来源：Wind。

从"第三支箭"股权融资情况来看，2022 年 11 月，证监会发布支持房地产企业股权融资的五项调整优化措施（包括恢复涉房上市公司并购重组及配套融资，恢复上市房企和涉房上市公司再融资等）之后，A 股上市公司中华发股份、陆家嘴、招商蛇口、荣盛发展、保利发展等 25 家房企发布增发预案公告，筹划再融资。截至 2023 年末，中绿电、招商蛇口、福星股份、大名城、陆家嘴、华发股份、西藏城投、京能置业、保利发展、中交地产共 10 家 A 股上市房企的增发方案被监管部门批准通过。其中，招商蛇口、陆家嘴、华发股份、福星股份 4 家上市房企已完成增发，共募集股权融资 301.1 亿元（见表 3-7）。此外，H 股上市公司中碧桂园、雅居乐集团、旭辉、越秀地产等多家房企也顺利完成增发、配售。

表 3-7 "第三支箭"A 股上市房企股权融资情况

单位：亿元

证券简称	发审委通过公告日期	发行日期	上市日期	募资总额
招商蛇口	2023 年 5 月 29 日	2023 年 6 月 26 日	2023 年 7 月 20 日	89.28
		2023 年 9 月 14 日	2023 年 10 月 19 日	85.00
陆家嘴	2023 年 6 月 8 日	2023 年 7 月 12 日	2023 年 8 月 8 日	67.44
华发股份	2023 年 8 月 4 日	2023 年 10 月 16 日	2023 年 10 月 31 日	51.24
福星股份	2023 年 6 月 7 日	2023 年 12 月 18 日	2024 年 1 月 23 日	8.14
合计				301.10

资料来源：Wind。

总体来看，房企融资"三支箭"政策均得到落实，有效地改善了房企融资环境。其中，"第一支箭"银行信贷支持的力度最大，在 2023 年累计发放房地产开发贷款约 3 万亿元；"第二支箭"民营企业债券融资支持工具和"第三支箭"股权融资规模有限，受惠房企数量也有限，仍有较大发力空间。

（二）房企融资协调机制的推进情况

虽然房企融资"三支箭"政策均得到落实，且银行信贷支持规模较大，但是房企融资仍存在两个大的问题。第一，金融机构和金融市场投资者的所有制歧视问题，即其更愿意将资金出借给国有房企，民营房企获取资金较为困难。从不同所有制房企筹资性现金流流入规模来看，2020 年、2021 年、2022 年、2023 年上半年，中央国有上市房企筹资性现金流流入分别为 6187 亿元、6648 亿元、6742 亿元、3029 亿元，地方国有上市房企筹资性现金流流入分别为 6603 亿元、5359 亿元、5066 亿元、2454 亿元，民营上市房企筹资性现金流流入分别为 17911 亿元、13083 亿元、4271 亿元、1334 亿元。国有房企融资规模基本保持稳定，但民营房企的融资规模则大幅萎缩。第二，由于已债务违约房企（尤其是公开市场债务已违约房企）的信用资质存在问题，银行业等金融机构在"安全性、流动性、营利性"的经营原则下存在不愿借、不能借的过度避险问题。从绿地控股、融创中国等 20 家[①]已违约上市房企的财务数据来看，2020 年、2021 年、2022 年、2023 年上半年，其债务融资规模分别为 11754 亿元、9776 亿元、1659 亿元、659 亿元，获取的融资规模断崖式下跌，其合理的融资需求难以得到满足。

为贯彻落实中央金融工作会议、中央经济工作会议一视同仁满足不同

---

① 20 家已违约样本上市房企分别为绿地控股、融创中国、世茂集团、富力地产、中南建设、金科股份、阳光城、荣盛发展、中国奥园、佳兆业集团、正荣地产、中梁控股、融信中国、雅居乐集团、宝龙地产、花样年控股、当代置业、正商实业、阳光 100 中国、冠城大通。

所有制房地产企业合理融资需求，促进金融与房地产行业良性循环的部署，住建部和国家金融监管总局于 2024 年 1 月 5 日发布了《住房和城乡建设部　国家金融监督管理总局关于建立城市房地产融资协调机制的通知》（建房〔2024〕2 号），建立了房地产融资协调机制，精准支持和满足房地产项目的合理融资需求，进而促进房地产市场平稳健康发展。城市房地产融资协调机制的核心措施如下。第一，各城市建立由城市政府分管住房和城乡建设的负责同志担任组长，属地住房和城乡建设部门、国家金融监管总局派出机构等为成员单位的房地产融资协调机制。在协调机制下，搭建政银企沟通平台，推动房企和金融机构精准对接，协调金融机构发放贷款。第二，协调机制根据房地产项目的开发建设情况及项目公司的资质、信用、财务等情况，筛选确定可以给予金融支持的房地产项目名单，并将名单推送给金融机构。第三，金融机构按照市场化、法治化原则评估协调机制推送的房地产项目名单，分情况给予信贷支持。对于正常开发建设、抵押物充足、资产负债合理、还款来源有保障的项目，建立授信绿色通道，优化审批流程，缩短审批时限，积极满足合理融资需求；对于开发建设暂时遇到困难但资金基本能够平衡的项目，不盲目抽贷、断贷、压贷，通过存量贷款展期、调整还款安排、新增贷款等方式予以支持。同时，加强贷款资金封闭管理，严防信贷资金被挪用于购地或其他投资。第四，协调机制要加强工作统筹，为金融机构提供有力的支持和保障。第五，建立省级房地产融资协调机制，跟踪监测落实情况，加强督促指导。

为加快推动城市房地产融资协调机制落地见效，2024 年 1 月 26 日，住建部召开城市房地产融资协调机制部署会，要求各地以项目为对象，抓紧研究提出可以给予融资支持的房地产项目白名单，协调本行政区域内金融机构发放贷款，精准有效支持合理融资需求。在此之后，各城市房地产融资协调机制加速推进，2024 年 1 月 30 日，广西南宁向当地金融机构推送了第一批 107 个房地产项目白名单。截至 2 月 20 日，全国 29 个省区市 214 个城市已建立房地产融资协调机制，分批提出可以给予融资支持的房地产项目"白名单"并将其推送给商业银行，共涉及 5349

个项目;已有 57 个城市 162 个项目获得银行融资 294.3 亿元。另外,根据中国银行、中国建设银行、中国农业银行、中国邮政储蓄银行和部分股份制商业银行的有关数据,已针对"白名单"项目审批贷款 1236 亿元,正在根据项目建设进度需要陆续发放贷款。

建立城市房地产融资协调机制可以更为精准、有效地解决房企融资过程中金融机构存在的所有制歧视和过度避险问题,有效满足仍具有偿债能力的房地产项目的融资需求。在该机制框架下,以房企项目为载体,金融机构根据项目的资质、信用、财务、抵押物情况评估其贷款资格,与房企所有制情况、是否出现债务违约均无关。例如,金科股份是已出现债务违约的民营房企,根据其 2023 年年报披露的信息,截至 2024 年 4 月 30 日(报告披露日),该房企在全国 14 个省区市的 83 个房地产项目入围白名单;其中,6 个项目已取得信贷放款资金合计 2.52 亿元。城市房地产融资协调机制的加速推进落实,在一定程度上缓解了房企项目层面的资金压力。这有利于支持房企项目公司完成保交楼工作,对促进房地产行业平稳健康发展具有积极意义。

六 2024年房地产开发企业融资市场形势展望

展望 2024 年,就房企融资形势而言,我们认为随着金融"三支箭"政策的进一步落实、房企融资协调机制的推进,房企融资形势将大幅改善。对于优质房企来说,可以通过新增银行信贷融资、债券融资与股权融资改善流动性状况;但对于已违约的房企来说,可以借助房企融资协调机制,推进能够正常开发建设的项目和资金基本能够平衡的项目的信贷融资,改善流动性状况。随着房地产融资协调机制的推进落实,获批"白名单"项目贷款的发放进一步增加,房地产开发贷款余额同比增速将有所上升。但是受市场投资者对房企债务风险、持续经营能力、盈利能力担忧的影响,房企的债券融资、信托融资、股权融资的规模可能还会有所下降。房企融资成本方面,银行信贷利率将随着 LPR 的下行而继续下降;

房地产信托和信用债融资成本将继续下降。

从风险方面来看，2024 年，房地产开发企业融资市场有以下几点风险需要持续关注：第一，房企违约债务的处置；第三，商业银行房地产行业贷款不良率、不良余额的持续上升；第三，房地产行业持续下行调整及房地产资产价格下降导致房企资产负债表的持续恶化；第四，更多上市房企由于面值、市值等原因而退市。

第四章
住房公积金市场

崔 玉 蔡 真[*]

- 2022 年，我国住房公积金市场继续保持良好的增长势头。缴存方面，2012~2022 年，全国住房公积金实缴职工人数占城镇就业总人数的比例从 27.37% 提高至 36.10%，提高了 8.73 个百分点。提取方面，2022 年，全国住房公积金提取额为 2.14 万亿元，同比增长 5.15%；提取率为 66.90%，比 2021 年降低了 2.78 个百分点。住房公积金个人住房贷款方面，2022 年的发放金额为 1.18 万亿元，个人住房贷款率为 78.94%；2022 年末，全国住房公积金个人住房贷款余额为 7.30 万亿元，约为同期金融机构个人住房贷款余额的 18.81%，在个人住房贷款市场占有率为 15.8%。住房公积金个人住房贷款利率比同期相应期限的贷款市场报价利率（LPR）低 105~120 个基点；2022 年发放的住房公积金个人住房贷款，与申请和发放商业银行个人住房贷款相比，预计在合同约定的偿还期内可为贷款职工节约利息支出约 2089.02 亿元，平均每笔贷款可节约利息支出 8.43 万元。这些数据表明，住房公积金很好地支持了广大职工的住房消费需求。

- 从全国 31 个省区市的数据来看，住房公积金的发展呈现区域不

---

* 崔玉，国家金融与发展实验室房地产金融研究中心研究员。蔡真，中国社会科学院金融研究所副研究员、国家金融与发展实验室房地产金融研究中心主任、高级研究员。

均衡的特点。缴存方面，经济越发达的地区以及政府、事业单位、国有企业越多的地区，公积金缴存情况越好。2022 年，仅有北京、上海、天津、西藏 4 个区市的住房公积金覆盖率超过 50%，其中，北京、上海 2 个直辖市的住房公积金覆盖率遥遥领先，分别为 95.5% 和 79.4%。湖北、安徽、重庆、湖南、河南、河北、广西、江西、云南 9 个省区市的住房公积金覆盖率仍在 30% 以下。贷款方面，个人住房贷款率较高的地区并不集中于房价较高的地区，而是房价可负担水平相对较高的地区，贵州、浙江、重庆 3 个省市的住房公积金个人住房贷款率超过 90%；个人住房贷款率较低的地区对应房价较低的地区，河北、甘肃、内蒙古、宁夏、西藏、黑龙江 6 个省区的住房公积金贷款率低于 70%。

- 尽管住房公积金制度存在较多问题，如覆盖率低、区域发展不平衡、公平性不足、投资渠道单一、增值收益率低、资金结余地和资金需求地资金不能相互统筹等，目前，进行整体制度性改革的条件仍未完全具备，但是各地密集出台住房公积金新政，住房公积金制度一直处于增量改进中。各地住房公积金政策的重要改进措施包括以下八个方面。第一，调整房屋套数认定标准。第二，降低住房公积金贷款最低首付比例。第三，提高住房公积金住房贷款最高额度。第四，提高二手住房的住房公积金可贷年限。第五，调整住房公积金提取政策。第六，深化区域城市住房公积金提取互认。第七，开展"商转公"业务，并放宽"商转公"限制。第八，支持灵活就业人员缴纳住房公积金。住房公积金新政主要从钱的角度，以低成本资金支持刚需群体和改善性群体实现"住有所居"。这在宏观上，有利于房地产行业向新模式转型，实现整个市场的平稳健康发展；在微观上，有利于老百姓实现更好居住的愿望。

住房公积金，是指国家机关、国有企业、城镇集体企业、外商投资企业、城镇私营企业及其他城镇企业、事业单位、民办非企业单位、社会团体及其在职职工缴存的长期住房储金，具有强制储蓄的性质。住房公积金制度是我国 20 世纪 90 年代初为筹集职工住房建设资金，在借鉴新加坡中央公积金制度的基础上，结合我国实际情况推出的一项政策性住房金融制度，核心目的是促进城镇住房建设和提高城镇居民的居住水平。1991 年，住房公积金制度在上海开始试点；从 1994 年开始，在全国范围内推行住房公积金制度；1998 年，住房公积金制度在全国普遍建立。1999 年 4 月，《住房公积金管理条例》的签发，标志着住房公积金正式制度化。在此之后，住房公积金制度处在持续完善的过程中，发展成为支持缴存职工进行住房消费的重要政策性住房金融制度安排。

一 全国住房公积金运行情况

（一）缴存情况

1. 住房公积金缴存总体情况

从近年来住建部发布的《全国住房公积金年度报告》来看，我国住房公积金缴存额的存量、增量均保持良好增长势头。在存量上，我国住房公积金缴存余额已从 2012 年的 2.68 万亿元增长至 2022 年的 9.25 万亿元，年均复合增长率为 13.18%。在增量（年度缴存额）上，2012 年，年度缴存额尚不足 1 万亿元；2018 年就已突破 2 万亿元；2022 年已突破 3 万亿元，达 3.19 万亿元；10 年间增长了 225.16%，年均复合增长率为 12.51%。其中，2022 年，缴存额同比增速为 9.53%（见图 4-1）。

2. 住房公积金人均缴存情况

从人均缴存数据看，年人均缴存额由 2012 年 9670 元增加到 2022 年的 1.88 万元（见图 4-2），年均复合增长率为 6.88%。其中，2022 年，人均缴存额同比增长率仅为 6.02%，略低于年均复合增长率。

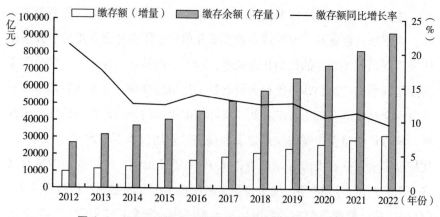

图 4-1　2012~2022 年全国住房公积金缴存额及余额情况

资料来源：《全国住房公积金年度报告》（2012~2022 年）。

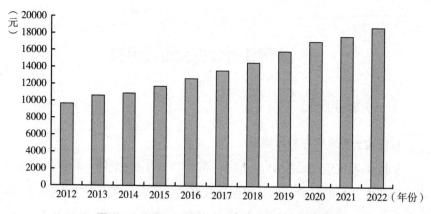

图 4-2　2012~2022 年住房公积金年人均缴存额

资料来源：《全国住房公积金年度报告》（2012~2022 年）。

3. 住房公积金覆盖范围情况

由上文数据可以看出，住房公积金年人均缴存额的同比增长率低于年度缴存额的同比增长率，这说明我国住房公积金覆盖范围在扩大。住房公积金覆盖范围的扩大也可以从图 4-3 中看出：2012~2022 年，全国住房公积金实缴职工人数占城镇就业总人数比例从 2012 年的 27.37% 提高至 2022 年的 36.10%，提高了 8.73 个百分点。2022 年，全国住房公积金实

缴职工人数为 1.70 亿人,较 2021 年增加了 543.48 万人,同比增长
3.31%;住房公积金实缴单位为 452.72 万个,同比增长 8.80%;新开户
单位为 75.22 万个,新开户职工为 1985.44 万人。总体而言,我国住房公
积金的覆盖范围在持续扩大。

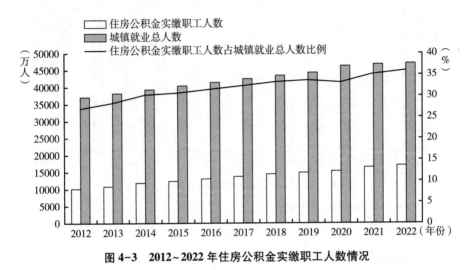

图 4-3　2012~2022 年住房公积金实缴职工人数情况

资料来源:《全国住房公积金年度报告》(2012~2022 年)。

(二)提取情况

1. 住房公积金提取情况

就住房公积金提取情况而言,2022 年,全国住房公积金提取人数为
6782.63 万人,占实缴职工人数的 39.95%;提取额为 2.14 万亿元,同比
增长 5.15%;提取率为 66.90%,比 2021 年降低了 2.78 个百分点。截至
2022 年末,全国住房公积金累计提取总额为 15.45 万亿元(见图 4-4),
占累计缴存总额的 64.02%。

总的来看,全国住房公积金年度提取额和累计提取总额自 2012 年以
来一直在稳步增加;而提取率在 2015 年达到峰值(75.52%)之后有所下
滑,保持在 66%~71%。虽然住房公积金的提取率有所下降,但是仍维持

相对较高的水平。这意味着住房公积金制度在缴存职工家庭的住房消费需求方面，仍能够起到较好的支持作用。

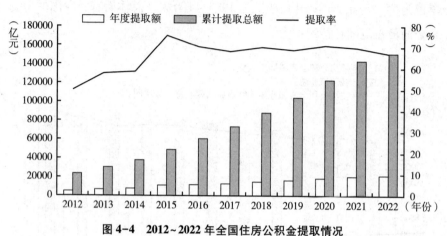

图4-4　2012~2022年全国住房公积金提取情况

资料来源：《全国住房公积金年度报告》（2012~2022年）。

2. 住房公积金提取用途分析

提取出来的住房公积金可以用于住房消费和非住房消费两个方面。非住房消费类提取，主要包括离退休、丧失劳动能力、与单位终止劳动关系、出境定居或户口迁移、死亡或宣告死亡、治疗重大疾病等原因的提取；住房消费类提取，主要包括购买、建造、翻建、大修自住住房，偿还购房贷款本息，租赁住房，进行老旧小区改造，其他住房消费等用途的提取。

2022年，非住房消费类提取住房公积金规模为4446.31亿元，占总提取金额的比例为20.8%，与2021年相比提高3个百分点（见图4-5）；其中，主要为离退休提取，金额为3141.74亿元，占总提取金额的比例为14.7%，与2021年相比提高3个百分点。

2022年，住房消费类提取住房公积金规模为1.69万亿元，占总提取金额的比例为79.2%。2022年，在用于住房消费的提取额中，用于偿还购房贷款本息的提取额为1.11万亿元，占总提取金额的比例最高，达到

52.1%。由于缴存住房公积金的大部分人口是城镇户籍人口，他们不能自行建造、翻建住宅，因此，基于购买、建造、翻建、大修自住住房这一用途提取出来的住房公积金，大部分被用于购买住房。2022年，这部分公积金提取额为4157.95亿元，占总提取金额的比例为19.5%。自2014年提出"租售并举"的概念、2015年降低提取公积金支付住房租金的门槛后，用于租赁住房的公积金的提取额占总提取金额的比例逐步上升：2015年占总提取金额的比例仅为3.0%，2022年占总提取金额的比例已提高至7.1%，提取额从2015年的333.90亿元提高至2022年的1521.37亿元。这表明住房公积金支持职工租房消费的力度在加大。近年来，随着城市更新概念的提出，公积金在支持老旧小区改造方面发挥积极作用，支持城镇老旧小区居民提取住房公积金用于老旧小区综合整治、增设电梯、节能改造、楼体抗震加固、上下水管线改造、适老改造等方面；2022年，公积金用于老旧小区改造的提取额为5.01亿元，占总提取金额的比例为0.02%，惠及1.07万人。2022年，支付装修费、物业费等住房消费的提取额为103.77亿元，占总提取金额的比例为0.49%。

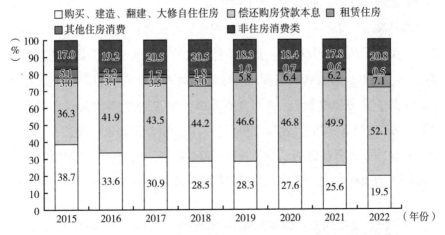

图4-5　2015~2022年全国住房公积金提取额占比（按提取用途分类）

资料来源：《全国住房公积金年度报告》（2015~2022年）。

（三）住房公积金个人住房贷款情况

住房公积金个人住房贷款是指以住房公积金管理中心归集的住房公积金为资金来源，向缴存住房公积金的职工发放，定向用于购买、建造、翻建、大修自有住房的专项住房消费贷款。缴存住房公积金的职工向住房公积金管理中心申请住房公积金贷款，经批准后，由受委托银行办理贷款手续。

1. 住房公积金个人住房贷款额度的确定标准

缴存职工申请住房公积金个人住房贷款的具体额度是在地区住房公积金个人住房贷款最高额度内，以住房公积金个人账户余额为基础，结合住房总价、首付比例、还贷能力、缴存时间、共同申请人缴存情况，以及存贷比调节系数等因素，按照就低不就高的原则综合确定。一般情况下，住房公积金个人住房贷款额度由地区住房公积金个人住房贷款最高额度、房屋评估价值或实际购房款（以两者中较低额为准）扣除首付款后的金额（首付款比例不得低于20%）、基于职工及共同申请人还款能力计算的贷款额度①×借款期数（月）、职工及共同申请人住房公积金账户余额倍数（一般为10~30倍）四者中最低值决定。

具体来看，以目前烟台市住房公积金个人住房贷款可贷额度计算标准为例。第一，最高贷款额度。烟台市住房公积金个人住房贷款最高额度为80万元。另外，购买新建装配式住宅、被动式超低能耗自住住宅等高品质住宅的，住房公积金个人住房贷款最高额度调整为90万元；高层次人才购买家庭首套住房的，住房公积金个人住房贷款最高额度调整为100万元；符合国家生育政策的二孩和三孩家庭，住房公积金个人住房贷款最高额度调整为100万元。第二，按首付款比例计算的贷款额度。购买首套住

---

① 基于职工及共同申请人还款能力计算的贷款额度＝（借款人及共同申请人月工资总额+借款人及共同申请人所在单位住房公积金月应缴存额）×还贷能力系数（40%~60%）－借款人及共同申请人现有其他贷款月应还款额。部分地区把借款人及共同申请人缴存住房公积金工资基数作为月工资总额。

房，最高住房公积金个人住房贷款额度不超过房产价值的80%，首付款比例不低于20%；购买第二套住房，贷款额度不超过房产价值的70%，最低首付款比例不低于30%。第三，基于偿还贷款能力计算的贷款额度。具体计算公式为：（申请住房公积金贷款的月还款额+商业贷款的月还款额+担保贷款的月还款额+其他借款的月还款额）／（借款申请人月收入+共同申请人月收入）×50%，即申请住房公积金贷款的月还款额≤（借款申请人月收入+共同申请人月收入）×50%-商业贷款的月还款额-担保贷款的月还款额-其他借款的月还款额。第四，基于住房公积金账户正常缴存余额的倍数计算的贷款额度。具体计算公式为：贷款额度=（借款申请人住房公积金账户正常缴存余额+共同申请人住房公积金账户正常缴存余额）×倍数，倍数按30倍计算。烟台市住房公积金个人住房贷款额度以最高贷款额度、按首付款比例计算的贷款额度、基于偿还贷款能力计算的贷款额度、基于住房公积金账户正常缴存余额的倍数计算的贷款额度四项额度中的最低值确定。

2. 住房公积金个人住房贷款总量情况

从住房公积金个人住房贷款来看，2022年发放住房公积金个人住房贷款247.75万笔，比2021年减少20.17%；发放金额为1.18万亿元（见图4-6），比2021年减少15.20%。2022年住房公积金个人住房贷款发放金额大幅下降的主要原因是受新建商品住房销售额同比下降28.3%的影响，但是其降幅低于新建商品住房销售额的降幅。截至2022年末，全国已累计发放住房公积金个人住房贷款4482.46万笔，累计发放金额为13.71万亿元，分别比2021年末增长5.85%和9.45%。

2022年末，全国住房公积金个人住房贷款余额为7.30万亿元，比2021年末增长5.88%，约为同期金融机构个人住房贷款余额（约为38.8万亿元）的18.81%，在个人住房贷款市场占有率①为15.8%。个人住房

---

① 个人住房贷款市场占有率指当年住房公积金个人住房贷款余额占全国商业性和住房公积金个人住房贷款余额总和的比例。

贷款率①为 78.94%，比 2021 年末减少 5.24 个百分点。

总体来说，住房公积金运用较为充分，为居民的住房消费提供了有力支持。年度住房公积金个人住房贷款发放金额从 2012 年的 5565.24 亿元增长至 2022 年的 1.18 万亿元，累计增长 112.03%。这与住房公积金覆盖面逐步扩大、住房公积金个人住房贷款政策受调控影响较小、地区住房公积金个人住房贷款最高额度的提高、住房公积金个人住房贷款申请和审批服务进一步优化、持续整治开发商不配合办理住房公积金个人住房贷款行为有关。

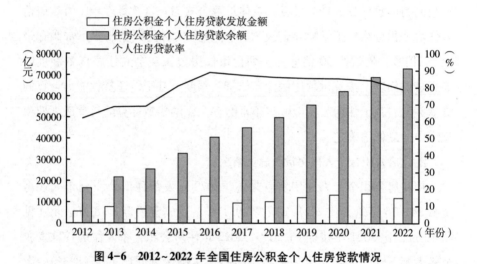

图 4-6　2012~2022 年全国住房公积金个人住房贷款情况

资料来源：《全国住房公积金年度报告》（2012~2022 年）。

3. 住房公积金个人住房贷款利率走势

从住房公积金贷款利率来看，2015 年 8 月至 2022 年 9 月，住房公积金个人住房贷款利率均保持不变：5 年期及以下贷款利率为 2.75%，5 年期以上贷款利率为 3.25%（见图 4-7）。2022 年 10 月，住房公积金贷款利率随着贷款市场报价利率（LPR）的下调而下调 15 个基点。

----

①　个人住房贷款率指年度末个人住房贷款余额占年度末住房公积金缴存余额的比例。

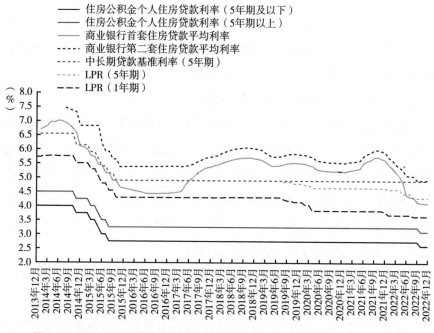

图 4-7　2013~2022 年住房公积金个人住房贷款利率、商业银行住房贷款
平均利率、中长期贷款基准利率（5 年期）和 LPR 的走势（月度）

资料来源：Wind。

2022 年末，5 年期及以下住房公积金个人住房贷款利率为 2.6%；5 年期以上住房公积金个人住房贷款利率为 3.1%；住房公积金个人住房贷款利率比同期相应期限的 LPR 低 105~120 个基点；比商业银行首套住房贷款平均利率低 101~151 个基点，比商业银行第二套住房贷款平均利率低 183~223 个基点。这充分体现了住房公积金低存低贷、普惠性的特点。2022 年发放的住房公积金个人住房贷款，与申请和发放商业银行个人住房贷款相比，预计在合同约定的偿还期内可为贷款职工节约利息①支出约 2089.02 亿元，平均每笔贷款可节约利息支出 8.43 万元。住房公积金个

---

① 可为贷款职工节约利息指当年获得住房公积金个人住房贷款的职工合同期内所需支付贷款利息总额与申请商业性住房贷款利息总额的差额。商业性住房贷款利率按 LPR 测算。

人住房贷款为住房刚性、改善性需求群体提供了成本更低的信贷资金，在一定程度上切实减轻了购房职工家庭的经济负担，缓解了中低收入群体的购房支付压力。对于数量庞大的中低收入普通职工家庭来说，低利率的公积金贷款是其申请住房贷款时的首要选择。

4. 住房公积金个人住房贷款风险状况

从风险情况来看，截至 2022 年末，住房公积金个人住房贷款的逾期金额为 20.75 亿元，逾期率仅为 0.03%，与 2021 年持平（见图 4-8）。住房公积金个人住房贷款逾期率依然处于极低水平，远低于同期商业银行个人住房贷款、商业银行个人贷款的逾期率。这主要是由于住房公积金个人住房贷款的使用群体为政府机关、事业单位工作人员及国有企业、外资企业职工，他们均是高信用、收入稳定群体。

截至 2022 年末，全国住房公积金个人住房贷款风险准备金提取额为 298.43 亿元，是年度逾期额的 14.4 倍；累计提取住房公积金贷款风险准备金 3086.40 亿元。这意味着我国住房公积金贷款风险拨备充足，风险可控。

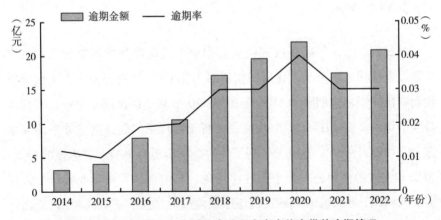

图 4-8　2014~2022 年全国住房公积金个人住房贷款逾期情况

资料来源：《全国住房公积金年度报告》（2014~2022 年）。

（四）增值收益情况

1.住房公积金增值收益总体情况

从住房公积金增值收益情况看，2022 年住房公积金增值收益为 1408.32 亿元，与 2021 年相比增长了 11.59%；增值收益率为 1.61%，略低于上一年（见表 4-1）。住房公积金的主要收入来源为住房公积金委托贷款利息、余额存款利息、余额购买国债所获利息，支出主要包括支付缴存职工住房公积金利息、支付受托银行归集手续费、支付委托贷款手续费、公转商贴息、融资成本等。

2.住房公积金增值收益分配情况

从住房公积金增值收益分配情况看，2022 年，提取管理费用为 127.24 亿元，提取贷款风险准备金为 298.43 亿元，提取公租房（廉租房）建设补充资金为 982.96 亿元（见表 4-1），三者分别约占年度增值收益的 9.0%、21.2%、69.8%；其中，提取管理费用占比较 2021 年下降约 1 个百分点，提取贷款风险准备金占比较 2021 年下降约 3 个百分点，提取公租房（廉租房）建设补充资金占比较 2021 年上升约 4 个百分点。

截至 2022 年末，累计提取贷款风险准备金达到 3086.40 亿元，累计提取公租房（廉租房）建设补充资金达到 6518.01 亿元。关于住房公积金用于公租房、廉租房建设的规定，最早出现于 2002 年修订的《住房公积金管理条例》中，第二十九条规定，"住房公积金的增值收益应当存入住房公积金管理中心在受委托银行开立的住房公积金增值收益专户，用于建立住房公积金贷款风险准备金、住房公积金管理中心的管理费用和建设城市廉租住房的补充资金"。然而，《住房公积金管理条例》第三条明确规定，"职工个人缴存的住房公积金和职工所在单位为职工缴存的住房公积金，属于职工个人所有"。住房公积金属于职工个人财产，实质上是一种受托管理资产，其增值收益在法理上也只能属于住房公积金全体储户共同所有；而公积金增值收益实际上却大部分归属于财政，以用于公租房、廉租房建设，这是值得商榷的。

表 4-1　2014～2022 年住房公积金增值收益及收益分配情况

单位：亿元，%

年份	业务收入	业务支出	增值收益	增值收益率	提取贷款风险准备金	提取管理费用	提取公租房（廉租房）建设补充资金
2014	1496.73	819.71	677.02	—	154.7	87.21	432.15
2015	1598.36	523.34	1075.02	—	339.2	107.24	618.08
2016	1521.26	833.54	687.72	1.59	227.3	101.46	371.66
2017	1657.69	894.47	763.22	1.57	212.16	106.75	453.85
2018	1814.44	960.19	854.25	1.56	234.63	116.62	502.69
2019	2051.25	1075.1	976.15	1.58	273.63	115.78	588.70
2020	2316.85	1203.68	1113.17	1.58	314.45	121.38	688.54
2021	2588.27	1326.25	1262.02	1.63	307.47	121.49	835.83
2022	2868.42	1460.1	1408.32	1.61	298.43	127.24	982.96

资料来源：《全国住房公积金年度报告》（2014～2022 年）。

二　全国31个省区市住房公积金运行情况

（一）缴存情况

1. 全国31个省区市住房公积金实缴职工人数

从缴存职工人数来看，全国 31 个省区市之间住房公积金实缴职工人数存在很大差异，这和省区市的常住人口数量及经济发达程度有所关联。实缴职工人数排名前 5 的省市为广东、江苏、山东、浙江、北京，它们均是经济较为发达的地区。其中，广东省住房公积金实缴职工人数遥遥领先，达到了 2218.74 万人。而实缴职工人数较少的 3 个省区分别为西藏、青海、宁夏，实缴职工人数均低于 100 万人（见图 4-9）。这在一定程度上提示我们，要关注住房公积金的区域非均衡发展的问题。各地实缴职工人数增长率也不尽相同，增速较快的 4 个省区分别是安徽、浙江、西藏、湖北，均超过了 5%；而增速较慢的 5 个省区市是吉林、新疆、黑龙江、北京、辽宁，均在 1% 以下，且吉林、新疆①2 个省区住房公积金实缴职工人数开始负增长。

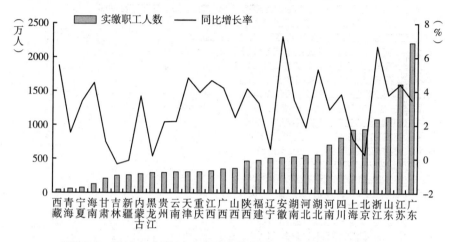

图 4-9　2022 年全国 31 个省区市住房公积金实缴职工人数情况

资料来源：《全国住房公积金年度报告》（2021～2022 年）。

2. 全国31个省区市住房公积金覆盖率

从住房公积金覆盖率②来看，2022 年，全国住房公积金实缴职工人数为 1.70 亿人，全国城镇就业总人数为 4.59 亿人，住房公积金覆盖率仅为 37.0%。在 31 个省区市中，北京、上海 2 个直辖市的住房公积金覆盖率遥遥领先，分别为 95.5% 和 79.4%；而且仅有北京、上海、天津、西藏 4 个区市的住房公积金覆盖率超过 50%；山西、辽宁、宁夏、黑龙江、山东、甘肃、四川、福建、贵州、湖北、安徽、重庆、湖南、河南、河北、广西、江西、云南 18 个省区市的住房公积金覆盖率低于全国平均水平；其中，湖北、安徽、重庆、湖南、河南、河北、广西、江西、云南 9 个省

① 本章所涉及新疆住房公积金的相关数据均为新疆维吾尔自治区和新疆生产建设兵团住房公积金的加总数据。

② 住房公积金覆盖率指住房公积金实缴职工人数占城镇就业人数的比例。

区市的住房公积金覆盖率仍在 30% 以下，它们的住房公积金覆盖率与领先地区的差距很大（见图 4-10）。

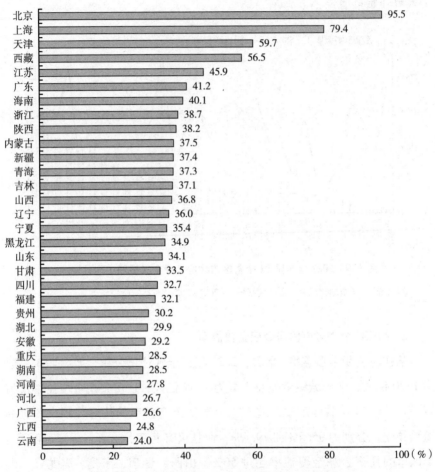

图 4-10　2022 年全国 31 个省区市住房公积金覆盖率

资料来源：《全国住房公积金 2022 年年度报告》《中国统计年鉴—2022》。

3. 全国31个省区市住房公积金缴存额

从 2022 年全国 31 个省区市的住房公积金缴存额来看，各省区市间的差异较大，广东、北京、江苏、浙江、上海、山东、四川、湖北、河南 9 个省市的住房公积金缴存额超过 1000 亿元，海南、宁夏、青海、西藏 4

个省区的缴存额低于 200 亿元。从住房公积金缴存额同比增长率来看，最
高的是宁夏，为 27.7%；最低的是重庆，为 4.2%；其中，江苏、湖南、
黑龙江、新疆、云南、甘肃、内蒙古、北京、辽宁、贵州、河南、天津、
广西、吉林、重庆 15 个省区市的住房公积金缴存额同比增长率低于
9.53% 的全国平均水平。从 2022 年各省区市的住房公积金缴存余额来看，
广东、江苏、北京、上海、山东、浙江 6 个省市的住房公积金缴存余额高
于 5000 亿元；其中，广东省的缴存余额最高，为 8746.2 亿元；西藏、宁
夏、青海 3 个省区的住房公积金缴存余额则较低，均低于 500 亿元（见表
4-2）。

表 4-2　2022 年全国 31 个省区市住房公积金缴存额情况

单位：亿元，%

地区	缴存额	缴存额同比增长率	缴存余额	缴存余额同比增长率	累计缴存总额
广东	3605.5	10.1	8746.2	14.0	27638.8
北京	2924.3	6.4	6992.2	13.1	23454.9
江苏	2850.6	9.5	7166.2	15.1	21567.7
浙江	2274.0	10.0	5020.3	13.5	17135.1
上海	2227.2	14.6	6916.4	14.0	16945.3
山东	1824.5	14.7	5398.4	14.3	14215.2
四川	1468.2	9.3	4453.5	10.8	11512.7
湖北	1142.7	9.9	3821.8	12.2	8760.3
河南	1038.6	5.7	3677.3	13.6	8264.1
辽宁	953.0	6.2	3283.7	8.6	9884.4
安徽	935.2	10.0	2507.9	13.4	8026.2
福建	908.4	9.9	2370.0	11.5	7265.7
湖南	897.1	9.2	3144.2	12.8	6949.3
河北	839.2	11.6	3139.3	13.2	7399.7
陕西	746.5	12.0	2388.0	14.0	5793.7
云南	673.1	7.3	1953.1	8.9	5884.5
天津	642.9	5.6	1964.3	10.2	6309.5
广西	628.9	5.2	1740.0	12.6	5158.3

续表

地区	缴存额	缴存额同比增长率	缴存余额	缴存余额同比增长率	累计缴存总额
江西	613.0	10.1	1949.1	13.1	4475.7
新疆	594.6	8.6	1846.6	13.0	5102.7
山西	559.2	11.7	1899.4	14.3	4666.6
重庆	548.9	4.2	1595.1	14.2	4463.9
黑龙江	537.8	9.0	2003.6	10.8	5186.7
贵州	534.5	6.1	1575.8	9.4	3962.7
内蒙古	520.1	6.7	1904.7	12.4	4525.2
吉林	412.1	4.3	1594.9	9.6	4032.7
甘肃	377.0	6.8	1399.0	10.6	3306.3
海南	187.8	15.8	622.4	13.9	1452.0
宁夏	161.9	27.7	446.9	16.2	1297.4
青海	155.3	12.4	445.9	17.6	1301.3
西藏	153.0	21.0	488.9	24.2	988.8

资料来源：《全国住房公积金年度报告》（2021~2022年）。

从住房公积金人均缴存额来看，2022年，31个省区市中人均缴存额最高的是西藏，约为3.61万元；人均缴存额最低的是河南，约为1.45万元；西藏、北京、青海、上海、新疆、云南、宁夏、浙江、天津、湖北、江西11个省区市的住房公积金人均缴存额高于1.88万元的全国平均水平（见图4-11）。值得注意的是，西藏、青海、新疆、云南等的缴存额和累计缴存总额都很低，但是人均缴存额名列前茅，而江苏、广东、山东等的情况则正好相反。

（二）提取情况

1. 全国31个省区市住房公积金提取额

2022年，住房公积金提取额超过1000亿元的省市有7个，分别是广东、北京、江苏、浙江、上海、山东、四川，其中，广东省的住房公积金

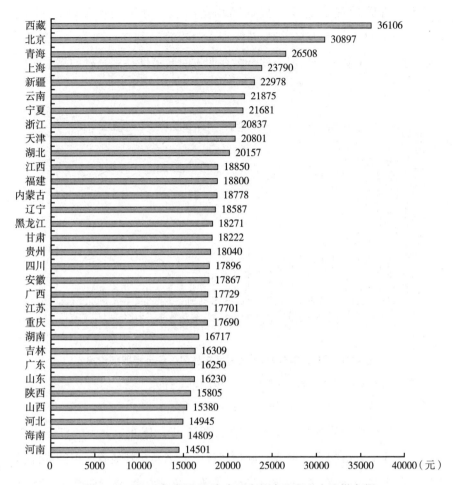

图 4-11 2022 年全国 31 个省区市住房公积金人均缴存额

资料来源：《全国住房公积金 2022 年年度报告》。

提取额最高，达到 2534.1 亿元。宁夏、青海、西藏 3 个省区的住房公积金
提取额低于 100 亿元，与发达省区市的差距较大（见图4-12）。从图 4-12
还可以看出，2022 年，提取额增长率超过 10% 的省市有 8 个，分别是贵
州、四川、陕西、湖南、海南、上海、江西、湖北；提取额增长率为
5%~10% 的省区有 5 个，分别是福建、广东、浙江、山西、广西；其他省
区市提取额增长率均在 5% 以下；其中，黑龙江、内蒙古、新疆、青海、

西藏 5 个省区的住房公积金提取额均负增长，分别同比下降 0.91%、8.11%、13.73%、15.18%、23.71%。这意味着黑龙江、内蒙古、新疆、青海、西藏 5 个省区的住房公积金缴存职工对政策性住房金融的需求有所下降。

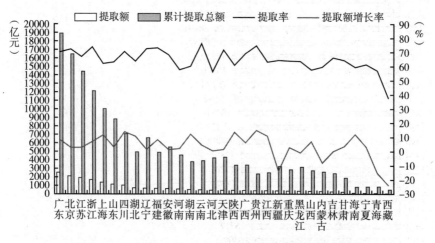

图 4-12　2022 年全国 31 个省区市住房公积金提取额情况

资料来源：《全国住房公积金年度报告》（2021~2022 年）。

从住房公积金累计提取总额来看，2022 年，广东、北京、江苏、浙江、上海 5 个省市的累计提取总额均超过 1 万亿元，其他省区市的累计提取总额则大多为 2000 亿~4000 亿元；青海、宁夏、海南、西藏 4 个省区的累计提取总额不满 1000 亿元。

从住房公积金提取率来看，2022 年，云南、贵州、浙江、福建、辽宁、北京、天津、四川、广东、广西、安徽、江苏 12 个省区市的住房公积金提取率高于全国 66.9% 的平均提取率。其中，云南省的住房公积金提取率最高，为 76.3%；西藏的住房公积金提取率最低，仅为 37.8%。2022 年，全国仅江西、湖北、广西、陕西、湖南、四川、贵州 7 个省的住房公积金提取率较 2021 年略有提升，受住房市场销售大幅下降影响，其余 24 个省区市的住房公积金提取率均出现不同程度的下降。

2. 全国31个省区市住房公积金提取用途概况

从住房公积金提取用途来看，2022 年，全国 31 个省区市职工提取的公积金主要是为了满足住房消费需求，大部分省区市用于住房消费的提取额占比在 75% 以上，用于非住房消费的提取额占比在 25% 以下（见图 4-13）。其中，北京、广东、浙江、重庆、上海、江苏、四川、贵州 8 个省市的住房公积金的住房消费类提取额占比不低于 80%，分别为 88%、85%、84%、83%、83%、81%、80%、80%；而黑龙江省的住房公积金的住房消费类提取额占比最低，仅为 62%。

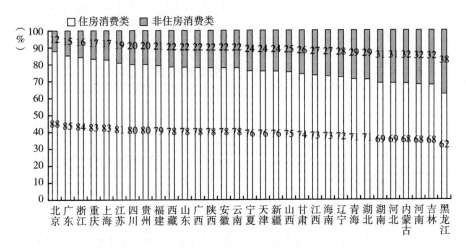

图 4-13　2022 年全国 31 个省区市住房公积金提取额按提取用途分类的占比

资料来源：《全国住房公积金 2022 年年度报告》。

（三）贷款情况

1. 全国31个省区市住房公积金个人住房贷款额

从住房公积金个人住房贷款年度发放规模来看，2022 年，广东、江苏、浙江 3 个省的住房公积金个人住房贷款发放额超过 1000 亿元；上海、山东、北京、湖北、四川 5 个省市的住房公积金个人住房贷款发放额超过

500亿元；青海、宁夏、西藏3个省区的住房公积金个人住房贷款发放额不足100亿元，规模较小（见图4-14）。从图4-14中还可以发现，2022年，大多数省区市的住房公积金个人住房贷款发放额表现为负增长，仅湖北、福建、广西、浙江、云南5个省区的个人住房贷款发放额同比增长率为正值；新疆、西藏、青海、河南、甘肃5个省区的个人住房贷款发放额同比下降超过30%，其中，新疆的个人住房贷款发放额同比下降超过50%。

从31个省区市住房公积金个人住房贷款余额来看，2022年，广东、江苏、上海、北京、浙江、山东6个经济较发达的省市的住房公积金个人住房贷款余额超过4000亿元，吉林、海南、青海、宁夏、西藏5个省区的住房公积金个人住房贷款余额低于1000亿元（见图4-14）。

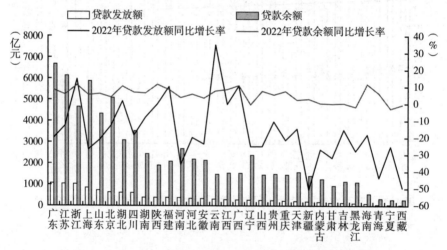

图4-14　2022年31个省区市住房公积金个人住房贷款情况

资料来源：《全国住房公积金年度报告》（2021~2022年）。

2. 全国31个省区市住房公积金个人住房贷款率

从全国31个省区市住房公积金个人住房贷款率来看，2022年，贵州、浙江、重庆、海南、福建、广西、江苏、安徽、上海、湖北、山东、天津、陕西、四川14个省区市的住房公积金个人住房贷款率高于78.94%

的全国平均值（见图4-15）。其中，贵州、浙江、重庆3个省市的住房公积金个人住房贷款率超过90%，这些地区的房价可负担水平相对较高，住房公积金利用率较高，但是，这些地区可能会因住房公积金可贷资金额度不足而实施公积金贷款轮候、额度收紧或停止"商转公"政策等；河北、甘肃、内蒙古、宁夏、西藏、黑龙江6个省区的住房公积金个人住房贷款率低于70%，这些地区房价低迷，居民购房意愿相对较低，可能存在资金沉淀、增值收益较低等问题。

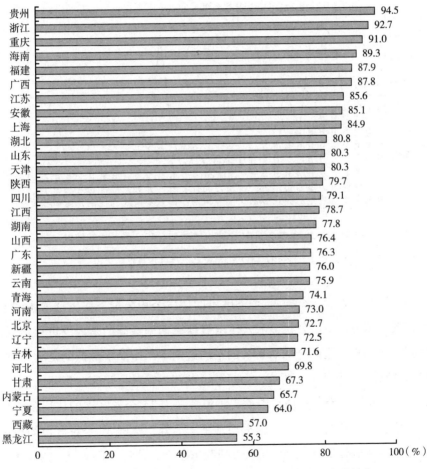

图4-15 2022年全国31个省区市住房公积金个人住房贷款率

资料来源：《全国住房公积金2022年年度报告》。

3. 全国31个省区市住房公积金个人住房贷款风险状况

从全国 31 个省区市住房公积金个人住房贷款逾期金额来看，2022年，上海、广东、辽宁、湖北、山西、内蒙古、黑龙江、河南 8 个省区市的住房公积金个人住房贷款逾期金额相对较大，逾期金额在 1 亿元及以上；陕西、浙江、海南、北京、安徽、青海、天津、宁夏 8 个省区市的住房公积金个人住房贷款逾期金额较小，低于 2000 万元（见图 4-16）。

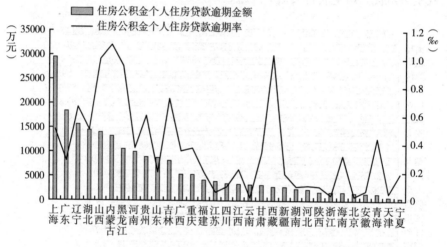

图 4-16　2022 年全国 31 个省区市住房公积金贷款逾期情况

资料来源：全国 31 个省区市的《住房公积金 2022 年年度报告》。

从逾期率来看，全国 31 个省区市的住房公积金个人住房贷款逾期率均较低，其中，住房公积金个人住房贷款逾期率最高的是内蒙古自治区，达到了 0.11‰，远超全国 0.03‰的平均逾期率；逾期率最低的是云南省，仅为 0.02‰；内蒙古、西藏、山西、黑龙江、吉林、辽宁、贵州、上海、湖北、青海、河南、重庆、广西、甘肃、海南 15 个省区市的住房公积金个人住房贷款逾期率高于全国平均水平。另外，全国 31 个省区市均提取了充足的住房公积金个人住房贷款风险准备金，住房公积金贷款的整体风险极小。

（四）增值收益情况

1. 全国31个省区市住房公积金增值收益总体情况

从住房公积金增值收益来看，2022年，全国31个省区市的住房公积金增值收益规模差距较大，这与地区间住房公积金市场规模大小不一有很大的关系。其中，广东、上海、北京3个省市的住房公积金增值收益规模突破100亿元；甘肃、海南、青海、宁夏、西藏5个省区的住房公积金增值收益规模低于20亿元，增值收益规模最小的是西藏，仅有2.44亿元。2022年，全国31个省区市的住房公积金增值收益同比增长率为-4.48%~26.78%，不同省区市的住房公积金增值收益同比增长率差距较大。其中，增值收益同比增长率最高的是海南，达到26.78%；海南、吉林、西藏、广东、浙江、北京、广西、陕西、重庆、宁夏、上海、福建12个省区市的住房公积金增值收益同比增长率超过全国平均水平；新疆、天津2个区市的住房公积金增值收益规模则出现负增长，分别同比下降0.07%和4.48%（见表4-3）。

表4-3　2022年全国31个省区市住房公积金增值收益情况与
2020年、2021年增值收益率

单位：亿元，%

地区	业务收入	业务支出	增值收益	增值收益同比增长率	2021年增值收益率	2020年增值收益率
北京	220.37	104.51	115.86	15.34	1.61	1.72
天津	54.42	32.25	22.17	-4.48	1.76	1.36
河北	94.72	47.84	46.88	8.49	1.18	1.64
山西	60.76	30.65	30.11	9.21	1.59	1.77
内蒙古	56.18	27.34	28.84	10.75	1.69	1.62
辽宁	102.95	52.34	50.62	6.93	1.61	1.62
吉林	48.67	24.70	23.97	25.50	1.60	1.37
黑龙江	60.01	30.09	29.92	10.41	1.57	1.57
上海	230.92	106.06	124.86	12.86	1.57	1.93
江苏	214.85	120.21	94.63	9.39	1.92	1.48
浙江	159.52	83.81	75.71	15.80	1.41	1.57

地区	业务收入	业务支出	增值收益	增值收益同比增长率	2021年增值收益率	2020年增值收益率
安徽	76.67	40.79	35.87	8.73	1.60	1.57
福建	73.11	43.66	29.45	12.75	1.52	1.30
江西	61.05	29.91	31.14	10.82	1.31	1.74
山东	166.36	85.39	80.97	10.36	1.69	1.63
河南	109.69	55.36	54.33	11.40	1.60	1.61
湖北	120.96	60.87	60.09	8.17	1.57	1.72
湖南	97.73	46.62	51.11	10.06	1.66	1.77
广东	278.90	138.72	140.18	16.11	1.71	1.67
广西	54.34	27.31	27.03	14.78	1.70	1.62
海南	22.76	9.79	12.97	26.78	1.64	1.98
重庆	47.99	27.10	20.90	14.33	2.21	1.39
四川	143.33	69.30	74.02	11.44	1.39	1.74
贵州	48.63	26.67	21.95	10.75	1.75	1.45
云南	59.12	30.40	28.72	7.81	1.44	1.54
西藏	9.20	6.77	2.44	19.02	1.53	0.56
陕西	71.98	38.06	33.92	14.59	0.56	1.51
甘肃	41.14	22.24	18.89	9.38	1.51	1.43
青海	14.02	6.01	8.01	7.81	1.42	2.06
宁夏	12.57	6.73	5.84	13.18	1.95	1.39
新疆	55.50	28.57	26.93	-0.07	1.56	1.70

资料来源：《全国住房公积金年度报告》（2021~2022年）。

从全国31个省区市住房公积金的增值收益率来看，2021年的增值收益率均较低。其中，重庆市的住房公积金增值收益率最高，为2.21%；陕西省的住房公积金增值收益率最低，仅为0.56%；重庆、宁夏、江苏、天津、贵州、广东、广西、内蒙古、山东、湖南、海南11个省区市住房公积金的增值收益率略高于1.61%的全国平均水平。

2. 全国31个省区市住房公积金增值收益分配情况

从住房公积金增值收益分配情况来看，31个省区市住房公积金增值收益被用于提取贷款风险准备金、提取管理费用和提取公租房（廉租房）

建设补充资金。

大部分省区市主要将住房公积金的增值收益用于提取公租房（廉租房）建设补充资金，河南、北京、山东、黑龙江4个省市的住房公积金增值收益用于提取公租房（廉租房）建设补充资金的比例超过90%，河南、北京、山东、黑龙江、新疆、宁夏、贵州、安徽、湖南、天津、重庆11个省区市的住房公积金的增值收益用于提取公租房（廉租房）建设补充资金的比例超过80%；仅青海、内蒙古、浙江、西藏、海南、上海6个省区市的住房公积金的增值收益用于提取公租房（廉租房）建设补充资金的比例低于50%。其中，河南的住房公积金增值收益用于提取公租房（廉租房）建设补充资金的比例最高，为98.12%；上海市的住房公积金增值收益用于提取公租房（廉租房）建设补充资金的比例最低，为19.77%。不同省区市用于提取贷款风险准备金与提取管理费的比例差异较大。提取贷款风险准备金占比最高的是上海，为78.82；提取贷款风险准备金占比最低的是河南，为-7.01%，从已提取贷款风险准备金中转出3.81亿元用于上缴财政。提取管理费用占比最高的是云南，为19.05%；提取管理费用占比最低的是上海，仅为1.39%（见图4-17）。

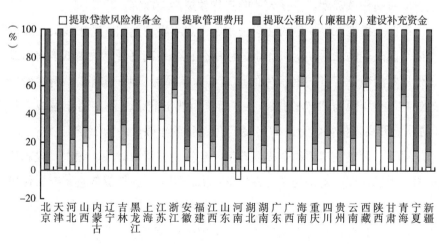

图4-17　2022年全国31个省区市住房公积金增值收益分配情况

资料来源：《全国住房公积金2022年年度报告》。

三　当前住房公积金制度的改进措施

尽管住房公积金制度目前仍存在很多问题，如覆盖率低、区域发展不平衡、公平性不足、投资渠道单一、增值收益率低、资金结余地和资金需求地资金不能相互统筹等，而且目前进行整体制度性改革的条件仍未完全具备，但是各地密集出台住房公积金新政，住房公积金制度一直处于增量改进中。各地住房公积金政策的重要改进措施包括以下八个方面。

第一，调整房屋套数认定标准。例如，太原将住房公积金贷款购房套数认定标准调整为依据拟购房家庭成员名下在购房地实际拥有的成套住房数量及以在全国范围内的住房公积金贷款使用次数进行认定。

第二，降低住房公积金贷款最低首付比例。例如，海南将首套住房公积金个人住房贷款的最低首付比例下调至20%。

第三，提高住房公积金住房贷款最高额度。主要调整方式包括直接提高最高贷款额度，提高贷款额度计算倍数，将首套、第二套住房最高贷款额度调整为相同数值，上浮多孩家庭最高贷款额度，上浮高品质住宅、绿色住宅最高贷款额度，上浮人才购房贷款最高额度等。

第四，提高二手住房的住房公积金可贷年限。例如，对于购买已完成老旧小区改造的二手住房，北京的住房公积金最高可贷年限由低于房屋剩余使用年限减三年（砖混房屋的最高可贷年限为"47-房龄"，钢混房屋的最高可贷年限为"57-房龄"），调整为低于剩余土地使用年限减三年（房屋的最高可贷年限为"67-房龄"），贷款年限最高为30年。

第五，调整住房公积金提取政策。包括调整提取时限、频次，提高住房租赁提取额度，支持为支付首付款提取公积金，支持提取直系亲属住房公积金以支付购房款，支持因老旧小区加装电梯提取公积金，支持因适老改造提取公积金，支持因支付物业费提取公积金等。

第六，深化区域城市住房公积金提取互认。例如，成都市缴存人在重庆市、绵阳市行政区域内购房，申请提取住房公积金的，无须提供本人或配偶户籍所在地或工作所在地证明。

第七，开展"商转公"业务，并放宽"商转公"限制。例如，福州将申请办理商业性住房贷款转住房公积金贷款业务的条件由"从未申请过住房公积金贷款的职工家庭"，放宽为"符合住房公积金贷款申请条件的职工家庭"。

第八，支持灵活就业人员缴纳住房公积金。例如，成都支持已满16周岁不满60周岁具有完全民事行为能力的个体经营者、非全日制工作人员、新就业形态人员等灵活就业人员参加住房公积金制度，并对缴存人账户中存储时间满1年的资金部分，每年给予0.5%~1%的补贴（每个缴存人享受补贴的金额合计不超过1万元）。

各地住房公积金新政总结起来有三个特点：第一，支持力度加大，住房公积金贷款额度、可贷年限等都有较大的改进；第二，惠民生，除了异地存取方便、提高提取频次这些细节方面之外，有一点特别值得一提，成都灵活就业人员缴纳住房公积金后，在使用住房公积金时有缴存补贴，缴存时间在1年以上的，补贴比例为0.5%~1%；第三，针对住房金融与养老金融的结合进行了有益探索，支持适老改造提取。房地产新模式的核心是建立"人、房、地、钱"要素联动的供需匹配新机制。各地的住房公积金新政就是从钱的角度，以低成本资金支持刚需群体和改善性群体实现"住有所居"。这在宏观上，有利于房地产行业向新模式转型，实现整个市场的平稳健康发展；在微观上，有利于老百姓实现更好居住的愿望。

第五章
不动产投资信托基金（REITs）市场

蔡真 崔玉*

- 21世纪初以来，REITs这一金融产品得到了国内金融界的重视，金融监管层和市场机构积极探索，做了大量工作。目前，经过长达20年的努力，监管机构首先在基础设施领域建立了公募REITs的制度体系，首批9只公募REITs在2021年6月发行上市；随着后续监管政策的不断完备，市场机构发行REITs的积极性不断增强。截至2023年底，境内共有29只基础设施REITs实现上市发行，募集资金超过1000亿元。

- 从市场情况来看，由于2022年公募REITs市场出现较大幅度的过快上涨，加之部分产品在2023年运营过程中出现的不利因素，以及2023年基本面情况的波动，2023年，REITs市场整体呈现下跌态势，交易量随之下滑，分派水平同比有一定程度的提升。

- 2023年，中国基础设施REITs呈现较多特点，包括成功进入常态化发行阶段；市场价格存在较大幅度下跌，但长期蕴含价值回升潜力；消费类基础设施正式进入REITs市场；基金管理人积极稳定价格，运营质量日益受到市场重视等。

- 长期来看，为了REITs的健康发展，必须进一步改革和完善现有制度体系；进一步增加试点资产类别，简化扩募上市流程，扩大

* 蔡真，中国社会科学院金融研究所副研究员，国家金融与发展实验室房地产金融研究中心主任、高级研究员。崔玉，国家金融与发展实验室房地产金融研究中心研究员。

市场规模；多措并举，提高原始权益人发行意愿；完善定价机制，加强信息披露管理，合理保护投资人权益。

一 境内 REITs 市场的发展历程简述

（一）中国 REITs 政策研究和海外探索阶段（2001~2006年）

在这一阶段，国内金融监管层推出了信托业务方面的多个法规，交易所先导性地启动了 REITs 的行业研究，同时，越秀 REIT 成功赴中国香港发行，为后续 REITs 的发展奠定了良好的基础。

《中华人民共和国信托法》《信托投资公司管理办法》《信托投资公司资金信托管理暂行办法》等一系列文件的发布，在推动我国信托业务发展的同时逐步开启了房地产信托业务的发展之路；2001 年，国家发展计划委员会牵头起草《产业投资基金管理暂行办法》并向社会公开征求意见；2003 年，深交所开始研究 REITs 发行的可行性，这些都一度引起社会对REITs 的讨论热潮。2005 年末，越秀集团携所辖的广州和上海 7 处优质物业赴港发行 REIT 成功，其成为我国第一只真正意义上的不动产投资信托基金，至此，这种发行方式进一步点燃了国内房地产金融行业的热情，也使国内推动 REITs 业务发展的热情在这一期间达到顶点。

但是，后续出台的《中国人民银行关于进一步加强房地产信贷业务管理的通知》、《信托投资公司房地产信托业务管理暂行办法（征求意见稿）》、《中国银行业监督管理委员会关于进一步加强房地产信贷管理的通知》以及《关于加强信托投资公司部分业务风险提示的通知》等文件，提高了房地产信贷和房地产信托业务的门槛，加强了业务管控。2006 年，国家外汇管理局、国家发改委等部门联合发布《关于规范房地产市场外资准入和管理的意见》，通过投资主体、资金、外汇管理等多方渠道，严格限制境外公司收购内地物业，导致"越秀模式"难以复制，这些政策在一定程度上减缓了中国 REITs 的发展步伐。

（二）中国类 REITs 业务发展阶段（2007~2020年）

在此阶段，证监会和央行及银监会几乎同时启动了 REITs 方案研究，之后，国务院发布的文件明确提出发展房地产信托投资基金的表述，对 REITs 的研究工作不断深入；与此同时，国内的房地产企业和相关金融机构通过境内、境外多个渠道尝试发行产品，推动业务落地。2014 年，证监会审批通过了"中信启航类 REITs"产品，这标志着国内首单具有 REITs 框架的产品诞生。

随着中信启航项目的破冰，私募"类 REITs"的模式逐渐成熟并成为主流的业务模式。证监会颁布《证券公司及基金管理公司子公司资产证券化业务管理规定》，正式将类 REITs 载体——资产支持专项计划的发行模式从行政审批转向备案管理。实践层面，类 REITs 在交易所市场和银行间市场两个市场蓬勃发展，酒店、写字楼、商场、租赁住房、基础设施、PPP 等多种不同类型的基础资产均有成功发行的产品。截至 2020 年底，各交易场所①共发行类 REITs 产品 91 只，上市资产规模达到 1712 亿元。

（三）中国基础设施 REITs 正式推广阶段（2020年至今）

2020 年 4 月 24 日，《中国证监会　国家发展改革委关于推进基础设施领域不动产投资信托基金（REITs）试点相关工作的通知》（证监发〔2020〕40 号）发布，随后，证监会发布《公开募集基础设施证券投资基金指引（试行）（征求意见稿）》，这正式标志着境内公募 REITs 起航。后续，国家发改委、证监会、中国证券投资基金业协会和中证登记公司陆续发布一系列文件，对公募基础设施 REITs 的发行上市、入库要求、审核标准、投资者管理、登记结算、尽职调查和运营管理等一系列事宜进行了规范，在上市前即奠定了较为完善的政策基础。

中国基础设施 REITs 的首批项目在 2021 年 6 月 21 日实现上市，首批

---

① 包括上海证券交易所、深圳证券交易所、机构间私募产品报价系统和银行间债券市场。

上市的项目共有9单，合计募集金额达到314亿元，基础资产类型包括生态环保、交通设施、园区设施和仓储物流4大类。后续，随着首批上市项目的成功发行，《国家发展改革委关于进一步做好基础设施领域不动产投资信托基金（REITs）试点工作的通知》（发改投资〔2021〕958号）和《国家发展改革委办公厅关于加快推进基础设施领域不动产投资信托基金（REITs）有关工作的通知》（发改办投资〔2021〕1048号）发布，继续推动基础设施REITs大力发展。到2021年12月，第二批的2单项目再次进入市场发行，发行规模达到50亿元。2022年5月，《国务院办公厅关于进一步盘活存量资产扩大有效投资的意见》（国办发〔2022〕19号）发布，明确要求，推动基础设施领域不动产投资信托基金（REITs）健康发展，要求进一步提高推荐、审核效率，鼓励更多符合条件的基础设施REITs项目发行上市。在此引导下，2023年3月1日，国家发改委发布《国家发展改革委关于规范高效做好基础设施领域不动产投资信托基金（REITs）项目申报推荐工作的通知》（发改投资〔2023〕236号）；2023年3月7日，中国证监会发布《关于进一步推进基础设施领域不动产投资信托基金（REITs）常态化发行相关工作的通知》，两份文件就REITs准入资产扩容、资产收益率下限调整、保障性租赁住房首发规模下限调整等REITs审核的实体事项做出了实质一致的规定。同时，国家发改委发布的文件还从固定资产项目投资管理手续的合规性要求、净回收资金的使用与监管、REITs项目前期培育、提高申报推荐效率、加强运营管理指导等方面做出了进一步规定，中国证监会发布的通知从扩募发行常态化、优化审核注册流程等方面提出了要求和指明了方向。总体而言，两个新规一方面维持了发改体系在资产端的分工监管格局和证监体系在金融产品端的分工监管格局，另一方面同步拓展了基础设施公募REITs的可发行资产范围，商业地产首次被允许纳入基础设施公募REITs的试点范围，还就相关业务要求进行了较为务实和细致的分类指引，在中国公募REITs的发展过程中具有里程碑意义。截至2023年末，全市场累计发行了29只基础设施REITs产品，其中，4只首批上市的产品实现扩募，自2021年以来，REITs市场共实现募集资金约 1005 亿元，初步形成了具有一定影响力的金融市场，其募集的资金根据政策要求多数需要继续投入基础设施项目，这有利于持续畅通投融资循环。

二 境内 REITs 市场发展现状

（一）制度体系

中国首批基础设施 REITs 于 2021 年 6 月上市，但在此之前已经进行了长期的制度准备。2020 年 4 月，《中国证监会 国家发展改革委关于推进基础设施领域不动产投资信托基金（REITs）试点相关工作的通知》（证监发〔2020〕40 号）① 发布，随后发布了《公开募集基础设施证券投资基金指引（试行）（征求意见稿）》，这标志着中国公募 REITs 制度的破冰，也明确了中国公募 REITs 从基础设施这一类型入手。2020 年 7 月 31 日，国家发展改革委办公厅发布了《国家发展改革委办公厅关于做好基础设施领域不动产投资信托基金（REITs）试点项目申报工作的通知》（发改办投资〔2020〕586 号），对申报项目的区位、行业、条件、审查材料等情况进行了明确；2020 年 8 月 6 日，中国证监会发布了《公开募集基础设施证券投资基金指引（试行）》，这标志着现阶段中国公募 REITs 制度框架的初步确立。后续，国家发改委、中国证监会、上海证券交易所、深圳证券交易所、中国证券业协会、中国证券投资基金业协会等相继发布基础设施 REITs 的项目申报、基金指引等规范性文件，以及上市审核、发售、尽职调查等具体的配套业务与自律规则，为 REITs 的试点推进提供了切实的政策保障。2021 年 6 月 29 日，紧随首批 9 个基础设施 REITs 项目上市，国家发改委印发了《国家发展改革委关于进一步做好基

---

① 此文件系监管部门首次以"不动产投资信托基金"指代 REITs，故后文除部分境外业务、既往规则和历史文档采用房地产投资信托基金这一名称外，其余（如境内 REITs）均采用不动产投资信托基金这一名称。

础设施领域不动产投资信托基金（REITs）试点工作的通知》（发改投资〔2021〕958 号），进一步将黄河流域生态保护和高质量发展区域纳入重点区域，同时强调保障性租赁住房、旅游基础设施等资产的适格性，明确了扩募的规模要求。2021 年 12 月，针对加快推进 REITs 试点工作，2021 年 12 月 29 日，《国家发展改革委办公厅关于加快推进基础设施领域不动产投资信托基金（REITs）有关工作的通知》（发改办投资〔2021〕1048 号）发布。2022 年，在国务院顶层政策的引导下，国家发改委和证监会两大监管部门重点针对 REITs 扩募（新购入资产）和保障性租赁住房加快推进 REITs 发行发布了相关政策，同时上海证券交易所、深圳证券交易所纷纷出台业务细则。2023 年，《国家发展改革委关于规范高效做好基础设施领域不动产投资信托基金（REITs）项目申报推荐工作的通知》（发改投资〔2023〕236 号）和《关于进一步推进基础设施领域不动产投资信托基金（REITs）常态化发行相关工作的通知》的发布，标志着中国基础设施 REITs 进入常态化发行阶段，开启了新的局面。2023 年 12 月 6 日，《财政部关于向社会公开征求〈全国社会保障基金境内投资管理办法（征求意见稿）〉意见的函》发布，明确将 REITs 纳入社保基金可投资范围，虽然该办法未正式印发，但有利于提振市场信心。2024 年 2 月，证监会发布《监管规则适用指引——会计类第 4 号》，首次明确基础设施 REITs 并表计入权益，这有利于进一步提升原始权益人向基础设施 REITs 市场提供优质资产的积极性。表 5-1 对公募基础设施 REITs 制度文件进行了统一梳理。

表 5-1 公募基础设施 REITs 制度文件

发布时间	制度名称	发布机构
2020 年 4 月 24 日	《中国证监会 国家发展改革委关于推进基础设施领域不动产投资信托基金（REITs）试点相关工作的通知》	国家发改委、证监会
2020 年 7 月 31 日	《关于做好基础设施领域不动产投资信托基金（REITs）试点项目申报工作的通知》	国家发改委办公厅
2020 年 8 月 6 日	《公开募集基础设施证券投资基金指引（试行）》	证监会
2020 年 9 月 8 日	《关于做好第一批基础设施 REITs 试点项目申报工作的通知》	国家发改委投资司

续表

发布时间	制度名称	发布机构
2021 年 1 月 13 日	《国家发展改革委办公厅关于建立全国基础设施领域不动产投资信托基金（REITs）试点项目库的通知》	国家发改委办公厅
2021 年 1 月 29 日	《关于发布公开募集基础设施证券投资基金配套业务规则的通知》	深交所
2021 年 1 月 29 日	《关于发布〈上海证券交易所公开募集基础设施证券投资基金（REITs）业务办法（试行）〉的通知》	上交所
2021 年 1 月 29 日	《公开募集基础设施证券投资基金网下投资者管理细则》	中国证券业协会
2021 年 2 月 5 日	《中国证券登记结算有限责任公司公开募集基础设施证券投资基金登记结算业务实施细则（试行）》	中国证券登记结算有限责任公司
2021 年 2 月 8 日	《公开募集基础设施证券投资基金尽职调查工作指引（试行）》	中国证券投资基金业协会
2021 年 2 月 8 日	《公开募集基础设施证券投资基金运营操作指引（试行）》	中国证券投资基金业协会
2021 年 6 月 29 日	《国家发展改革委关于进一步做好基础设施领域不动产投资信托基金（REITs）试点工作的通知》	国家发改委
2021 年 12 月 29 日	《国家发展改革委办公厅关于加快推进基础设施领域不动产投资信托基金（REITs）有关工作的通知》	国家发改委办公厅
2022 年 1 月 26 日	《财政部 国家税务总局关于基础设施领域不动产投资信托基金（REITs）试点税收政策的公告》	财政部、国家税务总局
2022 年 5 月 19 日	《国务院办公厅关于进一步盘活存量资产扩大有效投资的意见》	国务院办公厅
2022 年 5 月 24 日	《中国证监会办公厅 国务院发展改革委办公厅关于规范做好保障性租赁住房试点发行基础设施领域不动产投资信托基金（REITs）有关工作的通知》	中国证监会办公厅、国家发改委办公厅
2022 年 7 月 7 日	《国家发展改革委办公厅关于做好基础设施领域不动产投资信托基金（REITs）新购入项目申报推荐有关工作的通知》	国家发改委办公厅
2023 年 3 月 1 日	《国家发展改革委关于规范高效做好基础设施领域不动产投资信托基金（REITs）项目申报推荐工作的通知》	国家发改委
2023 年 3 月 7 日	《关于进一步推进基础设施领域不动产投资信托基金（REITs）常态化发行相关工作的通知》	证监会
2024 年 2 月 8 日	《监管规则适用指引——会计类第 4 号》	证监会

资料来源：笔者根据国家发改委、证监会等网站的文件整理得到。

与其他国家和地区首先用 REITs 服务房地产行业不同，中国 REITs 把基础设施作为切入点并逐步扩大范围，这是一大特色，也具有重要的现实背景和宏观战略意义。其主要特点如下。

第一，符合经济和社会发展规律，有利于推进金融供给侧结构性改革。从对经济的拉动作用来看，基础设施投资是当前和未来拉动经济增长的重要引擎。在基础设施领域实现"稳投资"乃至"增投资"，是国内经济尽快摆脱疫情影响和迈向高质量发展的必然途径。把基础设施作为 REITs 的破冰点，已被同为新兴经济体的印度采纳，可以作为有效的借鉴。NAREIT 数据也显示，工业、基础设施、数据中心等新兴资产类别的净运营收入增速远高于传统的零售等行业。长期以来，国内金融体系中短期限和地方政府基础设施建设的长期性存在天然错配的特征，同时叠加"影子银行"、"刚性兑付"和"土地财政"等诸多潜在问题。基础设施 REITs 明确要求权益导向，从而可以改善地方政府平台几乎纯粹的债务融资模式，有效化解杠杆风险，而 REITs 的低价格、标准化特征，有利于降低融资成本。同时，REITs 属于中低利率和中低风险产品，预计将对公众投资人具有极大的吸引力，有利于完善储蓄转化投资机制，使"稳金融"和"稳投资"互相促动。

第二，从特定领域入手试点，逐步扩大范围，稳步推进。在前期试点过程中，政策明确提出，在资产类型上，优先支持基础设施补短板行业，包括仓储物流、收费公路及各类市政工程，同时，鼓励发展信息网络相关资产（数据中心、信号塔等）和特定类型的产业园区等；后续又增加了保障性租赁住房、水利设施、旅游景区等特色领域。定向支持这些特定类别的投资标的，这从落实国家发展战略的角度支持"两新一重"，有助于加速发展以互联网、大数据为首的战略性新兴产业和以现代物流、研发设计为主的现代服务业，高效统筹推进新型基础设施建设，深化生态文明建设。进入常态化发行阶段后，我国进一步将百货商场、购物中心、农贸市场和社区商业等消费基础设施资产纳入适格标的范围，从而为进一步增强中国基础设施 REITs 对经济的服务能力打开了空间。

第三，坚持政策的一致性，避免市场产生错误预期。就整体监管政策方针而言，党的二十大报告再次强调"房子是用来住的、不是用来炒的"和"租购并举"的要求，从金融稳定管理角度来看，金融机构对开发商的从严管控不应转为"放水"，以避免造成"大起大落"。因此，在政策下达初期，除保障性租赁住房外，明确排除开发性住宅和商业地产，这可以在很大程度上避免房地产企业通过REITs进行资产处置或融资，在房地产市场达到"稳预期"和"稳房价"的作用。而在进入常态化阶段后，即使纳入了部分具有商业地产特征的消费类基础设施，但仍明确原始权益人不得从事商品住宅开发业务，并对资金用途进行了明确。

第四，充分考虑国际经验和现行中国市场实际情况，逐步完善推进。中国基础设施REITs没有按照国际上最典型的公司制或信托制的架构，而是以"公募基金+ABS"的方案推出中国公募REITs，是中国证监会克服诸多现实难点、开创性地以最小阻力架构来启动试点的重大举措，避免了受制于大量基础性法律约束的问题，且在较大程度上实现了公募化和权益化，建立了主动管理机制，是目前推出中国REITs的最可行方案。现行方案涵盖收入分配、资产构成、收入构成、杠杆比例和组织结构等要求，在最核心的收入分配比例上采用90%的要求，和成熟市场高度一致；但对于原始权益人持有比例、管理人控制关系和能力要求方面，则结合中国市场经验，设定了大量具体、有益的个性化要求。为分类管理，加快常态化发行，调整了保障性租赁住房的首发规模要求，将产权类项目每年净现金流分派率从4%下调至3.8%，对收益权类项目改由内部收益率（IRR）进行评估，标准设定为5%，并调整了回收资金用途，允许10%的资金可作为小股东退出或补充流动资金。

（二）产品架构

根据《公开募集基础设施证券投资基金指引（试行）》的要求，公募基础设施REITs采用"公募基金+ABS"的交易结构。要求把基金80%以上的份额投资基础设施资产支持证券，并持有其全部份额，资产支持证券持有基础设施项目公司全部股权，最终基金通过资产支持证券（ABS）持有项目公司，同时取得基础设施项目的完全所有权或经营权。基金管理人和资产支持证券管理人必须具有实际控制关系或者同一控制，并由基金管理人负责主动运营管理基础设施项目，以获取基础设施项目租金、收费等稳定现金流为主要目的，同时，基金管理人可聘请运营管理机构负责不动产的日常运营管理。基金托管人和资产支持证券托管人必须为同一机构，以减少信息不对称的问题和交易成本。具体结构如图 5-1 所示。

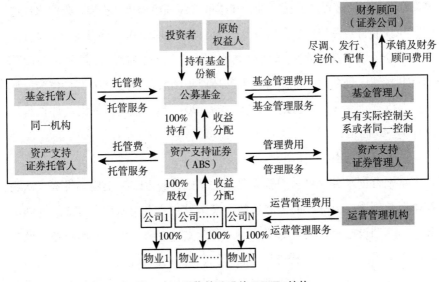

图 5-1　公募基础设施 REITs 结构

资料来源：笔者绘制。

（三）典型案例

1. 特许经营权类项目

富国首创水务封闭式基础设施证券投资基金是首批上市的基础设施 REITs 中，把特许经营权作为底层基础资产的项目。

（1）产品情况

富国首创水务项目计划募集 5 亿份，计划募集金额为 18.36 亿元，实际募集金额为 18.50 亿元。最终战略配售 3.8 亿份，比例达到 76%，其中，原始权益人自持份额为 2.55 亿份，自持比例达到 51%。

富国首创水务项目于 2021 年 6 月 21 日在上海证券交易所挂牌上市，到期时间为 2047 年 9 月 29 日。发行询价区间为 3.491~4.015 元/份，发行价格为 3.70 元/份。

（2）基础设施项目情况

富国首创水务 REIT 在存续期内按照基金合同的约定主要投资城镇污水处理类型的基础设施资产支持证券，穿透取得深圳市福永、松岗、公明水质净化厂 BOT 特许经营项目及合肥市十五里河污水处理厂 PPP 项目 2 个子项目。

两个项目在基础设施基金成立前均由北京首创股份有限公司（简称"首创股份"，现名为"北京首创生态环保集团股份有限公司"）作为原始权益人持有，特许经营到期时间在 2031~2047 年，各项目的资产评估价值合计 17.46 亿元。

（3）交易结构

富国首创水务项目采用较为典型的基础设施 REITs 架构，投资人认购并持有基础设施 REITs 的全部份额，富国首创水务 REIT 认购富国首创水务一号基础设施资产支持专项计划，资产支持专项计划从原始权益人处受让两个项目公司 100% 的股权，同时向项目公司提供借款。

富国首创水务项目的基金管理人为富国基金，对应资产支持证券化的计划管理人为富国资产，两个产品的基金托管人均为招商银行。原始权益人首创股份作为运营管理机构；光大证券提供财务顾问服务。整体架构如图 5-2 所示。

2. 不动产权类项目

华安张江光大园封闭式基础设施证券投资基金是首批上市的基础设施 REITs 中，把不动产权作为底层基础资产的项目。

（1）产品情况

华安张江光大园项目计划募集 5 亿份，计划募集金额为 14.70 亿元，实际募集金额为 14.95 亿元。最终战略配售 2.77 亿份，比例达到 55.4%，

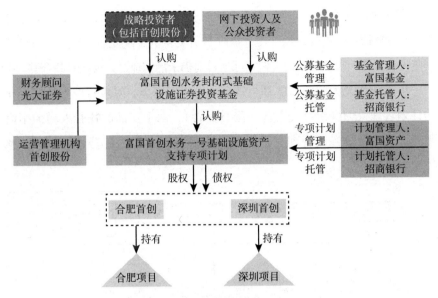

图 5-2　富国首创水务 REIT 整体架构

资料来源：富国首创水务 REIT 招募说明书。

其中，原始权益人自持份额为 1.00 亿份，自持比例下限为 20%。

华安张江光大园项目于 2021 年 6 月 21 日在上海证券交易所挂牌上市，到期时间为 2041 年 6 月 7 日。发行询价区间为 2.780~3.200 元/份，发行价格为 2.99 元/份。

（2）基础设施项目情况

华安张江光大园项目在存续期内按照基金合同的约定主要投资优质园区类基础设施项目资产，成立时投资目标基础设施资产支持证券即国君资管张江光大园资产支持专项计划，穿透取得位于中国（上海）自由贸易试验区的张江光大园产权，包括物业资产的房屋所有权及其占用范围内的国有土地使用权。张江光大园产权在基础设施基金成立前由光控安石（北京）投资管理有限公司和上海光全投资中心（有限合伙）作为原始权益人持有，项目的资产评估价值为 14.70 亿元。

（3）交易结构

华安张江光大园项目也采用典型的基础设施 REITs 架构，资金通过投资人、基础设施基金、专项计划投资项目公司中京电子，取得项目公司全部股权并发放债券。需要说明的是，该项目需要在基金成立后，通过中京电子反向吸收合并上端的母公司。但实际上目前仍未能完成这一反向吸收合并。

华安张江光大园项目的基金管理人为华安基金，对应资产支持证券化的计划管理人为国泰君安资管（国君资管），两个产品的托管人均为招商银行。上海集挚咨询管理有限公司（集挚咨询）作为运营管理机构。整体架构如图5-3所示。

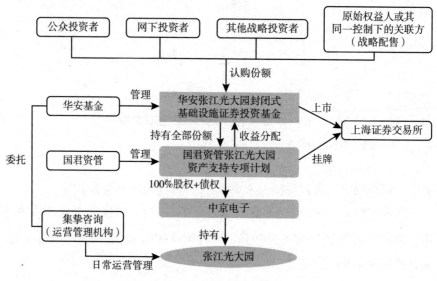

图5-3 华安张江光大园 REIT 整体架构

资料来源：华安张江光大园 REIT 招募说明书。

3.新购入基础设施项目

以扩募后的华安张江光大园 REIT 为例，华安张江光大园封闭式基础设施证券投资基金既是首批上市的基础设施 REITs，也是首批申请扩募并成功发行上市的 REITs，扩募后更名为华安张江产业园封闭式基础设施证券投资基金。

（1）产品情况

华安张江光大园项目采用定向扩募方式，计划发售金额不超过16.4亿元，募集份额不超过 4.85 亿份。实际募集金额为 15.53 亿元，募集份额为 4.60 亿份，最终战略配售 1.61 亿份，比例为 35%，均由原始权益人认购。

华安张江光大园项目的扩募份额于 2023 年 6 月 16 日在上海证券交易所挂牌上市。定向扩募定价基准日为发售期首日，即 2023 年 5 月 25 日，发售价格不低于定价基准日前 20 个交易日基金交易均价的 90%，也即 3.373 元/份，根据投资者申购报价情况，并且根据《认购邀请书》中规定的定价原则，最终发行价格为 3.373 元/份。

（2）基础设施项目情况

华安张江光大园穿透取得位于中国（上海）自由贸易试验区的张江光大园产权。扩募后，通过持有华安资产张润大厦资产支持专项计划，最终 100% 拥有上海张润置业有限公司股权，从而持有基础设施项目张润大厦的房屋所有权及其占用范围内的国有土地使用权。张润大厦产权在华安张江光大园封闭式基础设施证券投资基金扩募前由上海张江（集团）有限公司和上海张江集成电路产业区开发有限公司作为原始权益人持有，项目的资产评估价值为 14.77 亿元。

（3）交易结构

扩募后，华安张江光大园项目采用了"多个专项计划、多个项目公司架构"模式，资金通过投资人、基础设施基金、专项计划投资项目公司中京电子，取得项目公司全部股权并发放债券。需要说明的是，该项目需要在基金成立后，通过中京电子反向吸收合并上端的母公司。

扩募后，华安张江光大园项目的基金管理人为华安基金，资产支持证券管理人为国泰君安资管（国君资管），托管人和运营管理机构均未发生变化。整体架构如图 5-4 所示。

（四）市场统计分析

1. 发行总体情况

自 2021 年 6 月 21 日首批 9 个中国基础设施 REITs 项目上市以来，到 2021 年 12 月又有 2 个项目上市，2021 年共有 11 个项目上市，合计发行规

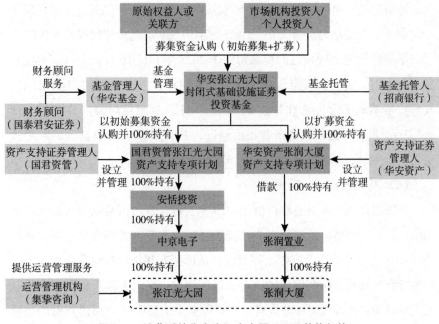

图 5-4 扩募后的华安张江光大园 REIT 整体架构

资料来源：华安张江光大园 REIT 招募说明书。

模达到 364.13 亿元。2022 年共有 13 个项目上市，合计发行规模达到 419.48 亿元，项目数量和募集规模均有所提升。2023 年共有 5 个项目上市，合计发行规模达到 170.92 亿元，另外，2023 年第一批 REITs 中有 4 个项目完成扩募，合计扩募发行规模达到 50.64 亿元，2023 年共有 9 个 REITs 项目实现上市融资，合计发行规模达到 221.56 亿元。截至 2023 年底，共有 29 个项目上市，其中 4 个实现了扩募，合计发行规模达到 1005.17 亿元，中国基础设施 REITs 累计融资规模超过 1000 亿元。

从资产性质来看，主要分为产权类项目和特许经营权类项目两种，其中，产权类项目共有 17 个①，占比为 58.6%，规模合计为 398.39 亿元，占比为 39.63%，而特许经营权类项目共有 12 个，规模合计为 606.78 亿

---

① 2023 年新扩募 4 个产权类项目，考虑产品实质和前期首发项目合并计算，故剔重后，产权类项目共有 17 个，图 5-5 中的产权类项目合计为 21 个。

元（见图5-5）。造成数量和规模占比不一致的主要原因是特许经营权类项目单体金额往往较大，两者的 REITs 平均融资规模分别为 23.43 亿元和 50.56 亿元，特许经营权类项目的平均融资规模是产权类项目的 2 倍以上。

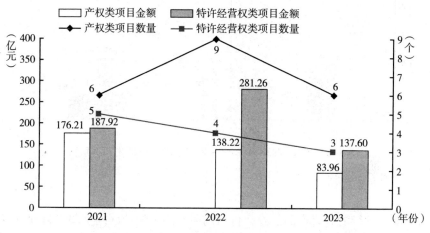

图 5-5　2021～2023 年 REITs 发行情况（根据资产性质）

资料来源：Wind。

根据底层资产类型，已上市 REITs 包括保障性租赁住房类、仓储物流类、交通基础设施类、能源基础设施类、生态环保类和园区基础设施类 6 个大类。其中，园区基础设施类项目最多，共有 9 个，含扩募合计融资规模为 195.96 亿元；交通基础设施类项目的总发行规模最大，共有 8 个项目，合计发行规模达到 467.15 亿元。分年度进行分析，2021 年上市项目包括仓储物流类、交通基础设施类、生态环保类和园区基础设施类 4 个大类项目；2022 年上市的项目类型仍为 4 个大类，但未出现仓储物流类和生态环保类，新增加保障性租赁住房类和能源基础设施类；2023 年上市（含扩募）项目类型包括交通基础设施类、能源基础设施类、园区基础设施类和仓储物流类 4 个大类。纵向来看，2021～2023 年，交通基础设施类和园区基础设施类项目均有融资，它们是原始权益人融资意愿较为强烈、资产上市条件较为成熟的领域。2021～2023 年 REITs 发行情况（根据资产类别）见图 5-6。

从最终发行价格和询价区间来看，在 2023 年新上市的 5 只 REITs 中，

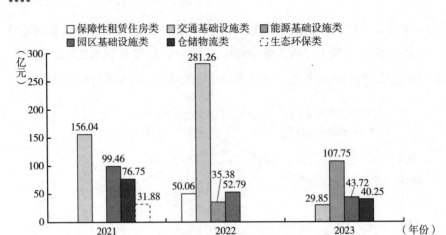

图 5-6　2021~2023 年 REITs 发行情况（根据资产类别）

资料来源：Wind。

第一季度发行的 3 只产品的发行价格均明显高于询价区间下限，自 6 月以来，受 REITs 市场整体下跌影响，一级市场价格下滑，中金湖北科投光谷产业园 REIT 发行价格已接近询价区间下限，而 10 月发行的中金山高集团高速公路 REIT 为首只按询价区间下限发行的产品（见表 5-2）。扩募的 4 只产品均采用向特定对象发售的方式（见表 5-3），价格不低于定价基准日前 20 个交易日基金交易均价的 90%。

从配售情况来看，2023 年新上市的 5 只 REITs 均实现了较高的战配比例，最小值为 65%，最大值为 79%，平均值高达 72.2%，明显高于 2022 年的 66.6%，原始权益人或同一实控人机构的平均配置比例达到 40.8%，这说明，在 2023 年的市场背景下，REITs 价值可能存在低估的情况，战略投资人作为具有较为丰富的投资经验的机构投资人更看好长期价格，原始权益人也愿意先限售 12 个月，待市场好转后再考虑进一步融资的需求。由于战略投资人配售比例较高，加之网下配售过程中机构投资人踊跃参与，最终有 4 单的公众配比低于 10%，最高的仅有 10.5%，平均仅有 8.04%，远低于目前制度框架下的最高比例（24%）。2023 年扩募的 4 只 REITs 的战配比例相对较低，除红土创新盐田港 REIT 达到 75.6%

表5-2　2023年新上市REITs总体情况

证券简称	资产性质	资产类型	上市时间	发行规模（亿元）	募集份额（亿份）	发行价格（元）	询价区间下限（元）	询价区间上限（元）	战配比例（%）	其中原始权益人配比（%）	网下配比（%）	公众配比（%）
中金山高集团高速公路REIT	特许经营权类	交通基础设施类	2023年10月27日	29.85	4	7.463	7.463	7.836	77.00	51.00	16.10	6.90
中金湖北科投光谷产业园REIT	产权类	园区基础设施类	2023年6月30日	15.75	6	2.625	2.541	2.746	65.00	34.00	24.50	10.50
中信建投国家电投新能源REIT	特许经营权类	能源基础设施类	2023年3月29日	78.40	8	9.800	8.867	10.210	75.00	34.00	17.50	7.50
中航京能光伏REIT	特许经营权类	能源基础设施类	2023年3月29日	29.35	3	9.782	8.844	10.185	79.00	51.00	14.70	6.30
嘉实京东仓储基础设施REIT	产权类	仓储物流类	2023年2月8日	17.57	5	3.514	3.243	3.735	70.00	34.00	21.00	9.00

资料来源：Wind。

表 5-3 2023 年扩募 REITs 总体情况

证券简称	资产性质	资产类型	扩募方式	上市时间	拟发行规模上限（亿元）	实际发行规模（亿元）	拟募集份额上限（亿份）	实际募集份额（亿份）	发行价格（元）	战配比例（%）	其中原始权益人配比（%）	竞价配比（%）
中金普洛斯 REIT	产权类	仓储物流类	定向	2023 年 6 月 16 日	18.53	18.53	4.58	4.38	4.228	20.00	20.00	80.00
华安张江产业园 REIT	产权类	园区基础设施类	定向	2023 年 6 月 16 日	16.4	15.53	4.85	4.60	3.373	35.00	35.00	65.00
博时招商蛇口产园 REIT	产权类	园区基础设施类	定向	2023 年 6 月 16 日	13.48	12.44	5.768	5.21	2.387	34.00	32.00	66.00
红土创新盐田港 REIT	产权类	仓储物流类	定向	2023 年 6 月 16 日	4.15	4.15	1.6	1.54	2.700	75.60	51.00	24.40

资料来源：Wind、招募说明书。

之外，其余 3 只平均仅为 29.7%，其中，最低的中金普洛斯 REIT 仅有 20%，均由原始权益人或同一实控人持有。扩募产品采用上述方案，主要是因为扩募计划均较早展开，其时市场较为活跃，原始权益人按较低自持比例制定方案，在市场下行期间不宜进行太大范围的调整，加之均采用定向方式扩募，交易对手均为经验丰富的机构投资人，沟通成本低，效率高，便于在价格方面达成一致。

2. **价格变动情况**

2023 年以来，REITs 市场出现较长时间的明显下跌，中证 REITs 指数年初为 1047 点，全年最高点发生在 2 月中，达到 1169 点，此后呈现波动下跌趋势，特别是第二季度较快下跌，季度跌幅高达 20.6%，第三季度由于各类利好消息的出台暂时性回升企稳，但第四季度由于部分产品发生出租率下滑、现金流不及预期等情况，发生下跌，全年累计跌幅达到 28.26%，跌幅长期甚至高于 Wind 房地产精选指数（全年跌幅为 28.17%）。与之高度关联，中证 REITs 全收益指数也呈现类似走势，全年累计跌幅略小于中证 REITs 指数，为 22.67%。同期，A 股市场同样表现不及预期，沪深 300 指数全年收跌 11.38%；而债券市场则表现相对亮眼，中证全债指数全年涨幅达到 5.23%。REITs 及其他市场指数变动情况见图 5-7。

3. **交易情况**

2023 年以来，REITs 产品的换手率呈现如下三个方面的特征。一是新股效应依然存在，但呈现逐渐衰减态势，虽然 2023 年新发 REITs 数量相对较少，但上半年，特别是在 2 月中和 3 月末新产品上市时，仍呈现较为明显的阶段性高换手率，最高值接近 3%，但较 2022 年 3%~5% 的水平明显下降。从单个产品来看，2023 年下半年是明显的拐点，2022 年至 2023 年上半年，新发产品的首日平均换手率保持在 20%~32%，由于 2023 年上半年市场供给量较小，首日平均换手率达到 31.11%，但随着 2023 年下半年市场的变化，首日平均换手率跌至 4.86%。二是二级市场对一级市场的影响较为显著，整体来看，不论是全部 REITs 产品的平均换手率，还是上市首日产品的平均换手率，在 2023 年下半年的表现均较为低迷，也

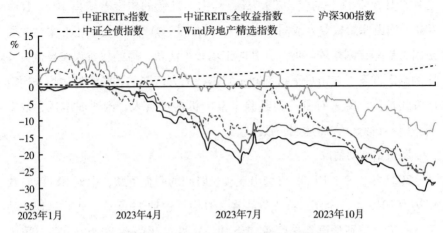

图5-7 REITs及其他市场指数变动情况

资料来源：Wind。

和其时REITs二级市场的表现明显相关。三是"炒新"效应弱化，市场不断回归理性。2024年初以来，A股市场整体不断向好，REITs二级市场的表现随之同步提升，虽然到2024年上半年换手率随着市场恢复有所恢复，但首日平均换手率仍仅为9.71%，这说明一、二级市场差价已逐渐减少，两个市场的利差减少，投资人更加理性。REITs产品平均换手率情况见图5-8，REITs产品上市首日平均换手率情况见图5-9。

4.分派情况

高分红是REITs产品最典型的特征之一，根据申报要求，原则上，项目未来3年净现金流分派率不得低于4%。根据目前的公开数据，2022年共有11只REITs产品进行了分派，2023年则高达24只。按年初市场价格计算，2022年，产品的平均分派率为3.96%，中位数也达到3.13%。受2023年REITs市场整体价格下跌影响，2023年，产品的平均分派率有所提升，为5.43%，中位数则达到了3.82%，其中，2023年有3只产品的分派率超过10%。总体来看，2023年，产品的平均分派率较高，一方面是因为2022年和2023年初REITs市场价格存在差距，2023年份额价值的下降带动了分派率的上升；另一方面是后续

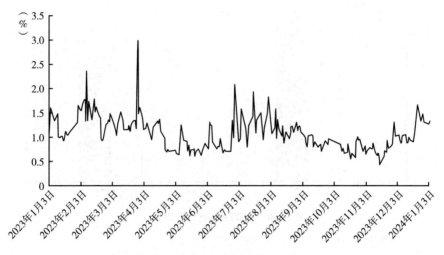

图 5-8　REITs 产品平均换手率情况

资料来源：Wind。

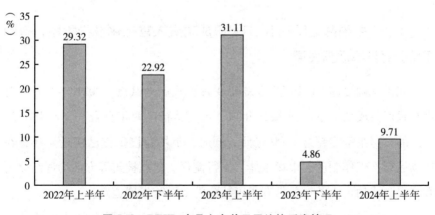

图 5-9　REITs 产品上市首日平均换手率情况

资料来源：Wind。

REITs 管理人进入常态化运营阶段后，分派水平自然得到提升。REITs
年化分派率情况如图 5-10 所示。

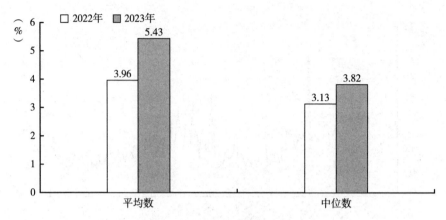

图 5-10 REITs 年化分派率情况

资料来源：Wind。

三 中国基础设施 REITs 市场特点

（一）中国基础设施 REITs 已成功进入常态化发行阶段，有利于服务经济高质量发展

我国基础设施 REITs 于 2020 年 4 月正式启动试点。2021 年 6 月，首批 9 只产品成功上市。到 2023 年末，市场运行已两年有余，合计上市 29 只产品，募集资金超过 1000 亿元，同时，市场建设工作已接近 4 年，在市场运行、工作制度、市场主体、发行流程、信息披露等方面均逐渐完备和成熟，成功走出了一条具有中国特色的 REITs 发展道路。

一是市场快速发展，目前发行已凸显常态化特征。中国基础设施 REITs 产品在 2021 年年中正式亮相市场，首年即有 11 只产品上市，合计发行规模达到 364.13 亿元；2022 年，市场进一步发展，合计上市 13 只产品，发行规模达到 419.48 亿元，产品数量和募集规模均有所提升；2023 年，由于部分存量产品的租金及出租率发生"黑天鹅"事件，以及整个 REITs 市场价格从前期非理性高点开始发生波动，仅上市 5 只产品，募集资金规模为 170.92 亿元，但扩募方面取得了突破性进展，首批上市的博时招商蛇口产业园 REIT、华安张江产业园 REIT、中金普洛斯 REIT 和红土创新盐田港 REIT 4 只扩募产品已顺利发行，合计募集资金为 50.64 亿元，也即全年 REITs 市场发行 9 只产品，合计募集资金达到 221.56 亿元，从产品数量上保持稳定，同时进一步深化了我国公募 REITs 市场作为"资产上市平台"的长期战略价值和持续畅通投融资循环的功能。2024 年第一季度，随着市场突发事件影响的消化和投资人的进一步成熟，市场发行迎来了快速的恢复，3 个月内共有 6 只产品发行上市，合计募集金额已达到 150.91 亿元，预计 2024 年新发规模将再创新高。

二是制度建设快速迭代升级，多层面扩大和呵护市场。2020 年 4 月 24 日，国家发改委和证监会联合印发《中国证监会　国家发展改革委关于推进基础设施领域不动产投资信托基金（REITs）试点相关工作的通知》，这标志着中国基础设施 REITs 正式启航。此后，直到 2021 年 6 月，首批公募基础设施 REITs 才正式登陆市场。其间，监管机构进行了大量的制度建设工作，包括申报流程、投资者管理、登记结算、尽职调查、运营维护等，为首批 REITs 的上市奠定了良好的制度基础。此后，我国监管部门在公募 REITs 项目申报、发行等各个环节持续完善制度性、机制性安排，不断提高制度化、规范化和市场化水平。在资产运营方面，以"管资产"为核心，按照实质重于形式的原则，通过出台监管工作方案加强对底层资产质量、运营管理情况的穿透监管。在会计处理方面，2024 年 2 月 8 日，证监会发布《监管规则适用指引——会计类第 4 号》，首次明确基础设施 REITs 并表计入权益，这有利于进一步提升原始权益人向基础设施 REITs 市场提供优质资产的积极性。在税务安排方面，财政部和国家税务总局于 2022 年 1 月 26 日发布《财政部　国家税务总局关于基础设施领域不动产投资信托基金（REITs）试点税收政策的公告》，明确特殊税务处理和递延税务处理的标准，为减少发行和运营成本扫除制度障碍。在资金渠道方面，推动公募基金积极投资 REITs，2023 年 7 月，数家公募基金公司修改合同，FOF 基金首次将 REITs 纳入投资范围，REITs 市场终于结束了四个半月的阴跌局面，量价齐升。在二级市场方面，通过引入做市商机制并加强对做市商的考核评价，同时建立完善市场交易监测及风险预警处置机制，以增强 REITs 二级市场交易的流动性，完善市场价格发现功能，保障二级市场平稳运行。差异化管理方面，分门别类设定准入要求，申报发行基础设施 REITs 的特许经营权、经营收益权类项目，基金存续期内部收益率（IRR）原则上不低于 5%；对于非特许经营权、经营收益权类项目，预计未来 3 年每年净现金流分派率原则上不低于 3.8%。可通过剥离低效资产、拓宽收入来源、降低运营成本、提升管理效率等多种方式，努力提高项目收益水平，达到项目发行要求。首次发行基础设施 REITs 的保障性租赁住房项目的当期目标不动产评估净值原则上不低于 8 亿元。

三是不断扩展资产范围，增强服务实体经济和新质生产力的效果。一方面，监管机构根据市场实际运作情况，不断指导扩充资产范围。2021 年 6 月 29 日，发布《国家发展改革委关于进一步做好基础设施领域不动产投资信托基金（REITs）试点工作的通知》；2022 年 5 月 24 日，发布《中国证监会办公厅 国家发展改革委办公厅关于规范做好保障性租赁住房试点发行基础设施领域不动产投资信托基金（REITs）有关工作的通知》；2023 年 3 月 7 日，中国证监会发布《关于进一步推进基础设施领域不动产投资信托基金（REITs）常态化发行相关工作的通知》。目前，资产范围已从初期的交通基础设施类、能源基础设施类、市政基础设施类、生态环保基础设施类、仓储物流基础设施类、园区基础设施类、新型基础设施类、保障性租赁住房类、水利设施自然文化遗产类 9 个大类，逐步推广至以百货商场、购物中心、农贸市场为代表的消费类基础设施领域。另一方面，积极扩大 REITs 对经济的服务范围，面向民营经济，已有国泰君安东久新经济 REIT、嘉实京东仓储基础设施 REIT 和嘉实物美消费 REIT 等多只产品上市，面向新质生产力，出现中信建投国家电投新能源 REIT、中航京能光伏 REIT 等首批新能源项目。

（二）2023年市场价格出现较大幅度下跌，长期蕴含价值回升潜力

2022年，股票及债券市场的相对低迷和 REITs 规模小便于"炒作"的特点，导致几乎所有 REITs 都在 2022 年第一季度发生了较快的价格上涨，同时带动 REITs 指数快速上涨。随着热钱炒作期的结束，2022 年 2 月中之后，REITs 价格快速下跌，2022 年末，指数已略低于年初。进入2023 年后，随着解禁增多、理财资金赎回潮出现、部分机构被动减仓、产品流动性较弱以及部分负面消息的出现，REITs 价格在第二季度发生了较大幅度的下跌，第三季度虽然在一定程度上止跌企稳，但第四季度再次发生较大幅度的下跌，2023 年，中证 REITs 指数累计下跌幅度高达28.26%，年度最大降幅高达 31.34%。

就横向市场的表现而言，2023 年，中国基础设施 REITs 市场缺乏投资价值。2023 年，代表高派息率的中证红利指数全年微涨 0.89%，相对最高；在境外市场，新加坡市场 REITs 指数小幅下跌 4.50%，为可比市场中的跌幅最小者，而中国香港恒生 REITs 指数跌幅为 23.11%，略优于中证REITs 指数。从趋势来看，受 2023 年境内 A 股市场回暖影响，2024 年第一季度，中证红利指数和中证 REITs 指数均发生小幅上涨，而中国香港恒生 REITs 指数则持续下跌，到 2024 年第一季度末，中证 REITs 指数的表现已优于中国香港恒生 REITs 指数。主要指数变化情况见图 5-11。

从单只产品来看，截至 2023 年末，已上市的 29 只产品的价格均跌破年初价格（当年上市时按发行价计算），其中跌幅最大的为建信中关村REIT，跌幅高达 48.1%，这一跌幅和 2023 年商业地产价格不断下跌以及产品对应物业在 2023 年末的空置率较高有关，跌幅最小的为中信建投国家电投新能源 REIT，这体现了新质生产力的价值稳定性；如按照发行价计算，共有 23 只产品的价格跌破发行价，跌幅最大的为华夏中国交建高速 REIT，跌幅高达 45.2%，国泰君安临港创新产业园 REIT 则取得 10.1% 的涨幅，这一结果与两只产品在 2022 年的询价区间和上市时 REITs 市场整体价格有关。

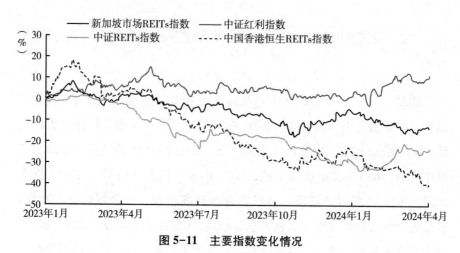

图 5-11 主要指数变化情况

资料来源：Wind。

目前，虽然 REITs 价格普遍出现了较大程度的下跌，但造成这一现象的主要原因还是中国基础设施 REITs 市场尚未成熟。一方面，因为 REITs 上市仅有不到 3 年时间，总市值不足 800 亿元，加之大量份额仍在限售期内，实际上流通盘较小，市场容易发生较为剧烈的波动。另一方面，国内 REITs 的投资人并不成熟，部分机构对于 REITs 价格的大幅波动缺乏足够的心理准备和交易安排，导致在价格下跌时仅能被动减仓，加之缺乏大宗交易渠道，从而造成恶性循环。实际上，REITs 的价值可能并未显现。以美国 REITs 市场为例，其近 20 年的总回报指数年均复合增长率达到 7.1%，仅有 5 年出现负收益。从海外超过 20 年的数据来看，REITs 长期以来持续跑赢通胀，其分红收益率也长期超过债券收益率，同时在经济下行周期通常表现出较强的防御性。对于我国的基础设施 REITs，如从以 2024 年初情况计算的现金流分派率来看，在产权类项目中，产业园类、仓储物流类项目平均分派率已超过 5.8%，特许经营权类项目平均分派率普遍超过 8%，显著高于沪深 300 股息率（3.27%），也显著高于国内 3 年期 AAA 级优质企业债收益率（目前为 2.7%~2.8%）。因此，基础设施 REITs 价值可能存在被明显低估的情况，而 2024 年以来中证 REITs 指数的回升也从侧面说明了这一情况。

（三）消费类基础设施正式进入 REITs 市场，整体表现中规中矩

为贯彻落实中共中央、国务院着力扩大国内需求、恢复和扩大消费的决策要求，证监会在 2023 年初正式将消费类基础资产纳入基础设施 REITs 的适格标的范围，重点研究支持增强消费能力、改善消费条件、创新消费场景的消费基础设施发行 REITs。优先支持百货商场、购物中心、农贸市场等城乡商业网点项目，保障基本民生的社区商业项目发行 REITs。为继续贯彻"房住不炒"的政策，要求项目发起人（原始权益人）为持有消费基础设施、开展相关业务的独立法人主体，不得从事商品住宅开发业务。严禁规避房地产调控要求，不得为商品住宅开发项目变相融资。

消费类基础设施的纳入，既可以大幅扩大原始权益人和适格资产的范围，又具有较大的需求空间。一方面，百货商场、购物中心具有巨大的存量规模，根据华经产业研究院的报告，截至 2022 年底，全国购物中心数量达 5685 个，面积达 5.03 亿平方米，未来可供选择的资产范围巨大。另一方面，消费类基础设施具备很强的社会服务属性和服务价值，但存在投入高、回报周期长、运营期间需要不断投入改造的特点。因此，对于拥有消费类基础资产的企业，特别是民营企业，REITs 可以起到有效降低自身负债、加速构建资产循环的作用；对于投资机构，通过 REITs 投资可避免单一资产的风险，还具有较好的流动性；对于具有运营能力的市场机构，可以为消费类基础设施 REITs 提供专业的服务，助力企业朝着深度运营方向转型，从而提升基础设施资产运营效率和估值水平，改善对消费者的服务水准。

2023 年，首批共有 4 只消费类基础设施 REITs 申报，其中，3 只在 2024 年第一季度成功完成发行上市，物业类型包括商业综合体、超市等，资产分布在北京、长沙和青岛等多个城市，均为核心城区的优质物业，合计募集规模为 89.23 亿元。上市以来，3 只 REITs 的市场表现相对中性，第一季度末的价格较发行价平均微跌 5.30%。根据 3 只产品在 2024 年披

露的第一季度报告，其可分配金额与按时间进度计算的预测值基本一致，同时，其底层资产均保持了极高的出租率（98%以上），其中，嘉实物美消费 REIT 的出租率从 2023 年 6 月末的 88.71%大幅提升至 98.33%。具体来看，嘉实物美消费 REIT 披露的可供分配金额为 1211.32 万元，为年度预测值（6700 万元）的 18.1%，考虑其成立于 1 月 31 日，其完成率和时间进度恰好匹配。华夏金茂商业 REIT 同样成立于 1 月 31 日，其可供分配金额为 887.27 万元，为年度预测值（5254.29 万元）的 16.9%，略低于时间进度。华夏华润商业 REIT 成立于 2 月 7 日，其可供分配金额为 5122.89 万元，为年度预测值（3.41 亿元）的 15.0%。

（四）基金管理人积极稳定价格，运营质量日益受到市场重视

2023 年，由于多种原因，REITs 市场价格下跌，各产品"无一幸免"，同时还压低了新发产品的定价，影响了拟发行产品原始权益人的积极性。为改善产品价格快速下滑的不利局面，提振市场信心，基金管理人多措并举，积极开展"救市"工作。

一是由基金公司自身或推动原始权益人（一致行动人）增持 REITs 份额。REITs 的增持最早发生在 2022 年底，其时由于产品价格不断走低，华夏中国交建高速 REIT 发布公告，中交资本控股有限公司作为原始权益人一致行动人，计划自 2022 年 12 月 6 日起 6 个月内，通过竞价交易方式增持基金份额，增持上限为 1200 万份（占已发行基金总份额的 1.20%），拟增持价格不设区间。按照当时市场价格，中交资本控股有限公司增持华夏中国交建高速 REIT 将动用近亿元资金。进入 2023 年，公募 REITs 增持频繁发生，据《中国基金报》统计，全年宣布获得增持的公募 REITs 达到 15 只，增持金额超过 23 亿元，其中，除原始权益人及关联方增持外，基金管理人自购的情况屡见不鲜，这一交易安排和股票或债券基金市场明显不同。

二是以各种方式力保经营性现金流，保障基金的底层价值不受损。最典型的项目为嘉实京东仓储基础设施 REIT，基金管理人发布公告，在保

证运营管理水平、质量不受影响的前提下，在对应年份的每个季度末，因武汉项目新签租约形成的租金收入差额由运营管理机构采取相应措施承担（5年合计约为1821.78万元），具体措施包括协商降低项目的物业服务费、维保费等物业相关费用，主动减免部分运营管理费用，每年减免金额为除物业相关费用降低以外的其他差额部分。如上述措施仍无法完全弥补差额，则由运营管理机构通过其他合理方式承担，增厚武汉项目净现金流，并承诺采取上述措施不会对物业管理、运营管理的服务水平及质量产生影响。类似的方式在嘉实物美消费REIT中再次被采用，运营管理机构承诺，如被扣减的运营管理费归入基金后仍不足以使投资者获得该年度的预期分配金额，物美商业将自愿放弃所持有的在该年度应获取的全部或部分可供分配金额，以保障其他投资者的预期分配金额得以实现。

三是以"倒贴承诺"方式表现运营能力，增强投资人的信心。根据2024年6月公开披露的华安百联消费REIT招募文件，运营管理机构管理费为基础运营管理费和绩效运营管理费之和，其中，绩效运营管理费在业绩不达标时可以为负值，也即运营管理机构存在"倒贴钱"的风险。对于这种交易模式安排，一方面，极大限度地展示了运营管理机构的信心，对于底层资产估值严重依赖现金流的REITs而言，可起到非常强的市场激励作用；另一方面，对于原始权益人及运营管理机构而言，则会更加主动审慎地评估现金流，虽然这有可能低估REITs价值，但长期而言有利于项目的稳定运营和后续融资、扩募等操作的顺利进行。

四　未来基础设施REITs发展展望

（一）加强顶层设计，优化REITs制度和架构

根据REITs成熟国家的经验，除美国作为首个推出REITs的国家采用相对渐进性策略外，其他REITs的成熟市场，包括日本、中国香港和新加坡均在启动之初从顶层的制度设计起步，形成包含组织结构、收入分配、

资产投向、负债安排、税收策略、上市要求等的完整体系，从而在整体上形成一个较为简洁和标准的结构。具体而言，不论是采用公司模式还是信托模式，均为单一金融产品框架下的 REITs 架构。

但是，中国基础设施 REITs 起源于"类 REITs"，为减少政策变动阻力、实现公募化则在其上增加了公募基金这一架构，最终以"公募基金+ABS"模式进行试点推进。虽然通过修订有关部门规章，消除了公募基金投资比例的障碍，并减少了私募基金这一层结构，但是仍存在法律界定不明确、委托代理关系复杂、升级存在多个勾稽关系需要破解等问题。

从长远发展来看，由于现有 REITs 的架构涉及参与主体过多，市场各参与主体普遍期望在积累一定市场经验后，通过制度规则的完善和调整简化产品结构。从理论上说，可能的简化路径包括三种。一是公募基金直投模式，准予公募基金直接投资不动产资产或对应非上市公司股权，从而将 ABS 从现有的架构中剔除。二是将 ABS 公募化，也即赋予券商发行公募资产支持计划的地位。三是采用"新券模式"，也即建立新的金融产品，给予 REITs 与股票、债券、公募基金等传统证券相并列的证券品种的合法地位，其可直接投资不动产或项目公司股权。

第一种方案可以理解为对现有"公募基金+ABS"模式的简化。该模式最大的优势在于简化了目前两层的冗杂结构，同时并未改变目前"公募基金管理人+项目运营管理机构"这一存续管理机制。鉴于 ABS 管理人在目前基础设施 REITs 中和 REITs 管理人为同一机构或同一实控，在监管目的和市场实践中已达到了统一的效果，因此，这一模式的转化成本最低，同时，对于现有一系列基础设施 REITs 有关规定的实质影响也最小。但是，这一模式需要公募基金直接投资不动产或项目公司股权，考虑 REITs 运营的实践需要，项目公司一般为新设立且资产极为纯粹的企业，一般不可能为上市公司，这一模式将同《中华人民共和国证券投资基金法》中公募基金只能投资股票、债券或其他证券及其衍生品种相冲突。如仅为 REITs 改变《中华人民共和国证券投资基金法》相关内容，因其涉及面较广，也存在诸多潜在问题。

　　第二种方案实质是"类REITs"的公募化，从操作层面来看，对于目前市场机构来说，可谓驾轻就熟，但难点在于立法层面存在较大幅度的变动。在这一模式下，鉴于券商专项资产管理计划已被明确为私募产品，因此首先应解决的是ABS公募化问题，这就需要调整《中国人民银行　银保监会　证监会　国家外汇管理局关于规范金融机构资产管理业务的指导意见》（以下简称"资管新规"）或通过"打补丁"的方式来解决，制度修订需要自上而下的支持，同时可能面临较长的时间和流程。具体业务规则方面，最关键的制度调整在于修订证监会发布的《证券公司及基金管理公司子公司资产证券化业务管理规定》，需要按照公募化、权益化、聚焦不动产的方式对其进行调整，将至少面临三个方面的技术问题：一是公募化后，投资人适当性管理和信息披露要求将同原有ABS主要面向机构投资人的私募运作方式完全不同；二是ABS是一种典型的固定收益型结构化产品，而REITs则完全表现出权益属性，需要对交易结构进行颠覆性调整，同时修改配套的分红要求、权益登记、结算分配等设计；三是ABS可适用的底层资产非常广泛，包括债权、收益权和不动产权益等，如基于REITs的目的进行统一修改，这可能影响其他品种底层资产的业务运作，如采用特定化模式"打补丁"，这更类似于"新券模式"。

　　综上所述，上述两种方案要么需要在不影响原有所辖业务的情景下进行大幅度的"打补丁"，要么几乎需要"另起炉灶"，制定新的业务规则，因此，时间成本和工作量可能和"新券模式"相当，但就执行效果而言，这显然劣于"新券模式"。从长远发展来看，建立中国REITs的架构体系，必须采用"以终为始"的视角，只有"新券模式"具有更大的制度自由度，亦与国际通行的REITs制度更加接轨。因此，目前亟待从根本上进行法规制度的全面建设和完善工作，以减少交易摩擦、优化交易结构为目标，明确公募REITs的单一法定载体。从目前成熟市场的经验看，业务载体包括公司和信托，建议国内以公司模式为方向进行法律建设。这是因为，一方面，从美国这一最为成熟和发达的REITs市场看，虽然其监管当局并未限制REITs的法律形式，但最终多数REITs均采用公司制，并可相对自然地采用内部化的管理模式，而从委托代理理论和实证绩效研究来说，"公司制+内部型"的模式对 REITs 的成长更为有利，也即采用公司制是更加符合 REITs 主动管理理念的选择。另一方面，从国内现有法律体系来看，REITs 的权益性、公募化、可负债、份额可灵活变动的特点更契合公司的法律实质，在大的法律框架下免受物权登记、资管新规对产品的约束。同时，公司作为 REITs 的载体，同"新券模式"不产生冲突，可以借鉴科创板以及中国存托凭证（CDR）上市制度制定的经验，一是，由中国人民银行及证监会授权交易所出台具体的上市标准并试行注册制，以立法方式设立单独的证券品种并在《中华人民共和国证券法》修订时进一步明确；二是，对于上市业绩标准做特色化安排，设立多个可选性标准，强调物业质量、经营性现金流水平和分红能力等物业运营的关键指标，改变目前经营性企业重点考量净利润的模式，避免因 REITs 主体利润不足而无法公开上市。此外，通过对现有 REITs 制度框架的合理平移，对于 REITs 的核心指标，如资产构成、收入构成、分配比例、负债比例等进行规范和限制，避免企业法人通过 REITs 进行套利的行为。在投资人方面，建议对现有相关部门规章进行完善，对投资额度和比例、资本计提、非标额度计算、风险暴露设定等一系列配套的市场监管进行安排，以市场化手段弱化房地产信托、券商资产管理计划等私募产品对房地产行业的支持，达到"开正门、堵旁门"的效果，实现房地产行业和金融行业良性互动发展。

（二）进一步增加试点资产类别，简化扩募上市流程，扩大市场规模

到 2023 年末，REITs 市场合计融资规模超过 1000 亿元，虽然自 2021 年以来保持较快增长势头，但相对股票、债券等市场，其规模仍具有较大的差距。市场规模不足，加之前期存在大量非流通份额，容易造成市场较大幅度的波动。因此，后续应积极利用目前市场回暖契机，完善政策制度，不断扩大市场规模，从而提升市场的稳定性。

一方面，可利用消费类资产入市的有效经验，进一步增加试点资产类别，探索将处于核心位置并具有稳定现金流的办公物业和住宅类资产纳入其中。市场建立伊始，国家发改委限定 REITs 可发行的资产类别包括仓储物流类、园区基础设施类、新型基础设施类、保障性租赁住房类、能源基础设施类、市政基础设施类、生态环保类、交通基础设施类等 11 大类资产，以及探索水利、旅游基础设施资产，后续又增加了消费类基础设施资产，但始终禁止商业地产项目发行。实践中，一是，在一、二线城市，其核心城区有大量写字楼占据优质地段且租金稳定，而目前住宅类资产仅限定于保障性住房，拒绝了部分商业运营的租赁型住房，这一制度安排排除了大量优质物业的上市。二是，从境外 REITs 市场的成功经验来看，办公和住房类物业是 REITs 市场的重要构成主体，在美国 REITs 市场中，其占据了 19% 的市场份额（见图 5-12），缺乏此类资产会造成重要物业类型缺失。

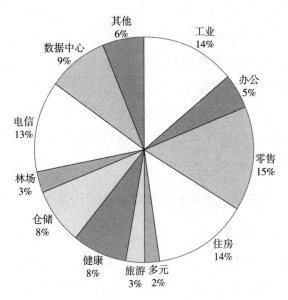

图 5-12 美国 REITs 市场主要物业类型分布

资料来源：NAREIT。

另一方面，应充分利用前期扩募的成功经验，在政策上对扩募加大支持力度，这既有利于利用现有优质 REITs 产品，引入更多资产上市，又可以扩大现有产品管理规模，提高基金管理人和运营管理机构的管理能力，带动市场形成一批具有"轻资本"运作能力的标杆企业。从美国市场的成熟经验看，由于具有规模效应和先发优势，更多优质资产选择通过扩募上市而非 IPO，典型如 2023 年全市场未发生任何新上市产品融资，但有 80 只产品进行了再融资，合计融资规模达到 421 亿美元。但是，目前，我国 REITs 在扩募方面的政策支持力度仍显不足。一是扩募范围受限，拟购入的基础设施项目原则上与基础设施基金当前持有的基础设施项目为同一类型，这一制度安排建议主要根据相近原则进行完善。二是扩募资产规模受限，根据《国家发展改革委关于进一步做好基础设施领域不动产投资信托基金（REITs）试点工作的通知》（发改投资〔2021〕958 号）的规定，对于首次发行基础设施 REITs 的项目，当期目标不动产评估净值原则上不低于 10 亿元，同时扩募能力不低于 2 倍水平，监管机构提出常态化发行后将保障房项目的规模降至 8 亿元，这一安排的初衷虽然是引导具有扩募能力的机构发行，但在目前优质资产并不丰富的情况下，这有可能排除部分项目，建议后续从"重量更重质"的角度完善筛选标准。三是扩募流程仍有待加快，首批扩募项目均于 2022 年 9 月启动，但直到 2023 年 6 月才纷纷完成上市，时间周期和首发相比并无明显优势。

（三）多措并举，提高原始权益人的发行意愿

REITs 的本质仍是资产证券化产品，优质资产的不断供给是 REITs 市场可持续发展的核心保证。必须深入了解原始权益人的需求，改善现有业务短板，提高原始权益人的积极性，才能实现 REITs 市场的长期繁荣。

一是优化审核机制，提高发行效率。在目前的审核机制下，参与审核的主体较多，包括国家发改委、证监会、交易所，多头管理必然导致流程加长甚至发生反复等情况。同时，在现有流程下，审核人员考量的维度繁

杂，包括标杆性、合规性、经营经济性、材料真实性，任务繁重拉长了发行的流程。同时，部分审核标准细化程度不足、标准化程度不足，甚至存在"一事一议"的现象，会导致发行不确定性高，抑制部分拥有优质资产的原始权益人的发行动力。例如，嘉实京东仓储基础设施 REIT 三个项目公司的主要租户均为原始权益人的关联方，无法符合现金流来源合理分散的条件。再者，还存在过度关注全部合规性，而忽视了资产发生和现状的合理性的情况，从而在一些不构成关键问题的瑕疵修正方面花费大量时间、精力，如对于缺失部分合规手续的资产要求补办全套合规手续，对于存在历史遗留问题的资产需要由现行政府各相关部门出具批复等。目前，我国企业上市已经全面实行注册制，监管重点从发行人资质和财务状况等转向信息披露真实性，优化了市场发行成本，提高了发行效率。第一，适当合并审核层级，压缩目前由政府机构负责审核的环节，国家发改委重点对当地符合条件的行业企业进行遴选、建库，证监会则加强市场监管并针对造假等破坏市场行为进行严厉打击，至于上市审核的工作可完全交由交易所负责。第二，通过清晰明确各项标准降低发行不确定性，要尽快明确目前审核标准中标准化程度不足或主观成分较高的部分，不应因主体特殊或存在较大影响力而进行特殊操作，坚决避免"一事一议"和"带病发行"。第三，建立一定的合规容忍度，给予市场一定自由度，针对不构成关键要素的历史遗留问题，适当简化申报要求，特别是针对不影响物权变动、持续经营、现金流权益等重要因素的合规性微瑕，避免过度追求程序完美，适度放松政府出函要求，对于确属于瑕疵、不影响物权变动和持牌经营的情况，转为允许原始权益人适度"兜底"，减少对行政资源的依赖，避免造成民企或外企不公平竞争，同时，严格压实信息披露责任，引导投资人正确判断、合理估值，避免优质资产被误伤。

二是适度减少对原始权益人的限制，促进形成"投—建—管—退—投"的循环体系。一方面，基础设施存在建设周期长、资金消耗大的特点，为加快建设过程，客观上存在引入财务投资人的需要，为便于其退出并再次投资，建议减少对募集资金使用的限制。具体包括，将净回收资金中增加的 10% 部分用于支持小股东退出或补充原始权益人的流动资金，考虑针对小股东退出可单独设置使用比例；平衡在建项目、前期工作成熟的新项目（含新建项目、改扩建项目）的资金使用比例不低于 60%，盘活存量资产项目的部分的比例不超过 30%。另一方面，对于前期占控股地位的原始权益人，应适度考虑其份额退出、转型运营和轻资本发展的需求，避免强制长时间无法减持从而堵塞融资渠道。目前，要求原始权益人持有不低于 20% 的份额，限售时间长达 5 年，高于企业上市控股股东及关联方锁定期 3 年的要求，风险和收益明显不匹配。

三是丰富 REITs 层面融资安排，提高项目公司资本运作的能力。目前，中国内地基础设施 REITs 市场杠杆比例限制为 28.6%，和境外市场比较，美国和日本市场无杠杆限制，新加坡为 50%，中国香港则为 45%，均大幅高于中国内地的要求。实践中，由于缺乏 CMBS 等债务融资工具，我国已发行的基础设施公募 REITs 的实际杠杆使用水平不超过 15%，资本结构方面存在严重短板。

（四）完善定价机制，加强信息披露管理，合理保护投资人权益

2023 年，基础设施 REITs 市场发生了较大程度的波动，一方面，市场的不确定性影响原始权益人的融资预期，导致一级市场发行规模缩小；另一方面，市场的波动下行叠加部分"黑天鹅"事件持续影响二级市场的投资人信心，负反馈造成全年市场成交不足、整体下跌。为避免这一情况再次发生，建议完善现有制度，从根源上改善现有一、二级市场的定价机制，从而合理保护投资人，促进市场良性发展。

一级市场方面，建议改变目前过度依赖资产估值和网下询价对象的定价机制，建立不同的评估机制，提高其他投资人的定价权。目前，基础设施 REITs 一级市场的定价主要锚定基于收益法得到的资产估值，而后再根据网下询价及认购的有效机构投资人报价确定最终发行价格，在此过程中，战略配售的机构投资人和网上自然人均只能被动接受定价。一是，这一模式受现金流波动影响过大，当使用率、出租率、单价等参数变动时，

资产定价会大起大落。二是，由于 REITs 发行金额相对较小，加之多数情况参与定价的份额较为有限，在市场行情火爆时，如 2022 年动辄发生上百倍认购，推高了 REITs 一级市场价格，而 2023 年随着市场的波动下行，发生数单以询价区间下限上市的 REITs，甚至有产品因定价问题一度出现战略投资人不足的情况而影响发行效率。三是，战略投资人往往是具有不动产投资经验的专业化机构，投资经验较为丰富，将其排除在定价对象之外容易造成一级定价偏离，从而造成二级定价波动。

二级市场方面，建议从加强信息披露入手，完善公募 REITs 信息披露机制，为投资人提供更及时准确的定价依据，从而减少市场的剧烈波动。2023 年公募 REITs 市场的大幅波动，即受到 2022 年公募 REITs 市场涨幅过大和 2023 年初以来宏观经济不及预期等基本面因素影响，但投资人对 REITs 这一产品前期认识不足也是重要原因之一。首先，监管部门应尽快完善有关制度，比如，尽快针对 REITs 出台专项法律，明确 REITs 信息披露的关键要求和发行人的披露义务，并由监管部门或交易所出台信息披露方面的专项指引。其次，引导基金管理机构积极向投资人进行常态化业绩说明，目前，交易所已明确发文支持基金管理人、原始权益人、运营管理机构等联合举行 REITs 业绩说明会，也有部分基金管理机构通过投资者开放日等活动对相关情况进行宣传，加大了信息披露的力度，未来可在现有工作基础上建立更加明确的机制。最后，对于信息披露不及时、不充分和不显著的情况，要建立惩戒机制。2023 年末及 2024 年初，多个基金管理人发布公告，对 REITs 进行临时停牌，其中既有为避免重大事件未落地而影响市场的情况，也有因前期信息披露不到位而造成的问题。如嘉实京东仓储基础设施 REIT 虽然对关联方占据武汉公司极大比例租约的情况进行了风险提示，但对于租约在 2023 年到期，且前期租金明显高于市场价格从而有可能发生降价续租的风险未进行明显提示，这一信息的披露不到位间接造成后续市场表现剧烈波动。此类情况如在发行或前期存续阶段进行及时披露，则可在一定程度上缓释风险。

第六章
住房租赁市场与住房租赁金融

崔玉　蔡真　刘冲*

- 在住房租赁市场方面，从需求端来看，2023年，我国城镇住房租赁需求人口规模接近2亿人；城镇住房租赁市场规模为1.69万亿~2.53万亿元；流动人口的住房租赁需求仍是租赁市场需求的主要部分；青年群体存在长期租赁住房需求，且对租赁住房品质的要求逐年提升。从供给端来看，2023年，主要城市的租金价格水平略有下降，但因为租金价格水平下降幅度略小于房价下降幅度，租金收益率反而略有上升。在政策支持下，保障性租赁住房的供给大幅增加，2023年，全国保障性租赁住房开工建设和筹集数量为213万套（间），预计可以解决超过600万名新市民、青年人的住房困难问题；住房租赁经营企业逐步放缓规模扩张的步伐，将经营重点放在提高运营效率、管控经营成本、提升服务质量和寻求盈利等方面，逐渐步入稳健经营阶段。

- 个人住房租赁金融方面，2022年，全国住房公积金租赁住房提取额为1521.37亿元，同比增长20.87%，支持1537.87万人的住房租赁消费；地方政府向部分符合条件的中低收入住房困难家庭、新就业高校毕业生和外来务工人员提供住房货币化补贴，提高其租金支付能力。住房租赁企业融资方面，2023年，受益于

---

* 崔玉，国家金融与发展实验室房地产金融研究中心研究员。蔡真，中国社会科学院金融研究所副研究员，国家金融与发展实验室房地产金融研究中心主任、高级研究员。刘冲，中国社会科学院大学应用经济学院硕士研究生。

住房租赁信贷的大幅增加，住房租赁企业的整体融资规模有所增加。从住房租赁贷款来看，2023 年末，中国建设银行公司类住房租赁贷款余额为 3254.48 亿元，较 2022 年末的 2421.92 亿元，增加了 832.56 亿元，同比增幅为 34.38%；支持住房租赁企业超 1600 家，可提供租赁房源超 100 万套（间），其中惠及的保障性租赁住房项目超 700 个。从股权融资来看，截至 2023 年末，建信住房租赁基金累计签约收购项目为 25 个，资产规模为 118.89 亿元，基金出资为 66.31 亿元，项目位于北京、上海、成都、杭州等地，可向市场提供长租公寓约 2.14 万套（间）。从债券融资来看，2023 年，住房租赁专项债的发行数量仅为 2 只，发行规模为 20.1 亿元，较 2022 年的 31.5 亿元下降了 36.2%，加权平均票面利率为 3.72%。从资产证券化融资来看，2023 年，国内 REITs 市场最大规模的保障性租赁住房 REIT——城投宽庭保租房 REIT 获准发行，发行规模为 30.5 亿元。另外，在符合条件下，住房租赁企业还能获得部分财政补贴，其中，中央财政用于租赁住房保障补助资金的规模为 247 亿元。

- 住房租赁政策方面，2023 年，住房租赁市场的政策主要集中于加大对住房租赁市场的金融支持力度和规范住房租赁市场秩序两个方面。为应对住房租赁市场的金融支持总量不足问题，相关部门通过设立租赁住房贷款支持计划、启动不动产私募投资基金试点、建立健全住房租赁金融支持体系等方式，加大对住房租赁金融的支持力度，进而增加住房租赁市场的供给，提高住房租赁市场的机构化水平。为规范住房租赁市场秩序，解决租客的租赁权益得不到有效保障的问题，2022 年以来，北京、上海、南京、常州正式出台了《住房租赁条例》、《房屋租赁管理办法》或《住房租赁备案管理办法》等地方住房租赁领域的行政法规，规范住房租赁市场活动，保护租赁当事人的合法权益，稳定住房租赁关系，促进住房租赁市场健康发展。

- 展望 2024 年，住房租赁市场方面，从需求端来看，随着城镇化的持续推进，城镇人口的持续增加，我国住房租赁人口规模将进一步增加；随着城镇人均可支配收入的增长，我国住房租赁市场的规模仍将继续增长。从供给端来看，预计租金价格水平会略有下调，但降幅会低于房价降幅，租金收益率继续小幅上升。头部住房租赁企业的运营管理规模、经营效率预计有所提升；保障性租赁住房市场的开工建设和筹集规模会略有下降，但仍会保持较高的供给水平。住房租赁企业融资方面，预计随着住房租赁金融支持政策的实施，金融系统对住房租赁金融支持的力度会大幅上升，行业的融资规模将大幅增加。其中，住房租赁信贷政策重点支持的对象是保障性租赁住房项目、自持型市场化租赁住房项目。股权融资方面，住房租赁私募股权投融资规模将进一步增加；受房地产债券违约形势影响，住房租赁专项债的发行规模可能有所下降。资产证券化方面，REITs 将进一步扩容。政策方面，加大住房租赁市场金融支持力度，扩大保障性住房供给，规范住房租赁市场秩序，发展住房租赁市场，仍将是住房租赁行业的政策重点内容。

安居方能乐业，住房问题事关民生福祉。购买和租赁是满足城镇居民住房需求的两种主要方式。自 1998 年进一步深化城镇住房制度改革以来，我国的住房制度、住房政策和住房金融更侧重于支持商品住房的建设并鼓励购买住房，存在较为严重的"重售轻租"的倾向。这种政策取向在一定程度上促进了住房市场的快速发展，推动我国居民住房条件改善。从城镇居民人均住房面积来看，我国城镇居民人均住房面积从 1998 年的 18.7 平方米提高至 2020 年第七次全国人口普查时的 38.6 平方米。但是住房市场长期"重售轻租"的弊端逐渐凸显，并主要表现在以下两个方面。一是城市的房价快速上涨，高房价导致房价收入比越来越高；对于普通城镇居民家庭来说，购买住房的负担较重，甚至难以负担。二是住房租赁市场的发展严重滞后，市场供给主体发育不充分、市场秩序不规范、法规制度不完善等问题较为突出，成为住房市场明显的短板；大城市中进城务工人员、新就业大中专毕业生等青年人、新落户城市居民等群体的住房需求难以得到有效满足。鉴于上述问题，2015年12月的中央经济工作会议首次提出建立购租并举的住房制度；2016年5月17日，国务院办公厅发布《国务院办公厅关于加快培育和发展住房租赁市场的若干意见》（国办发〔2016〕39号），提出"加快培育和发展住房租赁市场"；2021年6月24日，国务院办公厅发布《国务院办公厅关于加快发展保障性租赁住房的意见》（国办发〔2021〕22号），提出"加快发展保障性租赁住房，促进解决好大城市住房突出问题"；2022年10月，党的二十大报告进一步明确提出"加快建立多主体供给、多渠道保障、租购并举的住房制度"。在政策的持续推动下，我国住房租赁市场进入了快速发展阶段。

一 住房租赁市场形势分析

（一）住房租赁市场需求端情况

1. 我国城镇住房租赁需求人口规模接近2亿人

城镇化指人类生产和生活方式由乡村型向城市型转化的历史过程，表现为乡村人口向城市人口转化以及城市不断发展和完善的过程。从城镇化率来看，2023年末，我国常住人口城镇化率达到66.16%，较2022年末进一步提高了0.94个百分点，常住人口城镇化率仍在持续提高（见图6-1）。随着我国城镇化进程的持续推进，城镇人口规模逐年增加，住房租赁的需求持续增长。

从第七次全国人口普查的长表数据来看，我国住房租赁人群主要集中在城镇。在城市、镇、乡村家庭住房来源中，租赁住房占比分别为25.57%、12.59%、3.32%，市场化租赁住房（不包括廉租房、公租房）占比分别为21.83%、9.73%、2.85%。基于上述占比数据及同期城市、镇、乡村的人口情况，可以计算出我国城镇家庭住房来源中租赁住房的比例，约为20.89%，市场化租赁住房比例为17.46%。^① 2023年末，我国城镇常住人口为9.33亿人，按照上述比例可以估算出我国城镇住房租赁人口规模约为1.95亿人，已接近2亿人；市场化租赁人口规模约为1.63亿人。安居方能乐业，住房租赁市场的发展事关近2亿城镇人口的住房问题。因此，构建租购并举的住房制度，发展住房租赁市场，具有重大的现实意义。

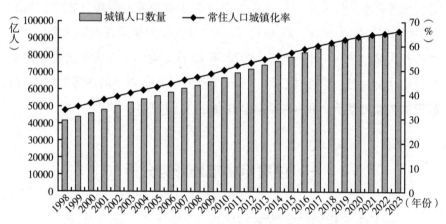

图6-1　1998~2023年中国城镇人口数量及常住人口城镇化率

资料来源：国家统计局、Wind。

2. 城镇住房租赁市场规模为1.69万亿~2.53万亿元

2023年末，我国城镇常住人口为9.33亿人，较2022年末增加了1196万人，其中，需要通过市场化租赁解决住房问题的人口规模约为1.63亿人。2023年，我国城镇居民人均可支配收入达到51821元，较2022年增长5.1%。以租金占城镇人均可支配收入的20%~30%来估算，我国城镇住房租赁市场规模为1.69万亿~2.53万亿元（见表6-1）。参照

---

① 城镇人口租赁住房比例=（城市人口数量×租赁住房比例+镇人口数量×租赁住房比例）÷城镇人口数量；城镇人口市场化租赁住房比例=（城市人口数量×市场化租赁住房比例+镇人口数量×市场化租赁住房比例）÷城镇人口数量。

美、英、德、日等发达国家住房租赁人口占总人口30%~40%的国际经验，随着我国城镇化率、住房租赁人口比例、城镇人均可支配收入水平的提升，未来，我国住房租赁市场规模仍有较大的增长空间。

表6-1 2023年住房租赁市场规模估算结果

指标		数据
2023年城镇人口数量（亿人）		9.33
市场化租赁住房比例（不包括租住公租房、廉租房）（%）		17.46
2023年城镇市场化租赁住房人口数量（亿人）		1.63
2023年城镇居民人均可支配收入（元）		51821
2023年城镇住房租赁市场规模估算（万亿元）	以租金占城镇居民人均可支配收入20%估算	1.69
	以租金占城镇居民人均可支配收入30%估算	2.53

资料来源：国家统计局。

3. 住房租赁市场需求端特征分析

第一，流动人口的住房租赁需求是住房租赁市场需求的主要来源。随着我国城镇化进程的持续推进，由于务工、经商、求学、投靠亲友等原因，我国流动人口[①]、人户分离人口[②]规模快速增长。截至2021年末，我国流动人口规模为3.85亿人，占城镇人口的42.07%，占全国人口的27.23%；市辖区内人户分离人口数量为1.20亿人（见图6-2）。由于城市房价高企，就业稳定性相对较差，公租房、廉租房难以覆盖非户籍人口等原因，市场化租赁是流动人口群体解决住房问题最主要的方式。庞大的流动人口规模意味着流动人口的住房租赁需求是我国租赁市场需求的主要来源。

第二，高校毕业生是住房租赁市场重要新增需求群体。近年来，我国

---

① 流动人口指离开了户籍所在地在其他地方居住的人口，统计口径为人户分离人口（不包括市辖区内人户分离人口）。

② 人户分离人口指居住地与户口登记地所在的乡镇（街道）不一致且离开户口登记地半年以上的人口；其中，市辖区内人户分离人口是指一个直辖市或地级市所辖区内和区与区之间，居住地和户口登记地不在同一乡镇（街道）的人口。

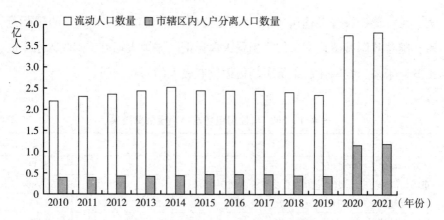

图6-2　2010~2021年中国流动人口数量和市辖区内人户分离人口数量

资料来源：国家统计局。

高校毕业生数量持续上升，根据《中华人民共和国2023年国民经济和社会发展统计公报》中的数据，2023年，我国普通高校毕业生规模达到1148.5万人，规模创历史新高，其中，普通、职业本专科毕业生数量为1047.0万人，研究生毕业生数量为101.5万人（见图6-3）。根据58同城、安居客发布的《2023年毕业生租住报告》，受调查大中专毕业生中的

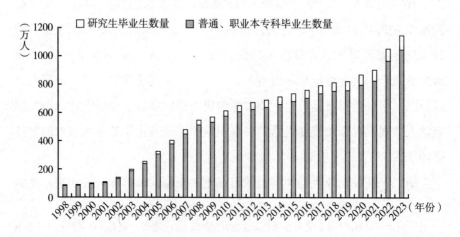

图6-3　1998~2023年中国普通高校毕业生数量

资料来源：国家统计局、教育部。

19.6%已经租房，33.3%正准备租房，32.1%不考虑租房，14.9%不确定是否要租房，即至少超过50%的高校毕业生需要通过租赁住房解决住房问题。一批批新步入社会的高校毕业生，尤其是新就业高校毕业生，不断为住房租赁市场增添新的市场需求。

第三，青年群体存在长期租赁住房需求。从第七次全国人口普查数据来看，我国人口平均初婚年龄从2010年的24.89岁推迟至2020年的28.67岁；独居家庭户（一人户）占比从2010年的14.5%上升至2020年的25.4%；家庭户平均人口规模从2010年的3.10人下降至2020年的2.62人（见图6-4）。初婚年龄的不断推迟，独居人群规模的大幅上升，家庭规模的小型化，叠加2022年以来房价的持续下行，购房投资的增值保值功能消失，我国青年群体中存在大规模的长期租赁住房需求。新华网与自如研究院联合发布的《2023中国城市长租市场发展蓝皮书——城市业主房屋"新出租"》表明，城市青年的居住观念正在发生变化，"长租"成为常态，75%的租客的租房时间超过3年，12%的租客的租房时间已经超过10年；在租房意愿上，51%的租客可以接受租房5年以上，18%的租客愿意租房10年以上，且58%的租客表示愿意通过租房结婚

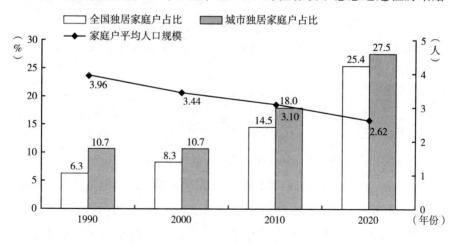

图6-4　1990~2020年我国家庭人口情况

资料来源：国家统计局。

"成家"。因此，为更好地解决城市青年群体的住房问题，需要大力发展长租房市场来匹配青年群体的长期住房租赁需求。

第四，住房租赁需求群体对租赁住房品质的要求逐年提升。根据新华网与自如研究院联合发布的《2023 中国城市长租市场发展蓝皮书——城市业主房屋"新出租"》，2020 年以来，住房租赁需求群体对"房屋质量、家具家电等房屋品质"的要求逐年提升（见图6-5），受调查用户租房时将住房品质作为主要考虑因素的占比从 2020 年的 50%左右提升至 2023 年的 85%左右；对房屋品质、租期服务方面的关注程度大幅提升。

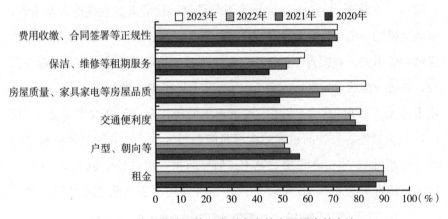

图6-5　城市居住群体租房时考虑的主要因素的占比

资料来源：新华网与自如研究院联合发布的《2023 中国城市长租市场发展蓝皮书——城市业主房屋"新出租"》。

（二）住房租赁市场供给端情况

1.住房租金价格水平同比小幅下降

从贝壳研究院统计的 50 城住房租金指数来看，2023 年，4 个一线城市的平均住房租金水平同比下降了 2.4%；28 个二线城市的平均住房租金水平同比下降了 1.7%；18 个三线城市的平均住房租金水平同比下降了 1.6%。50 城住房租金指数（月度，定基 2018 年 11 月＝100）见图6-6。总体来看，2023 年，住房租金价格水平呈现先升后降的趋势；2023 年末，住房租金价格水平较 2022 年末同比小幅下降。其中，2023 年前三季度，住房租赁市场呈现全面复苏的迹象，一、二、三线城市的住房租金水平普遍有所上涨，且一线城市的住房租金价格水平上涨幅度略高一些；但是进入租赁市场传统淡季的第四季度，受需求减弱和保障性租赁住房等政策性租赁住房供给规模上升的共同影响，一、二、三线城市的住房租金价格水平均出现较大幅度的下调。

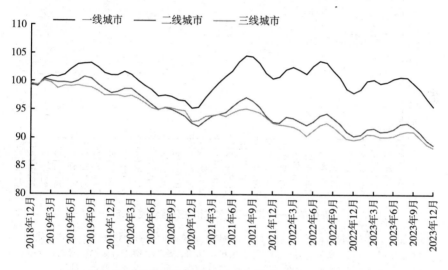

图 6-6　50 城住房租金指数（月度，定基 2018 年 11 月＝100）

注：一线城市指北京、上海、广州、深圳 4 个城市；二线城市指成都、大连、福州、贵阳、哈尔滨、杭州、合肥、呼和浩特、济南、昆明、兰州、南昌、南京、宁波、青岛、厦门、沈阳、石家庄、苏州、太原、天津、武汉、西安、银川、长春、长沙、郑州、重庆共 28 个城市；三线城市指常州、东莞、佛山、惠州、嘉兴、廊坊、洛阳、绵阳、南通、泉州、绍兴、温州、无锡、芜湖、徐州、烟台、中山、珠海共 18 个城市。

资料来源：贝壳研究院。

2. 租金收益率略有上升

从我国一线、部分二线和三线城市的住房租金收益率来看，2023 年，4 个一线城市的平均住房租金收益率约为 1.76%，较 2022 年提高 0.06 个百分点；17 个二线热点城市的平均住房租金收益率约为 2.00%，较 2022 年提高 0.02 个百分点；9 个三线城市的平均住房租金收益率约为 2.42%，较 2022 年提高 0.04 个百分点。一、二、三线城市住房租金收益率见图 6-7。总体来看，因为租金价格水平下降幅度略小于房价下降幅度，样本城市的平均住房租金收益率略有上升，但是样本城市的平均住房租金收益率仍为 2% 左右，远低于日本、美国等国家 5% 左右的平均住房租金收益率。

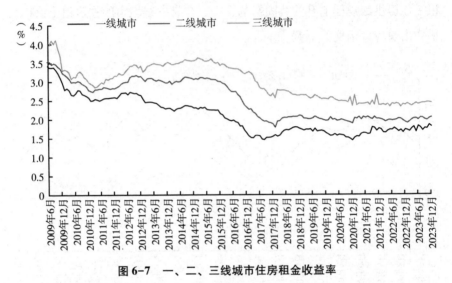

图 6-7 一、二、三线城市住房租金收益率

注：一线城市包括北京、上海、广州、深圳，二线城市包括杭州、南京、苏州、武汉、成都、厦门、福州、西安、合肥、天津、重庆、郑州、长沙、南宁、南昌、青岛、宁波，三线城市包括昆明、太原、兰州、乌鲁木齐、呼和浩特、湖州、泉州、常德、蚌埠。
资料来源：国家金融与发展实验室监测数据。

3. 保障性租赁住房成为政策支持的重点

保障性租赁住房是指面向符合条件的新市民、青年人等住房困难群体，由政府给予土地、财政、金融、行政审批等方面政策支持，充分发挥市场机制作用，引导多主体投资、多渠道供给，坚持小户型（以建筑面积不超过 70 平方米的小户型为主）、低租金（租金低于同地段同品质市场租赁住房租金），注重职住平衡的租赁住房。

为解决大城市中新市民、青年人等群体的住房困难问题，2020 年 10 月 29 日，党的十九届五中全会通过的《中共中央关于制定国民经济和社会发展第十四个五年规划和二〇三五年远景目标的建议》特别提出要

"有效增加保障性住房供给，完善土地出让收入分配机制，探索支持利用集体建设用地按照规划建设租赁住房，完善长租房政策，扩大保障性租赁住房供给"，保障性租赁住房的概念首次被提出。2021 年 6 月 24 日，《国务院办公厅关于加快发展保障性租赁住房的意见》（国办发〔2021〕22号）发布，提出加快发展保障性租赁住房，增加保障性租赁住房供给，缓解住房租赁市场的结构性供给不足。2022 年 2 月 16 日，银保监会和住建部发布《中国银保监会　住房和城乡建设部关于银行保险机构支持保障性租赁住房发展的指导意见》（银保监规〔2022〕5 号），要求加强对保障性租赁住房建设运营的金融支持，发挥各类机构优势，提供有针对性的金融产品和服务，切实增加保障性租赁住房供给。保障性租赁住房市场的发展，成为政策支持的重点。

从住建部、国家统计局公布的保障性租赁住房数据来看，2021 年，在人口流入较多的 40 个重点城市，共开工建设和筹集了保障性租赁住房 94 万套（间），略高于年初计划的 93.6 万套（间）（见图 6-8）；预计可以解决近 300 万名新市民、青年人的住房困难问题，初步形成了多主体发展保障性租赁住房的良好态势。2022 年，全国保障性租赁住房开工建设和筹集数量为 265 万套（间），较年初计划的 240 万套（间）增长了

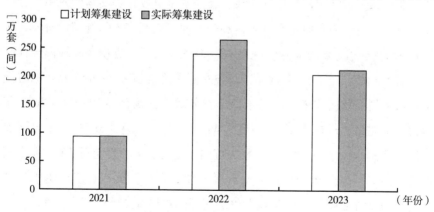

图 6-8　2021~2023 年全国保障性租赁住房筹集建设数量

资料来源：笔者根据国家统计局、住建部等政府官方网站公开资料整理得到。

10.4%；预计可以解决超过 700 万名新市民、青年人的住房困难问题。2023 年，全国保障性租赁住房开工建设和筹集数量为 213 万套（间），较 2022 年减少了 19.6%，但是较年初计划的 204 万套（间）增长了 4.4%；预计可以解决超过 600 万名新市民、青年人的住房困难问题。受益于政府部门的政策支持，通过采取新建、改建、改造和将闲置住房用作保障性租赁住房等多种方式，大幅增加保障性租赁住房的供给。总体来看，2021～2023 年，在政策的支持下，全国共开工建设和筹集超过 570 万套（间）保障性租赁住房，其成为住房租赁市场重要的供给来源；预计可以帮助超过 1600 万名新市民、青年人改善居住条件、解决住房困难问题。

4. 住房租赁企业步入稳健经营阶段

构建租购并举的住房制度的核心任务是补好住房租赁市场欠发达的"短板"。近年来，住房租赁需求群体对租赁住房的品质要求逐年递增，且长租需求意愿较强。然而，我国住房租赁市场的供给，以个人出租老旧存量房源为主，存在装修老旧、家具家电配备缺失、租赁关系不稳定等问题，难以很好地匹配这种需求。这就需要发展由规模化、专业化住房租赁企业经营的长租房市场，以更好地匹配这种市场需求。

在经历 2019～2021 年行业企业持续"爆雷"事件之后，住房租赁经营企业均逐步放缓规模扩张的步伐，将经营重点放在提高运营效率、管控经营成本、提升服务质量和寻求盈利等方面，逐渐步入稳健经营阶段。从 4 家头部住房租赁经营企业情况来看，2023 年共运营管理房源规模合计约 162 万套（间），较上一年增长 2.5% 左右，且房源主要布局于大中型城市。从不同经营模式来看，对于以经营分散式公寓为主的相寓，2023 年运营管理的房源规模为 26.8 万套（间）（见表 6-2），较 2021 年仅增加 1.5 万套（间），房源布局于北京、杭州、上海、苏州等全国 15 个大中型城市；出租率达到 96.5%，平均出房天数仅为 9.5 天。对于以集中式公寓为主的万科泊寓，2023 年运营管理房源的规模为 23.33 万套（间），较 2021 年增加了 2.46 万套（间），房源布局于北京、上海、广州、深圳、福州、成都、武汉、合肥等 31 个城市，其成为全国最大的集中式公寓提

供商；出租率为 95.76%，且在成本法下实现整体盈利。其中，万科泊寓
在北京、天津、深圳、厦门等 23 个城市的 147 个项目被纳入保障性租赁
住房项目，涉及房源 10.15 万套（间）。

表 6-2　2021~2023 年部分头部住房租赁企业运营管理房源规模

品牌	2021 年运营管理房源规模	2022 年运营管理房源规模	2023 年运营管理房源规模	房源布局城市	经营模式
自如	超过 100 万套(间)	超过 100 万套(间)	100 万套(间)	北京、上海、广州、深圳、杭州等 10 个城市	以分散式公寓为主
相寓	25.3 万套(间)	25.9 万套(间)	26.8 万套(间)	北京、上海、深圳、杭州、苏州等 15 个城市	以分散式公寓为主
万科泊寓	20.87 万套(间)	21.51 万套(间)	23.33 万套(间)	北京、上海、广州、深圳、福州、成都、武汉、合肥等 31 个城市	以集中式公寓为主
龙湖冠寓	10.6 万套(间)	超过 11 万套(间)	12.3 万套(间)	北京、上海、深圳、杭州、成都、南京、重庆等 30 多个城市	以集中式公寓为主

资料来源：上市公司财报、住房租赁企业官网。

二　住房租赁金融形势分析

（一）个人住房租赁消费的金融支持情况

1. 住房公积金租赁住房提取

为保障住房公积金缴存职工合法权益，改进住房公积金提取机制，提
高制度的有效性和公平性，促进住房租赁市场发展，2015 年 1 月 20 日，
住建部、财政部、央行联合发布了《住房和城乡建设部　财政部　中国人民
银行关于放宽提取住房公积金支付房租条件的通知》（建金〔2015〕19
号），放宽了住房公积金提取范围，允许职工连续足额缴存住房公积金满
3 个月后，本人及配偶在缴存城市无自有住房且租赁住房的，可提取夫妻

双方住房公积金以支付房租。其中，对租住公共租赁住房者，可按照实际房租支出全额提取；对租住商品住房者，由各地住房公积金管理委员会根据当地市场租金水平和租住面积，确定租房提取额度。

在此之后，各地住房公积金管理中心均应积极落实通知要求，加大住房公积金租房提取支持力度，提高住房公积金租房提取额度，增加租房提取频次，优化住房公积金租房提取要件，从而支持个人住房租赁消费需求。以北京目前实施的住房公积金租赁住房提取政策为例，已连续足额缴存住房公积金 3 个月（含）以上，申请人及配偶在北京市行政区域内无自有住房且租赁住房的，租住公共租赁住房或保障性租赁住房，可按照实际月租金提取；租住商品住房，提供租房发票，并办理房屋租赁合同备案的，可按实际月租金提取；未提供租房发票的，每人每月提取金额不超过 2000 元。

从《全国住房公积金 2022 年年度报告》公布的数据来看，2022 年，全国住房公积金租赁住房提取额为 1521.37 亿元（见图 6-9），同比增长 20.87%，支持了 1537.87 万人的住房租赁消费。与 2014 年相比，提取额增加了 1440.24 亿元，增长了 17.75 倍。

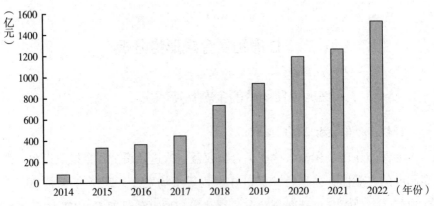

图 6-9　2014～2022 年全国住房公积金租赁住房提取额

注：全国住房公积金数据目前仅公布至 2022 年。

资料来源：历年《全国住房公积金年度报告》、Wind。

2. 租赁住房货币化补贴

2016 年 5 月 17 日，国务院办公厅发布《国务院办公厅关于加快培育和发展住房租赁市场的若干意见》（国办发〔2016〕39 号），明确提出推进公租房补贴货币化，转变公租房保障方式，实物保障与租赁补贴并举。支持公租房保障对象通过市场租房，由地方政府合理确定租赁补贴标准，给予租赁补贴。对个人住房租赁进行货币化补贴，可以提高其租金支付能力，鼓励其选择更加适宜的租赁住房。

为落实中央要求，各地均开始试点货币化补贴，建立面向城市中低收入住房困难家庭、新就业高校毕业生和外来务工人员的公租房实物保障与货币补贴并举的保障模式。以杭州市为例，2023 年，杭州市租赁住房货币化补贴对象是上年度人均可支配收入低于 68666 元的城市中等偏下收入住房困难家庭、新就业大学毕业生和创业人员；全市符合条件的保障家庭约为 12.8 万户，补贴标准是每月 24 元/平方米。以一个保障面积为 45 平方米的三口之家来计算，每月租赁住房货币化补贴额度为 1080 元。

（二）住房租赁企业的金融支持情况

无论是采取自持物业的重资产经营模式，还是采取转租经营的轻资产经营模式，住房租赁企业的运营均具有前期投入高、现金流回收慢、投资周期长、投资回报率低等特点。因此，仅仅依靠住房租赁企业自有资金投入显然不够，还需进行大规模的外源性融资。目前，住房租赁市场企业的主要融资渠道包括住房租赁贷款、股权融资、住房租赁专项债融资、资产证券化融资和财政专项资金补贴。

1. 住房租赁贷款

住房租赁贷款是银行业金融机构向租赁住房开发建设或经营企业发放的，用于新建、购置租赁住房项目或用于租赁住房装修改造及日常经营的贷款。从住房租赁贷款业务种类来看，目前，银行业金融机构向住房租赁企业提供住房租赁开发贷款、住房租赁购买贷款、住房租赁经营性贷款、住房租赁应收账款质押贷款等多种信贷产品，基本覆盖了住房租赁项目的启动（涉及租赁住房土地的获取）、获取（涉及建造、购买或租赁房源）、设计（涉及改造、装修、家具家电的配置）及日常运营的全生命周期融资需求。其中，住房租赁开发贷款的期限一般为 3 年，最长不超过 5 年；住房租赁购买贷款的期限最长不超过 30 年，贷款额度原则上不超过物业评估价值的 80%；自持物业模式的住房租赁企业的住房租赁经营性贷款期限最长不超过 20 年，贷款额度原则上不超过持有物业评估价值的 80%；转租经营模式的住房租赁企业的住房租赁经营性贷款期限最长不超过 5 年，贷款额度原则上不超过贷款期限内应收租金总额的 70%。

为落实中央建立租购并举的住房制度，符合住房租赁市场的政策要求，商业银行和政策性银行从 2017 年开始探索信贷渠道支持住房租赁市场发展的模式，银行融资渠道向住房租赁企业打开了大门。随着住房租赁市场进入快速发展阶段，住房租赁企业同质化竞争激烈，违规经营的情况频现，持续性盈利困难。银行业金融机构逐渐意识到住房租赁贷款业务资金需求大、资金占用周期长、收益率低、风险较高、住房租赁企业缺乏有效抵押物等问题，这显然与商业银行的效益性、安全性、流动性经营原则有所背离。为降低住房租赁贷款业务的风险，银行开始加强对客户的选择和对住房租赁项目的风险研判，对住房租赁贷款的发放较为审慎，更倾向于将贷款投向有政策支持的保障性租赁住房项目、政府主导的公共租赁住房（公租房、廉租房、人才公寓）项目和优质房企的长租房项目。为解决上述问题，央行、国家金融监管总局等部门提出，金融支持住房租赁市场发展应以市场配置为主，按市场化原则自主决策，支持银行业金融机构按照依法合规、风险可控、商业可持续的原则，通过明确保障性租赁住房项目有关贷款不纳入房地产贷款集中度管理范围、设立 1000 亿元额度的租赁住房贷款支持计划等方式，支持金融机构发放住房租赁贷款。

中国建设银行为落实国家"租购并举"政策部署，自 2017 年 8 月起实施住房租赁战略，创新住房租赁贷款系列产品，构建住房租赁金融服务体系，是国内开展住房租赁贷款业务最主要的银行业金融机构。根据中国建设银行的财务报告，2023 年末，中国建设银行公司类住房租赁贷款余额为 3254. 48 亿元，较 2022 年末的 2421. 92 亿元，增加了 832. 56 亿元，同比增幅为 34.38%；支持住房租赁企业超 1600 家，可提供租赁房源超 100 万套（间），其中惠及的保障性租赁住房项目超 700 个。

2. 股权融资

住房租赁企业或项目的股权融资方式主要包括风险投资（VC）、私募股权投资（PE）和 IPO 融资。

风险投资方面，早期住房租赁企业获得的融资规模较小，直至 2015 年才开始有所上升。从 2018 年开始，行业融资规模大幅上升且出现明显分化，风险投资资金主要集中投向头部住房租赁企业，中小规模住房租赁企业较难获得融资。与此同时，行业投融资事件的数量也开始逐年下降，但单笔融资规模大幅增加。2012~2020 年，住房租赁企业取得的风险投资规模接近 400 亿元。受 2020 年前后长租公寓"爆雷潮"的影响，2021 年之后，住房租赁企业的 VC 融资基本处于"冰封"状态。

IPO 融资方面，2019 年 11 月，青客公寓在美国纳斯达克股票市场挂牌上市，融资额约为 4590 万美元；2020 年 1 月，蛋壳公寓顺利在美国纽交所挂牌上市，融资额约为 1. 30 亿美元。不过，2020 年，青客公寓、蛋壳公寓相继发生资金链断裂的情况，最终，蛋壳公寓在 2021 年 4 月被退市，青客公寓在 2022 年 1 月进入破产清算程序，此后再无新增住房租赁企业 IPO。尽管 2022 年 9 月魔方公寓在港交所递交招股书，启动港股 IPO，意欲成为国内第三家长租公寓领域的上市公司，然而，在青客公寓、蛋壳公寓的失败的阴影之下，魔方公寓未能在 2023 年实现顺利上市。

私募股权投资方面，2022 年 10 月，我国首个住房租赁基金——建信住房租赁基金正式成立。基金以私募基金形式，在住房租赁领域从事股权投资、投资管理、资产管理等活动；募集规模为 300 亿元；出资方为中国建设银行、建信信托。截至 2023 年末，基金累计签约收购项目为 25 个，资产规模为 118.89 亿元，基金出资为 66.31 亿元，项目位于北京、上海、成都、杭州等地，可向市场提供长租公寓约 2.14 万套（间）。与市场化主体共同投资设立子基金 9 只，总募集资金规模为 325 亿元。

3. 住房租赁专项债融资

2017 年 8 月 7 日，《国家发展改革委办公厅关于在企业债券领域进一步防范风险加强监管和服务实体经济有关工作的通知》指出，相关部门可以积极组织符合条件的企业发行债券，以专门用于发展住房租赁业务。监管机构为住房租赁市场特设绿色通道，住房租赁专项债迅速落地。受益于政策的支持，住房租赁企业可以通过发行住房租赁专项公司债进行融资。2017 年 12 月 28 日，重庆龙湖企业拓展有限公司的住房租赁专项公司债（发行总规模不超过 50 亿元，期限不超过 15 年，发行主体及债项评级均为 AAA 级，分期发行）获中国证监会核准后，在 2018 年 3 月 21 日完成首期 30 亿元的发行；在 2018 年 8 月 17 日完成二期 20 亿元的发行。这标志着全国首只住房租赁专项债正式落地，债券融资渠道实现了从"0"到"1"的突破，开启了债券市场支持住房租赁市场发展的新途径。

目前，监管机构对住房租赁专项债的发行仍持支持的态度，希望通过帮助住房租赁企业获得低成本资金以支持住房租赁市场发展。2023 年，我国住房租赁专项债的发行数量仅为 2 只，发行规模为 20.1 亿元，较 2022 年的 31.5 亿元下降了 36.2%；发行期限最短为 3 年，最长为 6 年；加权平均票面利率为 3.72%，最高为 3.77%，最低为 3.70%（见表 6-3）。从获准发行住房租赁专项债的主体来看，建发房产、象屿地产均为厦门地方国有房地产开发企业。

表 6-3　　2023 年住房租赁专项债发行情况

发行人简称	债券简称	发行总额（亿元）	发行期限（年）	发行利率（%）	发行时主体评级	发行时债券评级	债券类型
建发房产	23 建房 01	6.70	6.00	3.77	AAA 级	AAA 级	一般公司债
象屿地产	23 象地 01	13.40	3.00	3.70	AA+级	AAA 级	一般公司债

资料来源：Wind。

4. 资产证券化融资

资产证券化融资是指企业或金融机构以特定资产或资产组合（基础资产）的未来现金流为偿付支持，发行证券出售给投资者获取融资。从现金流的特点来看，资产证券化融资是非常适合支持住房租赁市场发展的融资方式。因为住房租赁资产流动性较差但现金流稳定，通过资产支持证券化融资将租金收益权出售，有助于盘活住房租赁资产，提高住房租赁企业的资金使用效率，进而促进住房租赁市场发展。

住房租赁资产证券化产品主要分为两大类：一是以资产抵押债券（Asset-Backed Securities，ABS）、资产支持票据（Asset-Backed Medium-term Notes，ABN）、商业房地产抵押贷款支持证券（Commercial Mortgage Backed Securities，CMBS）为代表的债权类产品；二是以不动产投资信托基金（Real Estate Investment Trusts，REITs）和类 REITs 为代表的偏权益类产品。ABS、ABN、CMBS 为纯债权类产品，具有债权或收益权属性，其基础资产通常包括租赁住房租金收益权和租赁分期贷款两种。类REITs 一般采用"私募基金+ABS+项目公司"的交易结构，基金管理人发起设立契约型私募基金，由私募基金通过资产支持专项计划间接持有项目公司的股权，项目公司持有标的物业。类 REITs 以租赁物业产权和租金收益权为底层资产，底层资产现金流经过两层 SPV 传递后分配给投资者，并主要通过原始权益人回购底层资产的方式完成本金的退出，产品依然具有较强的债权属性。REITs 采用"公募基金+ABS+项目公司"的交易结构，由符合规定条件的基金管理公司设立封闭式公募基金，在公开市场发售基金份额募集资金；公募基金管理人将募集的基金资产80%以上投资于与其存在实际控制关系或受同一控制人控制的管理人设立发行的 ABS，取得该 ABS 的全部份额；由资产支持专项计划购买持有底层资产 100%所有权或经营权的项目公司的 100%股权。在 REITs 底层现金流经过两层 SPV 传递后，投资者享有租金收益和资产升值收益，其产品具有典型的股权属性。

2017 年 1 月，魔方（南京）企业咨询管理有限公司发行了我国首个住房租赁资产证券化债券——魔方公寓信托受益权资产支持专项计划，总金额为 3.5 亿元，产品期限为 1~3 年，采用优先级/次级支付机制，其中，优先级共设三档。其开启了我国住房租赁企业的资产证券化融资之路。2022 年 8 月，我国首批保障性租赁住房 REITs 正式发行上市，进一步增加了保障性租赁住房建设资金来源，初步打通了住房租赁行业"投、融、管、退"闭环，为建立以市场机制为基础、可持续的租赁住房投融资模式奠定了良好的基础。

2023 年，我国住房租赁资产证券化产品的发行数量为 1 只——城投宽庭保租房 REIT，发行规模为 30.5 亿元，是目前国内 REITs 市场最大规模的保障性租赁住房 REIT。城投宽庭保租房 REIT 的原始权益人是上海城投房屋租赁有限公司，底层资产为原始权益人持有的位于上海市杨浦区的江湾社区、光华社区两个保租房项目，共有 2517 间保租房，建筑面积约为 16.94 万平方米。两个保租房项目均进入稳定成熟运营阶段，平均出租率为 93.0%，预计现金分派率（年化）为 4.25%~4.28%。

5. 财政专项资金补贴

为充分调动市场主体参与租赁住房建设的积极性，从而增加租赁住房的供给，中央财政通过发放城镇租赁住房保障补助资金的方式，给予住房租赁企业财政补贴。2023 年，中央财政共安排 707.8 亿元的城镇保障性安居工程补助资金，其中，租赁住房保障补助资金的规模为 247.0 亿元（见表 6-4）。租赁住房保障补助资金主要用于筹集保障性租赁住房、公租房和向符合条件的在市场租赁住房的保障对象发放租赁补贴。

表 6-4　2023 年中央财政中租赁住房保障补助资金的分配情况

单位：亿元

地区	租赁住房保障补助资金的规模	地区	租赁住房保障补助资金的规模
全国	247.00	上海	4.20
北京	3.83	江苏	12.92
天津	0.95	浙江	22.88
辽宁	5.11	福建	5.81

地区	租赁住房保障补助资金的规模	地区	租赁住房保障补助资金的规模
山东	6.24	内蒙古	2.77
广东	21.38	广西	6.97
河北	4.01	重庆	8.65
山西	2.67	四川	14.70
吉林	4.91	贵州	7.56
黑龙江	12.56	云南	9.15
安徽	10.55	西藏	0.91
江西	23.73	陕西	2.75
河南	9.00	甘肃	5.51
湖北	13.34	青海	0.86
湖南	11.88	宁夏	1.24
海南	1.02	新疆	8.93

资料来源：财政部网站。

除中央财政补贴资金外，住房租赁企业还能获得部分省（区市）、市财政配套安排的补贴资金。

三　2023年住房租赁市场重要政策分析

2023年，住房租赁市场的政策主要集中在加大对住房租赁市场的金融支持力度和规范住房租赁市场秩序两个方面。

（一）加大对住房租赁市场的金融支持力度

现阶段，我国住房租赁企业的主要融资渠道包括住房租赁贷款、股权融资、住房租赁专项债融资、资产证券化融资和财政专项资金补贴。虽然住房租赁企业获取融资的渠道较多，且初步打通了住房租赁行业"投、融、管、退"闭环，但是对住房租赁企业的金融支持仍存在总量不足的问题。其一，住房租赁业务资金需求大、资金占用周期长、收益率低、风险较高，且住房租赁企业普遍缺乏有效抵押物，这与商业银行的效益性、安全性、流动性经营原则有所背离，所以住房租赁贷款的规模仍然比较小。其二，前期住房租赁行业企业的"爆雷"问题叠加盈利困难，导致股权融资对租赁住房的支持显著不足。其三，住房租赁专项债和资产证券化债券融资的规模较小。一方面，这类金融产品的发行具有一定的门槛；另一方面，虽然 REITs 的权益资金与住房租赁市场建设更为匹配，但是保障性租赁住房 REITs 板块刚刚建立，持续扩容仍需时日。其四，财政补贴具有阶段性特征，本身是一种非市场化的行为，并不是可持续的住房租赁投融资模式。

为应对住房租赁市场的金融支持总量不足问题，相关部门通过设立租赁住房贷款支持计划、启动不动产私募投资基金试点、建立健全住房租赁金融支持体系等方式，加大对住房租赁金融的支持力度。

1. 央行设立租赁住房贷款支持计划

为发挥结构性货币政策工具的牵引带动作用，支持住房租赁市场发展，2023 年 1 月，央行印发《关于开展租赁住房贷款支持计划试点有关事宜的通知》，设立租赁住房贷款支持计划。

第一，租赁住房贷款支持计划的额度为 1000 亿元，并采取"先贷后借"的直达机制，对于符合要求的贷款，按贷款本金的 100% 予以资金支持，按季度发放。

第二，租赁住房贷款支持对象为国家开发银行、中国工商银行、中国农业银行、中国银行、中国建设银行、交通银行和中国邮政储蓄银行共 7 家全国性金融机构。主要支持相关金融机构在 2023 年底前向重庆、济南、郑州、长春、成都、福州、青岛、天津 8 个试点城市发放租赁住房购房贷款。

第三，金融机构按照自主决策、自担风险原则，发放租赁住房购房贷款，贷款利率原则上不超过 3%，对于符合要求的贷款，中国人民银行按贷款本金的 100% 予以资金支持，利率为 1.75%。

作为央行阶段性结构性货币政策工具之一，租赁住房贷款支持计划设立的目的是通过降低资金成本提高银行业金融机构发放租赁住房贷款的积极性，支持住房租赁经营企业市场化批量收购存量住房，从而增加租赁住房的供给。

2. 证监会启动不动产私募投资基金试点

为进一步发挥私募基金多元化资产配置、专业投资运作优势，满足不动产领域合理融资需求，2023年2月，证监会启动了不动产私募投资基金试点工作，允许符合条件的私募股权基金管理人设立不动产私募投资基金，开展不动产投资业务。

第一，不动产私募投资基金的投资范围限定为特定居住用房（包括存量商品住宅、保障性住房、市场化租赁住房）、商业经营用房、基础设施项目等。

第二，不动产私募投资基金的投资者首轮实缴出资不低于1000万元，且以机构投资者为主（自然人投资者合计出资金额不得超过基金实缴金额的20%），首轮实缴募集资金规模不得低于3000万元。

第三，不动产私募投资基金应当持有被投企业75%以上股权，或者持有被投企业51%以上股权且被投企业提供担保，可实现资产控制和隔离的目的。不动产私募投资基金产品及其底层资产应实现与原始权益人的主体信用风险隔离。

不动产私募投资基金是境外成熟金融市场的一个重要的投资品类，其募集的资金为长期股权资金，与住房租赁市场所需资金匹配度较高。引导不动产私募投资基金投资存量商品住宅、保障性租赁住房和市场化租赁住房，其一，可以有效盘活存量商品住房，增加租赁住房供给；其二，可以有效发挥不动产私募投资基金专业管理人优势，提高租赁住房的运营管理效率；其三，可以为保障性租赁住房和市场化租赁住房的前期投资者提供市场化退出机制。

3. 央行、国家金融监管总局出台《中国人民银行　国家金融监督管理总局关于金融支持住房租赁市场发展的意见》

为应对住房租赁市场金融支持总量不足的问题，促进住房租赁市场发展金融服务，2023年2月，央行、银保监会起草了《关于金融支持住房租赁市场发展的意见（征求意见稿）》，并向社会公开征求意见。2024年

1月，央行、国家金融监管总局正式发布《中国人民银行 国家金融监督管理总局关于金融支持住房租赁市场发展的意见》（银发〔2024〕2号）。

第一，支持住房租赁供给侧结构性改革。支持各类主体新建、改建和运营长期租赁住房，盘活存量房屋，有效增加保障性和商业性租赁住房供应，重点支持大城市自持物业的专业化、规模化住房租赁企业发展。

第二，建立健全住房租赁金融支持体系。商业性金融机构要按照依法合规、风险可控、商业可持续的原则，满足各类住房租赁主体合理融资的需求。政策性开发性金融机构在符合自身职能定位和业务范围的前提下，为保障性租赁住房建设运营提供融资。信贷市场主要满足各类主体开发建设、购买租赁住房，以及住房租赁企业流动性和日常运营需求。资本市场侧重于发展住房租赁长期投融资工具。

第三，加强住房租赁信贷产品和服务模式创新，加大对住房租赁企业的信贷支持力度。支持商业银行向房企、工业园区、农村集体经济组织、企事业单位等各类主体依法合规新建、改建长期租赁住房发放住房租赁开发建设贷款；贷款期限一般为3年，最长不超过5年；租赁住房建设的项目资本金比例应符合国务院关于固定资产投资项目资本金制度相关要求。鼓励商业银行在风险可控、商业可持续、不新增地方政府隐性债务的前提下，向相关主体发放住房租赁团体购房贷款，用于批量购买存量闲置房屋如保障性或商业性租赁住房；贷款额度原则上不超过物业评估价值的80%，期限最长不超过30年。支持商业银行向住房租赁企业发放住房租赁经营性贷款，自持物业住房租赁企业经营性贷款期限最长不超过20年，贷款额度原则上不超过物业评估价值的80%；转租经营住房租赁企业经营性贷款期限最长不超过5年，贷款额度原则上不超过贷款期限内应收租金总额的70%。

第四，拓宽住房租赁市场多元化投融资渠道。支持商业银行通过发行用于住房租赁的金融债券，来筹集住房租赁信贷资金。支持住房租赁企业发行债务融资工具、公司债、企业债，专门用于租赁住房建设、购买和经营。创新住房租赁担保债券，支持住房租赁企业以物业抵押为信用增进的措施，发行住房租赁担保债券。稳步发展住房租赁 REITs，并将募集资金用于住房租赁企业持有并经营长期租赁住房。引导各类社会资金有序投资住房租赁领域。

第五，加强和完善住房租赁金融管理。严格确定住房租赁金融业务边界，严禁以支持住房租赁的名义为非租赁住房融资。加强信贷资金管理，严格进行住房租赁信贷审查和贷后管理，切实防范资金挪用、套现等风险；规范直接融资产品创新，确保募集资金用于租赁住房建设和运营等相关活动；建立住房租赁金融监测评估体系，加强合规性审查和评估，防范住房租赁金融风险。

建立健全住房租赁金融支持体系，可以为租赁住房的投资、开发、建设、运营提供多元化、多层次、全周期的金融产品和金融服务体系，有效解决住房租赁企业融资总量短缺的问题，有效增加住房租赁市场的供给，提高住房租赁市场的机构化水平。

（二）规范住房租赁市场秩序

虽然在政策的支持下，我国住房租赁市场进入了快速发展阶段，但现阶段，住房租赁市场仍存在租客的租赁权益得不到有效保障的问题，主要表现如下。其一，租赁关系不稳定。经常发生房东或"二房东"在租期内单方面提前解约、随意提高租金的情况。其二，部分住房租赁中介和住房租赁企业的服务行为不规范，存在发布虚假房源信息、做出不实承诺、收取高佣金、随意扣留租房押金、违规进行群租、违规使用租金贷等侵害租客权益的行为。其三，租赁权益维护机制不完善。在发生租赁纠纷时，承租人基本上处于弱势地位，且权益维护的成本较高。其四，租购不同权。虽然中央多次提出"逐步使租购住房在享受公共服务上具有同等权利"，但是因为现阶段部分城市的基本公共服务有效供给不足，租赁、购买住房人群在享受公共服务上仍未能获得同等权利。

为规范住房租赁市场秩序，解决租客的租赁权益得不到有效保障的问题，2020 年 9 月，住建部发布《住房租赁条例（征求意见稿）》；2022

年以来，北京、上海、南京、常州正式出台《住房租赁条例》、《房屋租赁管理办法》或《住房租赁备案管理办法》等地方住房租赁领域的行政法规，主要从以下六个方面有效规范住房租赁市场活动，保护租赁当事人的合法权益，稳定住房租赁关系，促进住房租赁市场健康发展。

第一，明确出租人、承租人行为规范，保护租赁当事人的合法权益。出租人和承租人应当依法签订书面租赁合同，建立稳定的租赁关系。出租人需要提供符合建筑、消防、治安、防灾、卫生、环保等方面的标准和要求且具备供水、供电等必要的生活条件的租赁住房，并负责租赁住房及其附属设施的安全管理。承租人应当向出租人提供身份证明材料，并按照约定安全、合理使用租赁住房及其附属设施。

第二，建立住房租赁纠纷多元化解机制。住房租赁发生纠纷时，可以由租赁当事人协商解决；不愿协商或协商不成的，可以运用行业调解、行政调解和司法调解等多种方式，开展住房租赁纠纷调解工作，及时妥善化解租赁矛盾纠纷。

第三，整治租赁市场乱象，规范住房租赁市场行为。这包括以"间"为最小出租单位，人均使用面积和每个房间居住人数需符合相关规定，不得将房屋用于群租；不得改变房屋的使用性质，将厨房、卫生间、阳台、储藏室以及其他非居住空间单独出租用于居住；不得采取停止供水、供电、供热、供燃气以及其他故意降低服务标准等方式，或者采取暴力、威胁等非法方式，强迫承租人变更、解除住房租赁合同，提前收回租赁住房。住房租赁企业、房地产经纪机构应当依法办理市场主体登记，并在所在地的区住房和城乡建设或房屋主管部门备案，且备案机构和企业需要公示服务内容、收费标准等信息，提高承租人的知情权，避免收费不规范、未明码标价等问题。对于个人以营利为目的转租房屋达到规定数量（二房东），从事住房租赁经营活动的情况，应当依法办理市场主体登记。住房租赁企业、房地产经纪机构对外发布房源信息的，应确保房源信息真实有效，不得发布虚假房源信息，并明确互联网信息平台承担信息审查等责任。加强住房租赁交易资金监管，遏制"二房东"卷款跑路和租金贷

"爆雷"问题。

第四，加强住房租赁价格监测。在住房租金明显上涨或者有可能明显上涨时，政府部门可采取涨价申报、限定租金或租金涨幅等价格干预措施，稳定租金水平。

第五，增加租赁住房供给，保障群众居住需求。鼓励通过新增或利用已有用地专门建设租赁住房、在新建商品住房项目中配建租赁住房、将非居住存量房屋按照规定改建为租赁住房、将符合条件的闲置住房出租，多渠道增加租赁住房供给。

第六，明确各类违法行为的法律责任及处罚措施。

四　2024年住房租赁市场与住房租赁金融展望

展望2024年，政策方面，加大住房租赁市场金融支持力度，增加保障性住房供给，规范住房租赁市场秩序，促进住房租赁市场发展，仍将是住房租赁行业的政策重点内容。这些政策将有效增加市场化租赁住房和保障性租赁住房的供给，从而更好地解决大城市中新市民、大中专毕业生、进城务工人员等群体的住房困难问题。

住房租赁市场方面，从需求端来看，2024年，随着城镇化的持续推进，城镇人口的持续增加，我国住房租赁人口规模将进一步增加；且随着城镇人均可支配收入的增长，预计我国住房租赁市场的规模仍将继续增长。从供给端来看，预计租金价格水平会略有下调。一方面，保障性租赁住房供给的增长弥补了部分住房租赁市场的供给缺口，且房价下行，部分个人持有的空置房屋也会进入待售或待租状态，住房租赁供给增加；另一方面，随着二手房价格的持续下降，租金水平也会小幅下降，但降幅会低于房价降幅，租金收益率继续小幅上升。现阶段，住房租赁市场的发展已经步入稳健经营的正轨，头部住房租赁企业的运营管理规模、经营效率预计会有所提升；保障性租赁住房市场的开工建设和筹集规模会略有下降，但仍会保持较高的供给水平，盘活闲置存量住房仍是租赁住房供给的主要来源。

　　住房租赁企业融资方面，预计随着住房租赁金融支持政策的实施，金融系统对住房租赁金融支持力度会加大，行业的融资规模将大幅增加。其中，住房租赁信贷重点支持的对象是保障性租赁住房项目、自持型市场化租赁住房项目；股权融资方面，住房租赁私募股权投融资规模将进一步增加；受房地产债券违约形势影响，住房租赁专项债的发行规模可能有所下降；资产证券化方面，REITs 将进一步扩容。

专题篇

Special Reports

第七章
构建中国特色住房金融体系

蔡　真*

- 中国住房金融体系的最初发展与住房市场化改革面临的主要障碍——建设资金短缺密切相关。20世纪80年代，居民收入水平低、企业亏损、财政困难，各交易主体难以拿出住房建设的积累资金，但可以向银行体系借钱，于是催生了住房金融业务的发展。住房金融体系初期发展呈现多样化特点：世界上主流的三种住房金融模式，即美国的"商业银行贷款+政府担保二级市场运转"模式、德国的"住房互助储蓄银行"模式、新加坡的"公积金强制储蓄+公共组屋"模式，于1992年在中国全部落地。住房金融体系的初期政策导向是新加坡模式，这与当时所处的宏观环境密切相关。然而，经过30年的发展，商业银行贷款模式最终在竞争中胜出。这是因为，该模式的信用创造功能能够与房价快速上涨、房价总额较大的环境相匹配。

- 住房金融体系根植于房地产市场环境，构建中国特色住房金融体系应立足房地产市场的新形势并促进房地产市场健康发展。当前房地产市场供求关系发生重大转变：房价不再迅猛上涨，开发商违约情况普遍，居民的购房预期较弱。因此，防范化解房地产风险是中国住房金融体系的任务之一。尽管住房总量相

---

* 蔡真，中国社会科学院金融研究所副研究员，国家金融与发展实验室房地产金融研究中心主任、高级研究员。

对均衡，但一、二线城市依然面临结构性短缺问题，而房地产新模式更加强调新市民的住房保障工作。遵循中央金融工作会议坚持"金融服务实体经济"精神，未来中国住房金融体系应服务好化解风险和推动房地产市场向新模式过渡这两项重要任务。

- 住房金融体系的发展要根植于中国房地产的现状和新模式的方向，同时，其作为金融体系的一部分，也具有一些金融的共性特征。从基本的金融功能观展开分析，我们发现住房在生产、消费、交易环节离不开金融支持，同时，住房存量资产的盘活也离不开金融支持。因此，尽管过去房地产的"三高"模式导致过度金融化，但应对之策并非简单的"一去了之"。此外，住房金融体系具有一定的政策性金融属性：美国模式的政策性金融属性体现在政府为按揭贷款的二级市场提供担保，德国模式的政策性金融属性体现在利率的"低存低贷"以及对住房储蓄的奖励，新加坡模式的政策性金融属性则体现在利率的"低存低贷"以及对组屋购买的补贴。住房金融体系的政策性金融属性提示我们在构建中国特色住房金融体系方面需补齐短板。

- 结合房地产市场现状和未来房地产新模式发展方向，我们提出中国特色住房金融体系的构想：针对改善性需求，应形成"商业银行贷款+政府担保二级市场运转"的金融模式；针对刚性需求，应形成"公积金强制储蓄+公共组屋"的金融模式。这种"双模式+两级结构"是一种增量改革，容易推进。在新旧模式的转变过程中，化解房地产市场风险应成为构建中国特色住房金融体系的应有之义。对此，应建立政府住房收储机制并健全房地产企业主体监管制度，前者主要应对房地产市场可能产生的系统性风险，后者用于防范化解可能产生的道德风险。

2023年10月30～31日，中央金融工作会议指出要"坚定不移走中国特色金融发展之路",同时指出做好金融工作的根本宗旨是坚持"金融服务实体经济"。房地产行业是国民经济的支柱行业,住房问题是重要的民生问题,金融支持房地产行业发展、服务好住房民生的根本遵循是构建中国特色住房金融体系。中国是成功的大国转型经济体,采取了渐进式的转型道路;金融体系的转型内化于经济体制改革过程中,因此呈现不断试错的特征。尽管当前房地产市场和住房金融体系面临诸多问题,但我们应坚持以历史唯物主义的观点看待问题,过往住房金融体系对住房民生的改善做出了巨大贡献。本章首先描述中国住房金融体系的演进历史,分析当前住房金融格局的形成原因;其次,分析当前住房金融体系面临的问题及新模式的方向,这是因为构建中国特色住房金融体系离不开其所处的宏观环境;再次,在此基础上,探讨住房金融体系发展的国际经验,指出住房市场离不开金融体系的支持,不能因当前存在诸多问题而废弃住房金融;最后,基于金融服务实体经济的思想构建中国特色住房金融体系。

一　中国住房金融体系的演进历史

中国住房金融体系是伴随着住房市场化改革同步建立的,在改革之初,国际上三种主流住房金融模式很快在国内落地,分别是美国的商业银行贷款模式、德国的住房互助储蓄模式和新加坡的公积金强制储蓄模式。在发展过程中,中国住房金融的主导模式逐渐由公积金模式向商业银行贷款模式转变,这一转变有深刻的宏观背景和改革路线背景。本部分阐述中国住房金融体系的演进历史,并分析商业银行贷款模式成为主导模式的原因。

(一)住房市场化改革及住房金融体系的初步建立

1978 年党的十一届三中全会之后,我国启动全面经济体制改革,住房制度也迫切需要改革:一方面,建筑行业面临计划体制下的普遍问题,即激励不足导致的短缺经济,1978 年,城镇居民人均住房面积仅为 3.6

平方米[1]；另一方面，短期政策调整带来的压力，1700 万名知青（约占当年城镇人口的 10%）返城面临没地方住的问题[2]。邓小平于 1980 年 4 月提出了解决住房问题的系统思路，针对建筑业和住宅问题指出："城镇居民个人可以购买房屋，也可以自己盖。不但新房子可以出售，老房子也可以出售，可以一次付款，也可以分期付款，十年、十五年付清。住宅出售之后，房租恐怕要调整，要联系房价调整房租，使人们感到买房合算。"[3]这一思路包括三方面内容：第一，住宅可以商品化并在市场上交易；第二，对住宅交易给予金融支持；第三，通过提租的方式倒逼市场化改革。

住房市场化改革起初进展并不顺利，最大的障碍是各方交易主体缺钱。第一，居民兜里没有买房钱。由于长期实行低工资制度，居民收入水平低，此外，大部分收入要用于基本生活支出，1978~1990 年，城镇居民恩格尔系数一直没有低于 50%。[4] 第二，企业普遍大面积亏损，无力参与集资建房或补贴职工买房。国有企业亏损额从 1980 年的 34.3 亿元上升至 1990 年的 348.8 亿元，[5] 由于普遍亏损，企业面临严重的三角债问题。第三，财政困难，无力补贴住房消费。1979~1993 年实行的是财政包干体制，财政体制改革初期，地方积极性被调动起来，但很快出现了"两个比重"下降[6]的问题。1981~1989 年，中央政府每年都存在向地方财政借款的情况，借款额占中央支出的比例年均达到 6.2%。在这样的背景下，财政部部长刘仲藜表示，"房改不能打财政的主意，不能开这个口子"[7]。

---

[1] 《1978 年中国城市人均居住面积比 1950 年下降多少?》，手机人民网，http：//m.people.cn/n4/2017/0417/c677-8777262.html。《人均住房面积 40 年增 4.8 倍》，凤凰网，https：//gz.house.ifeng.com/news/2019_09_27-52336120_0.shtml。

[2] 《暮色青春——知青回忆录》，中华网，https：//culture.china.com/zt/wenhuashidian/zhiqing/。

[3] 中共中央文献研究室编《邓小平年谱 一九七五——九九七（上）》，中央文献出版社，2004，第 614~615 页。

[4] 资料来源：《中国统计年鉴—2021》。

[5] 资料来源：《中国财政年鉴 1992》。

[6] "两个比重"下降指，财政收入占 GDP 比重下降和中央财政占全国财政比重下降。

[7] 陈学斌：《90 年代中期住房制度改革回顾》，光明网，https：//theory.gmw.cn/2015-08/31/content_16874382.htm。

各交易主体尽管缺乏购房、建房资金，但可以向银行体系借钱，这是催生住房金融体系发展的背景。1984年全国建筑业和基本建设管理体制改革座谈会召开以后，9月，国务院发布《关于改革建筑业和基本建设管理体制若干问题的暂行规定》（国发〔1984〕123号），其中提出建设周转资金由中国人民建设银行贷款、企业事业单位集资等多种渠道解决。同年10月，中国人民建设银行发布《中国人民建设银行关于城市土地开发和商品房贷款问题的通知》，提出在全国范围内开展城市土地开发和商品房贷款业务，并将其作为一项主要业务进行开拓。1985年4月，中国建设银行深圳分行借鉴香港住房按揭贷款的方式，向南油集团85户"人才房"发放我国第一笔个人住房按揭贷款。至此，我国商业性个人住房融资业务正式诞生。1986年3月15日，国务院正式确立烟台、唐山、蚌埠为全国房改首批试点城市。同年，烟台市住房改革配套试验的第一个商品化住宅小区——民生小区建成。烟台抓房改比较得力，得到各阶层群众的拥护，1987年新一届政府履职后，烟台市政府出台了《烟台市城镇住房制度改革试行方案》，该方案提出了发放住房券、公房出售优惠等措施，并且提出住房制度改革必须有金融体制改革的配合，要成立住房储蓄银行。1987年12月，中国人民银行批准成立两家住房储蓄银行，分别是烟台住房储蓄银行和蚌埠住房储蓄银行。它们专营住房金融业务，同时开办商品房经营贷款和个人住房贷款业务。至此，我国互助储蓄住房金融业务正式诞生。1991年，上海借鉴新加坡住房公积金经验率先试行住房公积金制度；1991年，《上海市住房制度改革实施方案》正式出台，实施建立住房公积金、提租补贴、配房买债券、买房给优惠、建立房委会"五位一体"的住房制度改革方案。上海住房公积金制度的试行，开辟了新的个人住房融资渠道，不仅增加了职工购房资金，还扩展了建房资金来源，极大缓解了当地职工住房紧张状况。至此，世界上主流的三种住房金融模式，即美国的"商业银行贷款+政府担保二级市场运转"模式、德国的"住房互助储蓄银行"模式、新加坡的"公积金强制储蓄+公共组屋"模式，于1992年在中国全部落地。

（二）住房金融体系的初期发展导向及转变

住房金融体系的初期发展导向是新加坡模式。1994 年，国务院颁布了《国务院关于深化城镇住房制度改革的决定》（国发〔1994〕43 号），该文件包括两个方面的内容：一方面继续推行住房市场化，具体手段包括出售公房（文件明确了公房成本价的核算方法）和提高租金（文件明确住房租金应达到双职工家庭平均工资的 15%）；另一方面擘画了中国未来的住房体系并形成配套的金融制度。该文件指出，"建立以中低收入家庭为对象、具有社会保障性质的经济适用住房供应体系和以高收入家庭为对象的商品房供应体系"，与这种"双轨制"住房体系相配套，住房金融应"建立住房公积金制度；发展住房金融和住房保险，建立政策性和商业性并存的住房信贷体系"。

选择新加坡模式主要是基于当时改革的经济背景。第一，1984 年全面引入价格双轨制后，由于短缺经济的影响，宏观经济出现了通货膨胀快速上升的势头。第二，1985 年"拨改贷"制度推行后，银行存在货币信贷投放冲动，一些学者认为，通胀的主要原因是货币发行过多[1]。第三，1993 年，广东、广西和海南等地出现了较为严重的房地产泡沫，给经济发展带来严重的负外部性。在这样的宏观经济背景下，中国社会科学院"经济体制改革纲要"课题组提出"稳中求进"的改革思路，[2] 在具体实施中应确保稳定优先，即"头三年（1988～1990 年）治理经济环境，主要是治理通货膨胀"[3]。政策制定参照了这一思路，1993 年 6 月，中共中央和国务院发布《中共中央　国务院关于当前经济情况和加强宏观调控的意见》（中发〔1993〕6 号）（即国 16 条），要求各地整顿金融秩序、严控信贷规模、加强房地产市场的宏观管理；1994 年，政府实施收紧银根和紧缩

---

① 张卓元：《体制改革和经济发展应稳中求进》，《中国计划管理》1989 年第 1 期。
② 刘国光：《稳中求进的改革思路——在一次研讨会上的发言》，《财贸经济》1988 年第 3 期。
③ 张卓元：《稳中求进还是改中求进》，《数量经济技术经济研究》1989 年第 2 期。

财政支出的"双紧政策"。在这样的宏观金融背景下，住房金融模式的选择不可能是"纯商业信贷"导向，只能是政策性金融导向。在强制性储蓄的"新加坡模式"和自愿互助储蓄的"德国模式"中，前者被选中，其原因包括两点。第一，在上海试点成功后，北京、天津、辽宁、黑龙江、湖北等地陆续开始了住房公积金试点，而仅在烟台、蚌埠两地设立住房储蓄银行。第二，上海的住房公积金制度是由市长朱镕基推动的，1993年，他被任命为国务院副总理，这显然有利于这项制度在全国推行；1998年，朱镕基当选国务院总理。1999年，《住房公积金管理条例》正式颁布。

尽管我国住房金融体系的初始状态选择了"新加坡模式"，但三种模式竞争的结果是"商业银行贷款"模式胜出。从表7-1可以看出，个人住房贷款余额的增速远超公积金贷款余额增速，从横向比较来看，2022年，公积金贷款占个人住房贷款的比例仅为18.81%。

表7-1 中国不同住房金融产品的对比

单位：万亿元，%

时间	个人住房贷款		房地产开发贷款		公积金贷款	
	余额	占总贷款的比例	余额	占总贷款的比例	余额	占个人住房贷款的比例
1998年	0.07	0.82	—	—	—	—
1999年	0.14	1.46	—	—	—	—
2000年	0.33	3.34	—	—	—	—
2001年	0.56	4.95	—	—	—	—
2002年	0.83	6.29	—	—	—	—
2003年	1.20	7.55	—	—	—	—
2004年	1.60	9.02	0.78	4.40	—	—
2005年	1.84	9.45	0.91	4.70	—	—
2006年	2.27	10.08	1.41	6.26	—	—
2007年	3.00	11.46	1.80	6.88	—	—
2008年	2.98	9.82	1.93	6.36	—	—
2009年	4.76	11.91	2.53	6.32	—	—
2010年	6.20	12.94	3.13	6.54	—	—
2011年	7.14	13.03	3.49	6.37	—	—
2012年	7.50	11.91	3.86	6.13	1.66	22.13

续表

时间	个人住房贷款		房地产开发贷款		公积金贷款	
	余额	占总贷款的比例	余额	占总贷款的比例	余额	占个人住房贷款的比例
2013 年	9.00	12.52	4.60	6.40	2.17	24.11
2014 年	10.60	12.98	5.63	6.89	2.55	24.06
2015 年	13.10	13.94	6.56	6.98	3.29	25.11
2016 年	18.00	16.88	7.11	6.67	4.05	22.50
2017 年	21.90	18.23	8.30	6.91	4.50	20.55
2018 年	25.80	18.93	10.19	7.48	4.98	19.30
2019 年	30.20	19.72	11.22	7.33	5.59	18.51
2020 年	34.50	19.97	11.91	6.89	6.23	18.06
2021 年	38.30	19.88	12.01	6.23	6.89	17.99
2022 年	38.80	18.13	12.69	5.93	7.30	18.81
2023 年 9 月	38.40	16.37	13.17	5.61	—	—

资料来源：Wind。

  "商业银行贷款"模式"胜出"，总的根源在于房价上涨速度过快。根据国家金融与发展实验室的统计，1998~2018 年，一线和二线城市房价的年化复合增长率达到 12%，20 年间房价增长了 9.65 倍。"公积金"模式与房价快速上涨的环境是完全不匹配的，具体可以从金融体制和财政体制两个方面分析。

  金融体制方面，"公积金"模式是"以存定支、自存自用、自我积累"[1] 的模式，与"商业银行贷款"模式相比，它不具备信用创造功能。在房价快速上涨、房价总额较大的情况下，公积金贷款面临额度不足的困境。比如，北京的公积金贷款额度上限为 120 万元，在操作上还存在"公转商"贷款的情况。公积金整个"资金池"规模较小还存在两个制度原因：其一，公积金的制度特征之一是强制缴存，新加坡公积金的覆盖率达到 99%，而我国的公积金覆盖率在 2022 年只有 37%；其二，没有实现

---

[1] 汪利娜：《政策性住宅金融：国际经验与中国借鉴——兼论中国住房公积金改革方案》，《国际经济评论》2016 年第 2 期。

全国范围内的统筹，中西部地区普遍存在贷不出去的情况，而东部地区则面临额度不足困境。相比而言，"商业银行贷款"模式可以释放充足的房贷资金，当然，这离不开 1994～1998 年的一系列金融改革。其一，1994 年的金融体制改革确立了中央银行、政策性银行和商业银行三分离的银行体系架构；1995 年，全国人大先后通过《中华人民共和国中国人民银行法》和《中华人民共和国商业银行法》，这使商业银行可以真正按市场化原则开展业务。其二，1998 年启动了上万亿元的不良资产剥离计划，这是通过外科手术方式解决了"拨改贷"的历史遗留问题，使银行可以轻装上阵，为城市化发展提供金融服务。其三，1994 年的外汇体制改革实现了官价和黑市价汇率并轨，并确立了强制结售汇制度，这奠定了以外汇储备为基础的发钞模式，这一模式持续了近 20 年，进一步增加了信用循环。由于一系列金融改革，银行体系为房地产市场发展提供了充足的资金支持，个人住房贷款和房地产开发贷款成为银行的主打产品，两者余额占总信贷余额的比例在高峰时达到 27.05%。

财政体制方面，1994 年的分税制改革以及之后土地财政的逐步形成，成为房价上涨的供给面因素，而公积金制度难以匹配高房价环境。其一，分税制改革造成中央和地方相对财力根本转变。1993 年，中央与地方之间的财政收入比为 22∶78，支出比为 28∶72；1994 年，中央与地方之间的财政支出比为 30∶70，与 1993 年相比变化不大，而财政收入比却变成了 56∶44。此后十余年间，财政体制基本保持这种"收入上移、支出下移"的大体格局，地方财政缺口逐年扩大。其二，土地财政的形成。土地财政的形成源于地方财政缺口，但并不是简单的"多卖地、卖高价地"模式，实际上是"以地引资"和"以地生财"两种模式并存。前者是指，地方政府利用土地招商引资的方式引入大工业项目，从而推动本地经济快速发展，争取在 GDP 考核中胜出。[①] 在这一过程中，地方政府的土地出

---

① 张莉、王贤彬、徐现祥：《财政激励、晋升激励与地方官员的土地出让行为》，《中国工业经济》2011 年第 4 期。

让行为甚至是亏损的，而后者恰好可以弥补。后者是指，地方政府借助土地招拍挂制度高价出让商住（居住）土地。① 由于这些地块用于服务业，容易形成卖方市场，而地方政府恰好利用自身垄断势力将高地价转嫁给本地服务业消费者。这在中国出现了一个奇特现象，即居住用地价格远超工业用地价格，2022 年，前者是后者的 27.1 倍。反观新加坡与公积金制度相配套的公共组屋制度，具有两个鲜明的特点：其一，组屋市场控制了整个住房市场约 80%的份额，且长期保持低价，② 这就使公积金的贷款额度能够满足购房人的需求；其二，新加坡政府如何保持组屋市场的低价呢？秘诀就是土地市场保持成本价甚至亏损经营。③

经济适用房制度（与新加坡组屋类似）当年为何没有得到贯彻执行呢？其一，改革的历史逻辑。当初推动住房货币化改革的目的在于，通过市场化方式解决过去住房建设给财政和国有企业带来沉重负担的问题，这与整个改革开放的大逻辑是一致的。市场化改革的逻辑在于放开价格，通过价格引导资源配置，在这一过程中，企业通过获取超额利润就有了生产积极性。对于经济适用房建设，相关文件规定采取保本微利的原则确定售价，利润率控制在 3%。开发商是追求超额利润的市场主体，在这一规定下自然没有积极性参与经济适用房建设。其二，土地财政不支持经济适用房制度。中国采用中央和地方多级财政体系，分税制改革后，地方政府面临财政压力和 GDP 考核，土地财政成为达到多重目标的重要手段，在这样的背景下，地方政府不可能提供低价土地，自然也就不能支持经济适用房制度。其三，经济适用房制度本身的漏洞。我国的经济适用房制度并没有像新加坡组屋制度那样形成闭环结构，经济适用房准入时审核不严，退出时并没有回售给政府或下一个有资格的经济适用房申购者，且经济适用

① 陶然、陆曦、苏福兵、汪晖：《地区竞争格局演变下的中国转轨：财政激励和发展模式反思》，《经济研究》2009 年第 7 期。
② 蔡真、池浩珲：《新加坡中央公积金制度何以成功——兼论中国住房公积金制度的困境》，《金融评论》2021 年第 2 期。
③ 蔡真、池浩珲：《新加坡中央公积金制度何以成功——兼论中国住房公积金制度的困境》，《金融评论》2021 年第 2 期。

房售卖后的资金没有重新回流到公积金中心。这些制度漏洞使经济适用房成为寻租的重要场所，也因而成为发展商品房市场的重要理由。

二　当前中国住房金融体系面临的问题及新模式的方向

制度的发展存在一定的路径依赖，渐进式改革成功的关键在于使制度根植于其所处的宏观环境。就金融体系的发展而言，2023 年 10 月 30~31 日，中央金融工作会议指出，"坚持把金融服务实体经济作为根本宗旨"，因此要构建中国特色住房金融体系，基本前提是分析中国住房体系的现状和问题。2021 年以来，党中央提出要探索房地产新的发展模式，这为未来的房地产工作指明了方向，也是构建中国特色住房金融体系的根本遵循。

（一）房地产行业总体现状

自 1998 年住房货币化改革以来，房地产行业取得了长足发展。从需求端看，1999 年，商品住宅销售面积仅为 1.18 亿平方米，销售额为 2188.74 亿元；到 2021 年高峰时，销售面积为 15.65 亿平方米，销售额为 16.27 万亿元；22 年间销售面积和销售额分别增长了约 12.3 倍和 73.3 倍。从供给端看，1999 年，商品住宅竣工面积为 1.62 亿平方米，房地产（住宅）开发投资额为 2637.63 亿元；到 2021 年高峰时，竣工面积为 7.30 亿平方米，开发投资额为 11.12 万亿元；22 年间竣工面积和开发投资额分别增长了约 3.5 倍和 41.2 倍。

房地产行业的快速发展显著改善了老百姓的居住条件。2020 年，中国人均居住面积达到 42 平方米（城市居民的人均居住面积为 36.5 平方米）。[1] 而在住房货币化改革的 1998 年，城市人均建筑面积和农村人均住房面积分别为 22.9 平方米和 23.7 平方米。[2] 20 多年间，我国居民人均居

---

[1]　资料来源：《中国人口普查年鉴-2020》。
[2]　资料来源：《中国统计年鉴—1999》。

住面积翻了一番。目前，我国居民人均拥有房间数为 1.06 间，94% 的家庭至少拥有独立卫生间和厨房。① 从每人获得独立居住空间和单个家庭拥有独立洗漱和烹饪设施的视角看，住房资产在总量上已经接近均衡。

（二）房地产行业面临的问题

当前房地产行业面临的主要问题是：房企违约风险蔓延，并对金融体系、财政体系稳定产生负面影响。房企大面积违约有其历史根源：过往房地产行业采取了"高负债、高杠杆、高周转"的"三高"运营模式，这依托人口红利和快速城市化的背景，且我国人均住房面积处于较低水平，供需缺口形成了行业高利润。根据 Wind 统计，2007～2019 年，房地产开发行业销售毛利率高达 33.9%，净资产收益率为 13.4%。正是由于行业高回报的特性，房企才采取高周转（经营杠杆）和高负债（金融杠杆）的方式进一步增加回报。然而，经济进入高质量发展阶段，尽管人均 GDP 和居民人均收入处于较高水平，但增速放缓，行业利润难以覆盖杠杆资金成本，这导致风险集中爆发。

房企大面积违约已产生严重的负面影响。金融体系方面，2023 年前三季度，房企境内信用债违约数量高达 136 只，违约金额为 1793.2 亿元，占境内信用债违约金额的比例为 89.2%；房企境外信用债违约数量为 22 只，违约金额为 90.1 亿美元，占境外信用债违约金额的比例为 100%。② 当前房企违约构成债券市场违约的主要部分，对金融市场稳定造成较大影响。房企违约还会通过抵押品渠道影响商业银行资产质量，造成不良率上升。国有银行的房地产开发贷的不良率和不良余额从 2019 年开始就呈现"双升"局面，最为严重的是中国工商银行：不良率由 2019 年的 1.71% 上升至 2023 年上半年的 6.68%，不良余额同期由 109.4 亿元上升至 512.3 亿元。③ 近年来，商业银行的不良率呈下降趋势，且不高于 2%，房地产

---

① 资料来源：《中国人口普查年鉴-2020》。
② 《房地产金融季度报告 2023Q3》，国家金融与发展实验室，2023。
③ 《房地产金融季度报告 2024Q1》，国家金融与发展实验室，2024。

行业不良率远超各行业平均值，对银行信用构成主要威胁。

财政体系方面，受影响最为严重的是土地财政；而土地出让收入是城投债还本付息的主要来源，土地出让收入的下降导致地方债务面临较大风险。我们测算了 2023 年前三季度土地出让金对城投债的利息覆盖情况，如果比值小于 100%，则该地区发行的城投债有违约风险。从对 277 个地级市的测算结果来看，共有 37 个城市的比例低于 100%，其中不乏重庆这样的直辖市。如果考虑到土地出让金 80% 的金额需要用于土地一级市场的开发整理，仅考虑 20% 的土地出让金是否能够覆盖城投债的利息，那么该比值低于 100% 的城市将扩大至 184 个。

房地产行业面临的另一个重要问题是结构性失衡，即"一个行业、两种危机"。对于一线城市而言，尽管当前房价有所下行，但其主要面临的问题是居住可负担能力的危机。根据 Numbeo 的统计，2023 年，上海、北京、深圳和广州的房价收入比分别为 46.6、45.8、40.1 和 37.3，在世界主要城市中分别排在第 1 名、第 2 名、第 6 名和第 8 名，这意味着我国一线城市是世界上最难以负担的城市。对于部分二线和三线城市而言，其主要面临的问题是住房库存过剩和需求不足。2023 年第三季度末，二线城市平均住宅库存去化周期为 21.4 个月，三线城市为 42.5 个月；对比而言，一线城市只有 13.5 个月。据 Wu 等的研究，有 13 个城市的新住房产量超过需求增长至少 30%，11 个城市的新住房产量超过需求增长至少 10%，这些城市大多位于内陆地区。[①] 区域结构失衡的原因是，房地产市场过去整体处于短缺状态，投资存在一定盲目性，没有适应城市化进程中人口向大城市迁移的结构性特点。

（三）房地产新模式的发展方向

2021 年中央经济工作会议首次提出探索房地产发展的新模式，2022

---

① J. Wu, J. Gyourko, Y. Deng, "Evaluating the Risk of Chinese Housing Markets: What We Know and What We Need to Know," *China Economic Review*, 2016 (39): 91-114.

年和2023年中央经济工作会议又都提及此模式，在这期间，《政府工作报告》、国务院重要会议以及部委文件都对新模式有所阐释。新模式的提出，实际上指明了在新发展阶段房地产行业转型的必要性，随着实践和政策制定的推进，新模式的内涵越来越清晰。结合中央金融工作会议（2023年10月30日至31日召开）和全国住房城乡建设工作会议（2023年12月21日至22日召开），我们大致可以看出房地产新模式的原则性方向。第一，"房子是用来住的、不是用来炒的"定位不会变。这是从过去"三高"旧模式中总结的深刻教训，房地产市场的发展只有与经济、金融形成良性循环才能形成经济稳定发展的基石。同时，住房是重大民生问题，坚持"房住不炒"的定位就是最大限度维护老百姓的利益。第二，防范化解房地产风险是中短期工作目标。中央金融工作会议在防范化解金融风险方面重点强调房地产风险，并提出了三个具体措施：健全房地产企业主体监管制度和资金监管，完善房地产金融宏观审慎管理，一视同仁满足不同所有制房地产企业合理融资需求。全国住房城乡建设工作会议列明了2024年4大板块18个方面的重点工作，第一项重点工作就是关于稳定房地产市场发展的，也提出了三个具体措施：持续抓好保交楼保民生保稳定工作，稳妥处置房企风险，重拳整治房地产市场秩序。2023年中央经济工作会议提出"先立后破"的工作思路，这是对过去一段时间"未立先破"所产生的负面影响的纠正，也是两个部门将防风险工作放在优先位置的原因。第三，关于房地产市场的未来发展，更加强调政府在住房保障方面的作用，也即"市场+保障"的双轨制。在住房保障建设领域，中央金融工作会议和全国住房城乡建设工作会议都提及要加快保障性住房等"三大工程"建设，其服务对象是"新市民、青年人和农民工"；在市场化住房领域，中央金融工作会议指出要更好地支持改善性住房需求，全国住房城乡建设工作会议则提出建立"人、房、地、钱"要素联动的新机制，这实际上反映了过去规划、土地供给和金融资源没有很好地与人口流动相适配。

三 住房金融体系发展的国际经验

住房金融体系的发展除了要根植于中国房地产的现状和新模式的方向外，其作为金融体系的一部分，本身也具有一些金融的共性特征。本部分主要从金融功能观的理论视角阐明住房市场的发展离不开金融支持，以及各国住房金融体系具有的一些共性制度。

（一）住房生产、消费离不开金融支持

住房的生产，也即房地产开发活动，在土地购置环节和开发建设环节都需要大量资金，加上房地产项目建设周期和销售周期较长，使资金成为房地产开发企业赖以生存和发展的命脉。博迪和莫顿将金融的功能归为六项，在住房生产领域金融发挥的首要功能是集聚资源，即通过开发贷这一产品为房企募集资金；接着是跨期资源配置，通常开发贷的期限为 2~3 年，这与项目开发周期是匹配的；最后是风险管理和激励机制，开发贷作为一种外源性融资，或多或少会影响公司治理结构。[①] 因此，房地产开发贷款制度是住房生产不可或缺的制度。

住房是居民家庭消费中规模最大的一笔耐用消费品，在不考虑财富代际转移的情况下，单一家庭几乎不可能单纯依靠收入积累在一生中的较早时期买得起住房。2020 年，主要发达国家的房价收入比为 8.6，假设成年人从 20 岁开始工作，这意味着在发达国家居民在不吃不喝的情况下要到 28.6 岁才能买得起住房；同年，中国的房价收入比为 29.1，从上述条件看，中国人要到接近 50 岁才能买得起住房。在住房消费领域，金融发挥的主要功能是跨期资源配置，即通过个人住房按揭贷款这一产品将居民住房的远期消费转化为即期消费，从而解决

[①] 〔美〕兹维·博迪、罗伯特·C.莫顿：《金融学》，欧阳颖等译，中国人民大学出版社，2000，第 23~30 页。

住房资金积累滞后、不足的问题。因此，按揭贷款制度是住房消费不可或缺的制度。

（二）住房交易离不开金融支持

金融在住房交易中的表现是预售制，在预售制中，买方支付的定金可被视为卖方的无息融资，这体现了金融属性。预售制是针对大额商品（或服务）采取的一种销售制度，这种销售制度的背后蕴含着深刻的金融原理。因为对于大额商品交易而言，如果采取"先付钱后交货"的方式，那么卖方有卷款潜逃的可能；如果采取"先交货后付钱"的方式，那么买方有可能因为产品的一点瑕疵而拒绝付款。这时预售制就发挥促成交易的重要作用。对于买方而言，定金相当于对购买承诺的担保费，实际上发挥金融功能中的风险管理作用。对于卖方而言，预售产品要比现货产品便宜，这笔便宜的费用包括两个作用：其一是对交付产品承诺的担保费，这实际上发挥了风险管理的功能；其二是对使用买方无息资金的补偿，这实际上发挥了金融集聚资金的功能。如果预售制中还伴随着多次分期付款，那么分期付款还具有过程监督的作用。

海外成熟房地产市场普遍采取预售制。以美国为例，联邦住房管理局要求预售比例达到30%。1999～2021年，美国住房预售比例从75.7%先下跌至2011年的55.2%，再回升至2021年的75.2%。韩国国土海洋部于1978年颁布《住房供给条例》，其中第7条和第26条规定了住房预售制度。尽管预售制在当下受到多方诟病，但从海外经验看，预售制是住房交易不可或缺的制度，这是因为，对双方而言，预售具有风险管理功能。当然，中国的住房预售制与成熟市场存在差距，亟待改进。

（三）住房存量资产盘活离不开金融支持

与住房存量资产盘活直接相关的金融制度是不动产投资信托基金（REITs）制度。REITs是一种标准化可流通的金融产品，通常采取公司、基金或信托的组织形式，通过发行股票、受益凭证或其他权益凭证的方式向投资者募集资金，由专业投资管理机构投资和经营可产生收益的房地产或房地产相关资产来获取投资收益和资本增值，并将绝大部分投资收益（一般超过 90%）分配给投资者的投资信托基金。REITs 制度能够盘活房地产存量市场的原因在于：份额化发行的特点有利于筹集资金，同时为房地产开发企业或房地产持有者开辟一条通过出售资产获取融资的新途径，这有利于提升不动产的流动性，优化其资产负债结构。

纵观世界主要国家的 REITs 发展史，其制度导入大多发生在经济低迷或房地产泡沫破裂后。因为房地产泡沫破裂后面临的最大问题是如何筹集资金处理大量不良资产，来增加房地产市场流动性和阻止房地产价格持续崩塌。如美国导入 REITs 制度发生在 1960 年，而在 1956~1959 年美国经历了短暂的经济低迷；日本导入 REITs 制度发生在 2000 年，主要是为了应对房地产持续低迷的状态。REITs 制度已成为盘活住房存量资产的重要金融制度。截至 2022 年末，全球共有 41 个国家或地区推出 REITs 制度，上市 REITs（全球共 893 家上市 REITs）的市值约为 1.9 万亿美元。这些国家和地区的总人口接近 50 亿人，GDP 合计占全球 GDP 的 83%。

（四）住房金融体系具有一定政策性金融属性

各国住房金融体系并不完全具有纯商业金融形式，三种主流的住房金融模式都带有政策性金融属性。美国的"商业银行贷款+政府担保二级市场运转"模式的政策性金融属性主要体现在以下几个方面。房地美和房利美是政府支持机构（Government Sponsored Enterprises，GSE），它们为个人按揭贷款的证券化提供信用担保。德国的"住房互助储蓄银行"模式的政策性金融属性主要体现在两个方面：一是政府给予政策支持，采取"低存低贷"的政策；二是政府给予住宅储蓄奖励金，大约为住房储蓄合同金额的 10%。新加坡的"公积金强制储蓄+公共组屋"模式的政策性金融属性也体现在两个方面：一是"低存低贷"的政策，新加坡公积金贷款利率常年保持在 2.6%，存贷利差只有 0.1 个百分点，这意味着公积金的运转需要财政补贴；二是购买组屋可以申请补贴，包括额外公积金购屋津贴、特别公积金购屋津贴等。

住房金融体系具有一定的政策性金融属性，其原因包括以下两点。第一，与住房权有关。住房权是基本人权的一项重要内容，"国际人权法"提出"人人享有适足住房权"（Right to Adequate Housing）。基本人权实现的关键是国家要承担相应义务。对于适足住房权，国家承担的义务包括尊重、保护、促进和实施四个层次，促进和实施这两个层次离不开国家财政的投入，而这正是财政之于国家治理的重要意义所在。第二，与金融体系流动性和稳定性有关。住房按揭贷款在金融体系中的规模较大且期限较长，往往缺乏流动性。房地产市场是影响金融稳定的重要因素之一，且泡沫破裂产生的危害极大。这需要一定的政策性金融制度安排，以应对负外部效应。

我国目前的住房金融体系以商业性金融为主，政策性金融的成分较少。一方面，个人按揭贷款二级市场没有政府担保；另一方面，公积金制度没有实行强制储蓄，覆盖面较小。构建中国特色住房金融体系，就是要在住房金融体系共性的基础上结合我国房地产市场现阶段国情进行合理设计。

四　构建中国特色住房金融体系

构建中国特色住房金融体系应遵循以下两大原则。第一，与中国住房体系的现状和房地产新模式的方向相结合。当前，我国住房体系的两大特点是风险蔓延和结构失衡，房地产新模式的方向涉及防风险和保障房建设两个方面，中国特色住房金融体系应围绕这两个方面展开。第二，保持住房金融体系的延续性并遵循普遍国际经验。改革的经验告诉我们，制度发展具有一定路径依赖，在既有路径上进行增量改革比爆炸式改革的成本更小，也更容易成功；同时，国际经验表明，住房金融体系普遍具有政策性金融属性，这是住房金融体系的一般规律。当前我国住房金融体系实际上是"商业银行贷款+政府担保二级市场运转"美国模式和"公积金强制储蓄+公共组屋"新加坡模式并存的局面，但这两个模式在当前都面临短板：美国模式缺少后半段政府担保的介入，新加坡模式缺少后半段公共组屋的建设。因此，中国特色住房金融体系的构建应是在双模式的基础上完善两级结构。当然，中国的"双模式+两级结构"住房金融体系还应包括其他增量和优化内容。

（一）建立政府住房收储机制

建立政府住房收储机制的主要目的在于化解房地产风险，形成宏观经济逆周期调节的工具。我国房地产市场每年的销售规模有十几万亿元，如此巨量规模的市场面临长周期波动，这必然会带来宏观系统性风险，因此，可以建立政府住房收储机制以应对弱平衡增长问题，形成行业发展和宏观发展的稳定器。政府住房收储机制在化解风险和新模式建设方面的作用有三点。其一，稳定市场预期。由于有政府信用背书，政府住房收储机制的行为动向可以为市场树立标杆，有利于减少市场持币观望需求。其二，助力提供稳定优质的保障房供给。如果政府住房收储机制收储的住房位于一线或二线热点城市，而这恰好是新市民聚集地，那么这有利于增加大城市住房供给，同时有利于稳定大城市房价。其三，助力存量房地产资源改造提升。如果政府住房收储机制收储的住房位于二线非热点城市或三线城市，收储机构可以因地制宜地将存量房改造成养老地产、旅游地产等项目，那么这种存量资产盘活的方式也能够助力化解地方债务风险。

建立政府住房收储机制可以采取两种方案。其一，各地方政府进行收储，收储的资金来源于地方政府专项债或由中央政府发行特别国债以对各省区市进行配额管理。这么做的好处是各省区市比较了解当地情况，可以较好地落实化解风险责任；缺点是各省区市可以利用这一机制膨胀投资。其二，中央成立政府支持机构（GSE）或委托现有的开发性金融机构进行收储，收储的资金来源于金融机构债。这么做的好处是金融机构在资产评估方面具有专业性；缺点是收储资金有限，不能从一个省区市的全局化解风险。

（二）建立政府信用支持的资产证券化机制

我国已有资产证券化机制，但要使房地产市场平稳健康发展，应建立政府信用支持的资产证券化机制。建立这一机制既是为了补齐美国模式后半段的缺失，也与上述政府住房收储机制是配套的。建立这一机制的理由有三点。第一，住房是民生工程，而住房购买需要金融支持，降低老百姓购房成本就是惠民生的体现。综观世界主要国家住房金融体系，都存在一个类似于住房金融的中央银行的部门，如美国的房地美和房利美（"两房"）、日本的住专公司，这类政府支持机构（GSE）为按揭一级市场提供担保、发挥最后贷款人职能，这就使按揭成本极大降低。第二，有利于化解系统性金融风险。由于政府支持机构（GSE）是国有性质的，无论是财政救助还是央行提供流动性，都师出有名，这就避免了对市场机构救助时的道德风险和纳税人的反对声音。实际上，美国应对危机时采取的最重要的措施就是接管"两房"，日本在1996年救助过住专公司。第三，没有政府信用支持的住房金融机构，整个资产支持证券市场就发展不起来，也难以发挥稳定房地产市场的作用。根据证券业和金融市场协会（SIFMA）的数据，2021年底，美国资产证券化市场存量规模为12.2万亿美元，其中，机构类资产证券化债券（Agency ABS，即两房和吉利美发行的ABS）占比为87.6%，非机构类产品（Non-agency ABS）占比仅为12.4%。2007年第一季度（危机前），非机构类产品占比高达37.9%，正是私人部门的次级贷款大量进入资产池才导致了危机的发生。美国的经验表明，如果没有政府信用支持，那么资产证券化市场的发展空间非常有限，也不稳定。

（三）配售型保障房须建立有限闭环制度

建立配售型保障房制度是为了补齐新加坡模式的后半段的短板。从住房体系的现状来看，我国已具备回到1998年房改"初心"的条件。第一，保障房建设（筹集）的需求量不是很大，国家财政的负担不是很重。

目前，我国居民人均居住面积达到 42 平方米，总量基本均衡；主要问题是结构性失衡，即无法满足一线城市和热点二线城市的新青年、新市民的住房需求。而房改初期面临的主要问题是总量缺口较大，采取市场化措施是必然选择。第二，土地财政不具备可持续性，地方政府已改变土地供给的思路，如为保障性租赁住房提供近乎成本价的 R4 用地，而长期低地价的保障房制度是公积金制度成功发挥作用的重要前提。要想成功实现新加坡模式的两级结构，还有一个重要条件，即避免保障房和商品房的套利，新加坡模式针对组屋设计了有限的闭环制度。

所谓有限闭环制度，概言之就是"出后不能再进"。新加坡的商品房市场和组屋市场存在巨大的价格差异：私人住宅市场的价格通常是新组屋市场的 4~6 倍，转售组屋市场的价格是新组屋市场的 2~3 倍。对此，新加坡法律规定，一个家庭只能拥有一套政府组屋，一个人一生只有两次购买组屋的机会。一个居民购买组屋后如果想在 5 年内转卖组屋，则必须获得建屋发展局的同意或支付高昂的政府税费。满 5 年后不卖可以继续居住，如果转卖组屋，则有两个选择。一是永久退出组屋市场。这时进入私人住宅市场意味着该居民成为真正的高净值人群，能够负担得起 4~6 倍的房价，这自然不需要组屋制度的保障了。二是组屋市场置换。这时新加坡政府要求，购买新组屋后，原来的组屋必须在半年内出售，这就保证了居民始终只能持有一套组屋，没有囤积组屋的可能。此外，购买原组屋所动用的公积金及其利息需要如数再存入公积金局，如果是购买私人住宅，公积金的优惠政策就大打折扣，这从资金支持方面切断了"炒房"的可能；如果置换组屋，则公积金的优惠政策还能享有。

新加坡的组屋制度特征可以概括为三点：第一，组屋市场和商品房市场不连通；第二，在组屋市场内的人享有一次置换机会；第三，从组屋市场退出后不得再次进入。我国要学习新加坡的组屋制度，应坚持交易的闭环结构，即第一点和第三点应保留。但第二点应根据我国国情进行修改，即不限制置换次数。因为我国是一个大国，居民存在跨城市择业定居的需求。在实践过程中，一些人可能会利用不限制置换次数采取多次离结婚套取配售型保障房的情况，对此应设置一个家庭在存续状态只能拥有一套配售型保障房的要求，同时应按家庭人口规模动态调整住房面积。

（四）优化现有住房公积金制度

如果配售型保障房的有限闭环制度建立起来，那么公积金制度还需要优化，这样才能更好地发挥对保障人群的资金支持作用。首要的问题是扩大公积金覆盖率，这一方面是为了使低收入群体享受到政策性住房金融服务；另一方面是为了在总量上扩大公积金规模，从而支持配售型保障房的购买。扩大公积金覆盖率的关键措施是，将强制储蓄制度转变为自愿储蓄制度。强制储蓄要求单位和个人各承担一半公积金缴存额；而企业面临负担重的问题，不愿意为职工承担另一半。强制储蓄的结果是单位逃避，最终损害了职工利益。转变为自愿储蓄制度后，有人担心公积金制度没有吸引力，其实不然：其一，公积金是税前收入，享受免税政策，而商业贷款的还款使用的是税后收入；其二，公积金贷款利率比商业贷款利率低，可降低购房人的负担。要想使公积金制度更有吸引力，应提高公积金贷款额度，在缴存覆盖面扩大后可以支持贷款额度的提升。转变为自愿储蓄制度后，有人担心技术上不可行，理由是公积金依托企业和职工两级账户体系运转，其实不然：2021 年，住房和城乡建设部在重庆、成都、广州、深圳、苏州、常州 6 个城市开展灵活就业人员参加住房公积金制度试点，这些城市的灵活就业人员的公积金账户只有个人缴存部分。在完成强制缴存制度向自愿缴存制度转换后，首先向全部城镇居民推广。具体地，缴存基数分两种情况：无单位的居民或灵活就业人员参照当地平均工资标准，有单位的按单位工资标准或参照当地平均工资（就高不就低）；缴存比例仅设定总比例限制（不超过24%），个人和单位所占比例由个人自行决定。其次向全部非城镇居民推广。具体地，缴存基数参照当地农村居民平均纯收入，缴存比例不超过平均纯收入的30%。

另外，要提高住房公积金的使用效率。目前，公积金存在流动性不足和资金闲置并存的现象：前者主要存在于发达地区，这些地区出现的公积金贷款轮候制度、贷款额度限制、资产证券化项目以及公转商贴息贷款都表明存在流动性不足的情况；后者主要存在于欠发达地区，这些地区的资金使用效率低，公积金整体上还存在资金沉淀的问题。对此可以从以下两个方面着手解决。第一，从投资着手，拓宽投资渠道。公积金投资渠道仅限于购买国债，这主要是出于安全性的考虑；然而，我国金融市场取得长足发展，一些次主权的债券（如地方政府债券、政策性金融债）具有极高的信用等级，流动性也较高，可适当放宽投资限制。第二，从全国统筹着手，通过打通各地公积金割据的局面提高资金使用效率。当然，全国统筹是一项难度较大的工作，可逐步推进。其一，针对各地现存住房公积金制度的差异，应在保持各省区市因城施策的必要差异的前提下，寻找能够兼容的地方进行调整，加强各地住房公积金之间的联系，增加规模效益。其二，利用互联网技术，跨越地区间隔，建设各地之间的信息互联互通平台，使群众在人口迁移或改变工作城市时更加便捷地调整自己的住房公积金账户。其三，在中央层面统筹进行顶层设计，优化现行住房公积金管理制度。

（五）预售制应与成熟市场制度接轨

当前，我国期房预售制可能会导致住房消费者在期房项目烂尾时既面临背负按揭贷款债务又面临收楼风险的双重困境，对此，一些学者提出了"取消预售制，改为现售制"的建议。这一建议是错误的，因为我国房企50%左右的资金来源于预售的定金和按揭贷款，如果采取现售制，那么即使当前没有出现"爆雷"的国有房企也会面临资金链断裂的风险。预售制是海外成熟市场的普遍制度，这是各国住房金融体系的共性制度，我国采取住房预售制的方向没错，关键在于核心细节出现问题，即按揭贷款的发放时点。

从国际经验看，按揭贷款都是在房屋交付后发放。在美国，银行在政府部门对竣工房屋进行检查并发放入住证后才发放按揭贷款。在中国香港，按揭贷款一般在交楼前3个月开始申请。这么做的好处是：一方面有利于降低银行的系统金融风险，另一方面能避免开发风险被提前转嫁给消费者。在我国，按揭贷款的发放是在开发商取得预售许可证之后，现房交付之前。过去这种预售方式之所以没有出现问题，是因为房价一直上涨，开发商的资金池是不断做大的，能够保证楼盘的交付。但是，在这个过程中，开发风险实际上已经转嫁给消费者，只是在过去房价上涨环境下风险没有爆发。尽管按揭的贷款合同与住房销售的买卖合同是相对独立的，但购房者在收不到房的情况下只能选择断供这种方式减少风险，"集体停贷事件"的爆发正是这个原因。

将按揭贷款的发放时点调整至房屋交付之后，这是预售制改革的核心要求，是与国际接轨的关键。这一改革有利于厘清开发商、购房者和银行三者的风险关系，有利于将房屋销售的买卖合同与住房按揭的贷款合同真正独立区分开。这是因为对于房屋交付后形成的贷款合同，银行的抵押物为住房而非在建工程，即使购房人违约，银行针对房屋也有相应的处置手段。而买卖合同的风险则可以通过优化资金监管和担保机制化解。

（六）建立健全房地产企业主体监管制度

当前房地产行业面临较大挑战的主要原因是：房企借助"三高"模式进行资本无序扩张，房地产行业获得了类金融化的市场地位，并且风险造成了严重的外溢效应。当前，我国对房地产市场和房企采取了一定的救助措施，为防范道德风险，应建立健全房地产企业主体监管制度，这既是中国特色住房金融体系的一项内容，也是在落实中央金融工作会议的精神。对此，本报告提出两个具体措施。其一，参照金融机构进行资本充足率管理。对房企投资开发的项目进行合理的风险权重划分，并在集团（公司）层面设定最低资本要求。通过进行资本充足率管理，在微观上可以起到遏制房企规模过度扩张的作用，在宏观上可以起到逆周期调节的作用。其二，对上市房企的隐性债务进行特别信息披露。复杂而又隐匿的债权债务关系是风险处置困难的重要原因，针对当前房企采取明股实债的融资方式和合作开发的模式，可要求上市房企针对长期股权投资进行并表披露。

第八章
商品房预售制度改革研究

蔡 真　崔 玉*

● 预售制是针对未完工产品卖方发出销售邀约，买方支付定金后再
生产的一种销售制度，这种销售制度大多针对大额商品或服务，
且采用分期付款方式。预售制具有典型性，其背后蕴含着深刻的
金融原理，它发挥风险管理、资金聚集以及过程监督的作用。境
外房地产成熟市场普遍采取预售制，可提供如下成熟经验。第
一，预售条件方面，亚洲地区的中国香港、日本、新加坡的期房
项目在获得建设和规划许可后，需满足一定条件或需要申领预售
资格证明后方可进行预售，欧美国家的期房项目仅需获得建设和
规划许可后就可以进行预售。第二，预售资金监管方面，其一，
定金和预付款占购房款比例较低；其二，预售资金一般需要存放
在资金监管账户中；其三，预售资金拨付给房企分为两种方式：
一是在期房项目交付后支付给房企，如中国香港、美国，二是按
照期房项目施工进度分节点支付给房企，如英国、德国、日本、
新加坡。第三，个人住房按揭贷款发放方面，根据预售资金中是
否包含按揭贷款分为两种发放方式。其一，预售资金中不包括按
揭贷款的，其按揭贷款在期房项目完工或交付后才发放，如中国
香港、美国、日本（不含订单式住宅期房）、英国。这种制度安

---

* 蔡真，中国社会科学院金融研究所副研究员，国家金融与发展实验室房地产金融研究中心
主任、高级研究员。崔玉，国家金融与发展实验室房地产金融研究中心研究员。

排将购房人与房企之间买卖风险和购房人与银行之间贷款风险完全隔离，不会导致购房人面临"拿不到资产且背负巨额债务"的双重困境，这是因为买卖合同与贷款合同之间有清楚的界限。其二，预售资金中包括按揭贷款的，其按揭贷款按照期房项目施工进度分节点发放给购房人，购房人再将按揭贷款资金通过预售资金监管账户划转房企，采取这种制度安排的包括德国、新加坡、日本（订单式住宅期房）。这一方式对购房人的权益保护相对较弱，但这三个国家的整体信用环境较好。第四，建筑贷款或费用监管方面，一般按照期房项目施工进度支付，且需要确保建筑费用资金专门用作期房项目建设相关费用。第五，购房者权益保护方面，可以采取以下措施：一是预售资金存入监管账户，期房项目交付完工后方可支付给房企，在期房项目出现延期交付或烂尾时，预售资金可以不受损失地取回；二是设立预售资金风险分担机制，由金融机构为购房者的预售资金提供担保或保险；三是房企负有保障期房项目质量及按期交付的责任，并在交付后为期房提供一定期限的质量保障服务。

- 我国商品房预售制度的核心内容有以下几点。第一，商品房预售条件方面，房企进行商品房预售需满足以下条件：一是已交付全部土地使用权出让金，取得土地使用权证书；二是持有建设工程规划许可证和施工许可证；三是按提供预售的商品房计算，投入开发建设的资金为工程建设总投资的25%以上，并已经确定施工进度和竣工交付日期；四是应当向县级以上人民政府房产管理部门申请预售许可，取得《商品房预售许可证》。第二，预售资金监管方面，购房者与房企签订购房合同后，在一般情况下，购房者会支付总房价30%左右的首付款。为保护购房者权益，相关法律法规和政策要求房企须将商品房预售资金存入银行监管专用账户，由银行对专用账户资金进行全过程监管，以保障资金专门用于与期房项目有关的工程建设。第三，个人住房按揭贷款方面，购房者与房企签订购房合同后就可以向商业银行等金融机构申请个人住房按揭贷款，贷款额度一般不超过总房款的 70%～85%，贷款期限不超过 30 年。商业银行等金融机构一般在期房项目主体封顶之后发放个人住房按揭贷款，购房者在期房交付前就需要偿还房贷。

- 商品房预售制度是我国房地产市场重要的基础性制度之一。在 1994 年建立商品房预售制度之后，期房预售方式逐渐成为我国新建商品房市场最主要的销售方式。我国商品房预售制度的建立，有效地解决了房企开发建设资金不足的问题，也极大地促进了房地产行业的发展。但是，随着房地产市场的发展，我国商品房预售方面的一些问题逐渐暴露出来，例如，助推了房企的高负债、高杠杆、高周转经营模式，并导致大规模的期房烂尾；无法有效保障期房购买者的合法权益；在预售资金监管等方面的措施效果与境外成熟市场的措施效果存在明显的差距等。为解决商品房预售制度带来的问题，2024 年 7 月，党的二十届三中全会上通过的《中共中央关于进一步全面深化改革 推进中国式现代化的决定》明确提出改革商品房预售制度的要求。

- 为适应房地产市场供求关系变化和应对商品房预售制度存在的问题，需对我国现行的商品房预售制度进行改革，具体建议如下：第一，商品房预售制度需要进行改革而非取消；第二，在部分地区、企业先行试点现房销售模式；第三，个人住房按揭贷款的发放必须在房屋交付之后；第四，应用数字技术优化预售资金监管机制；第五，开发住宅交付保险品种。

商品房预售制度是我国房地产市场重要的基础性制度之一。在 1994 年建立商品房预售制度之后，期房预售方式逐渐成为我国新建商品房市场最主要的销售方式。商品房预售制度的建立，有效地解决了我国房企开发建设资金不足的问题，进而极大地促进了我国房地产行业的发展。但是，商品房预售制度带来的问题在近年来也逐渐显现。2021 年下半年以来，我国部分房企出现债务违约问题，且违约房企的部分房地产在建项目出现了延期交付或烂尾的问题，购房者的合法权益难以得到有效保障。2022 年，我国出现"集体停贷"事件，这是购房人在面临资产损失的同时还要承担债务负担的双重困境下做出的无奈选择，反映出当下预售资金监管面临的问题。对此，中共中央、国务院高度重视，推出"保交楼"行动。为了从根本上解决商品房预售制度带来的问题，2024 年 7 月，党的二十届三中全会上通过的《中共中央关于进一步全面深化改革 推进中国式现代化的决定》明确提出改革商品房预售制度的要求。我们认为，商品房预售制度不应简单地取消，而是要在充分的国际比较基础上结合我国国情进行渐进式改革。

一 商品房预售制度蕴含的金融原理及境外经验

（一）预售制所蕴含的金融原理

预售制是针对未完工产品卖方发出销售邀约，买方支付定金后再生产的一种销售制度，这种销售制度大多针对大额商品或服务，且采用分期付款方式，比如，房屋装修服务、汽车购买等都采取预售制。这种销售方式具有典型性，其背后蕴含着深刻的金融原理。因为对于大额商品交易而言，如果采取"先付钱后交货"的方式，那么卖方有卷款潜逃的可能；如果采取"先交货后付钱"的方式，那么买方有可能因为产品的一点瑕疵而拒绝付款。这时预售制就发挥促成交易的重要作用。对于买方而言，定金相当于对购买承诺的担保费，实际上发挥金融功能中的风险管理作用。对于卖方而言，预售产品要比现货产品便宜，这笔便宜的费用包括两个作用：其一是对交付产品承诺的担保费，这实际上发挥了风险管理的功能；其二是对使用买方无息资金的补偿，这实际上发挥了金融集聚资金的功能。如果预售制中还伴随着多次分期付款，那么分期付款还具有过程监督的作用。

境外房地产成熟市场普遍采取预售制。所谓成熟市场是指房价经历过上升下降完整周期、存在期房交付风险的市场，在这样的环境下，预售制也不因存在风险而自然被取消，这说明该制度符合大额商品交易的原理。然而，各国或地区商品房预售制度的实施方式、监管措施和购房者权益保护机制有所不同。这种差异可能主要来源于各国房地产市场和金融市场发展状况、房地产行业的信用水平和法律法规制度的不同。

（二）境外商品房预售制度的典型代表

1. 中国香港预售楼花制度

20 世纪中叶，由于战争、政治等方面的原因，大量中国内地人口涌入香港，香港的人口规模激增。人口的增长带来了巨大的住房市场需求，使香港房地产市场供不应求，出现了严重的住房短缺问题。在旺盛的市场需求驱动下，霍英东于 1954 年创立了立信置业有限公司，进入房地产行业。为了迅速回笼资金，立信置业有限公司一改当时的现房销售模式，推出"预售楼花+分期付款"的期房销售模式，即在房地产项目建成完工前就开始销售，购房者通过先付购房款 50% 作为购房定金，并按照房地产项目建设进度分 5 期支付另外 50% 的购房款（每期支付总房价的 10%）。该模式一经推出就被其他房企所效仿，并迅速成为行业的主流销售模式。在该模式下，购房者明显处于不利地位，原因如下。其一，期房买卖交易未能在田土厅登记。其二，购房者支付的购房定金和分期款未能得到有效监管，无法确保购房资金被房企用于支付房地产项目建设费用。期房项目一旦烂尾，购房者的权益完全得不到保障。1958 年，中国香港爆发了二战后的第一次房地产危机，部分房企因地价、房价的下跌和资金周转不灵而濒临破产或倒闭。1960 年，位于中国香港大角咀的富贵大厦房地产期房项目因建筑费用超支而停工，成为中国香港第一宗烂尾楼。为避免房地产期房项目再次出现烂尾及更好地保障购房者的权益，1961 年，中国香港政府推出由地政总署管理的预售楼花同意方案，以用于对新批土地预售楼花销售进行规范管理。在此之后，由于房地产市场情况的变化，预售楼花同意方案进行多次优化，并沿用至今。1981 年，由中国香港律师会负责管理的非预售楼花同意方案被推出，用于对已批土地重建项目（如旧楼拆后重建项目）等不属于预售楼花同意方案规范的房地产期房项目进行规范管理。预售楼花同意方案、非预售楼花同意方案及 2013 年生效的《一手住宅物业销售条例》的相关规定共同构成了当前中国香港预售楼花制度。概括来看，中国香港现行预售楼花制度的核心内容有以下几点。

第一，预售条件方面，对于在新批土地上建设的房地产项目，房企可以在项目预计完工前 30 个月内向地政总署申请《预售楼花同意书》，取得同意书后方可进行期房预售。房企获批《预售楼花同意书》需满足以下条件：一是要求房企已经全额支付地价款，并完成地基工程建设；二是房企需提交具备足够资金完成房地产项目建设的证明。房企一般可以通过提供从承接银行获得建筑费用贷款的证明书（证明房企已提取的及尚可提取的建筑费用贷款金额，足以支付房地产项目建设所需费用）、银行承诺书或建筑费用保证书（保证在房地产项目不能完工时，银行将提供建筑费用）、无担保贷款合约（由财务公司做出无担保贷款合约）的方式，证明其有能力支付房地产项目的建筑费用。对于少部分不属于预售楼花同意方案规范管理的房地产期房项目，房企无须向地政总署申请《预售楼花同意书》来获取预售资格，但是相关部门鼓励房企依照预售楼花同意方案的相关规定执行。

第二，建筑费用资金监管方面，房企要将期房项目所需建筑费用资金存入指定信托账户（监管账户），一般把建筑费用贷款发放银行作为资金的存入方和信托账户管理者。房企凭建筑师开具的房地产项目建设工程所达阶段证明，申请使用建筑费用资金，并确保资金用作支付期房项目建筑费用。

第三，预售资金监管方面，相关预售资金支付至负责为房企所涉期房项目担任保证金保存人的律师事务所的信托账户，直至房企期房项目完工后才将其全部转交给房企。按照《一手住宅物业销售条例》的规定，中国香港的期房购买者一般需支付总房价的 10% 以作为定金，其中签订临时买卖合约时支付总房价 5% 左右的初步定金（俗称细定），在签订正式买卖合约后支付进一步定金（俗称大定，其金额连同初步定金一般为总房价的 10%），并按合同约定支付部分房款以作为首付款，一般情况下，包括定金在内的首付款一般为期房总价的 30% 左右。

第四，个人住房按揭贷款方面，中国香港期房购买者一般在期房项目建设完成并正式交楼前 3 个月左右才开始向银行申请个人住房按揭贷款，银行在购房者验楼完成后才发放个人住房按揭贷款。这就从根源上杜绝了期房烂尾还需偿还个人住房按揭贷款的事情发生。在期房项目发生烂尾的情况下，购房者至多损失总房价 30% 的定金及首付款。

第五，如果期房项目出现延迟交付或烂尾的情况，则购房者可以取消合同，并要求房企返还已支付款项及利息。

2. 美国商品房预售制度

预售是美国新房项目普遍采用的销售模式，美国对商品房预售的规范管理主要依赖合同法等相关法律。

第一，预售条件方面，美国相关法律对房企期房项目的预售并无特殊限制，房地产项目在获得地方政府的建设和规划许可后，无须申请期房预售资格即可进行期房预售。

第二，房企建筑贷款资金监管方面，美国房企的项目建筑资金主要来源于建筑贷款，贷款额度一般为房地产项目估值的 65%~80%，具体取决于房地产项目的类型、位置、房企的信誉及银行对建筑贷款风险的评估结果。因为对于销售型期房项目来说，预售资金和销售收入是房企后续偿还建筑贷款的重要来源，所以大部分银行或金融机构要求房企在申请建筑贷款时已经完成一定比例（一般为 30%~50%）的预售。而且，银行或金融机构会按照期房项目施工进度节点分批次发放建筑贷款，并对建筑贷款的使用进行严格监管，确保资金只能用作与期房项目建设直接相关的费用，如材料费、施工费等。

第三，预售资金监管方面，美国购房者与房企确定期房购买意向后，一般会被要求支付定金并签订房屋预售合同，明确购房款的支付时间、方式等。定金一般为总房价的1%~5%，而且，在签订正式合同之前，如果购房者选择毁约，则定金可以无条件退还。美国部分地区的房企会要求期房购买者按照项目建设进度分期支付首付款，大部分地区购买期房的首付款可以在申请个人住房按揭贷款前支付，首付款一般为房价的10%~20%，部分贷款产品允许更低的首付款比例，例如，联邦住房管理局贷款（FHA Loan）要求的最低首付比例仅为3.5%。购房者支付的定金和首付款均存入第三方监管账户（Escrow Account，一般为房企代理律师事务所负责管理的托管账户），直至在房屋正式交付和验收完成后，预售资金方从监管账户支付给房企。

第四，个人住房按揭贷款方面，美国期房购买者通常在房屋完工前3~6个月申请个人住房按揭贷款，银行等金融机构在期房完工并通过验收后发放个人住房按揭贷款，资金会直接拨付给房企。

第五，如果期房项目因为烂尾而无法交付，则购房者可根据购房合同相关条款申请取回存放在第三方监管账户的预付的定金和首付款，不承担任何责任与损失。

3. 英国商品房预售制度

预售在英国也是一种普遍被采用的新建商品房销售模式，而且英国商品房预售制度有着特有的安排。

第一，预售条件方面，与美国类似，英国相关法律对房地产项目预售并无特殊限制，房企在获得地方政府的建筑许可后，无须申请期房项目预售资格即可进行期房预售。

第二，房企建筑贷款资金监管方面，建筑贷款是英国房企完成房地产项目开发建设的重要资金来源，建筑贷款的额度通常为房地产项目总成本的70%~90%，房企一般需自筹10%~30%的资金作为房地产项目的启动资金。银行等金融机构通常根据房地产项目工程进度分期拨付建筑贷款，并严格监督资金使用情况，确保建筑贷款被合理地用于房地产项目。

第三，预售资金监管方面，在购房者与房企确定购房意向并签订预售合同后，通常需要支付一笔定金，金额通常为所购期房总价的 2%~5%。在签订合同后的 21 天内，购房者需根据合同支付购房首付款，首付比例一般为期房总价的 10%~25%（包括预订金转为的首付款）。在之后的 6~24 个月，购房者需根据期房项目进展情况，支付两笔或多笔购房款，一般每笔金额为期房总价的 5%~10%。在期房交付前，购房者一般会支付期房总价 20%~40% 的预售资金，预售资金会先转至买方律师管理的托管账户，由律师根据合同约定的节点和条件转至房企律师管理的托管账户，再转给房企。

第四，个人住房按揭贷款方面，购房者通常在期房项目交付前的 3~6 个月申请个人住房按揭贷款；期房项目完工后需房地产公证公司的检验与验收，在验收合格可以交付后，银行等金融机构才会将个人住房按揭贷款发放至房企律师管理的托管账户以作为购房款余款，并在期房完成交付后转至房企账户。

第五，英国通过设立预售资金保险机制，保障购房者的权益。英国大多数房企会与担保商合作，为购房者支付的预售资金提供担保，担保赔偿额通常为期房总价的 10%。如果期房项目因为烂尾而无法交付，则购房者能够获得期房总价 10% 的保险金赔偿。这能在一定程度上降低购房者的损失。

4. 德国商品房预售制度

德国商品房预售制度对期房购房款支付方式做了特殊的制度安排，以降低购房者面临的风险。

第一，预售条件方面，德国房企在获得完整的建筑许可证后，无须申请期房预售资格即可进行期房预售。

第二，预售资金支付方式与监管方面，在购房者与房企确定购房意向后，购房者需要支付总房价 1% 左右的定金，并进行预约公证；如果在签订购房合同前，购房者取消购房意向，则定金全部退回给购房者。首付方面，德国购买期房项目无最低首付比例支付要求；但是在期房项目交付前，购房者需要根据期房项目的工程进度节点向房企支付购房款。对于大部分期房项目，需要分 7 个节点支付购房款，第一笔是在完成购房合同公证及在地产簿处登记后，支付总房价的 30%；第二笔是在期房项目主体框架结构完工后，支付总房价的 28%；第三笔是在屋顶、门窗安装完工后，支付总房价的 12.6%；第四笔是在水、电、暖等基础设施完工后，支付总房价的 10.5%；第五笔是在地板、内部装修完工后，支付总房价的 7%；第六笔是在全部完工后，支付总房价的 8.4%；第七笔是在期房交付时，支付总房价 3.5%（尾款）。购房款既可以来自购房者的自有资金，也可以使用个人住房按揭贷款来支付。按照合同，购房者支付的款项存放在独立的托管账户，由律师或公证人管理。在房企完成相应阶段工程施工并通过验收后，购房款才会按照房企提供的账单被支付。

第三，个人住房贷款方面，购房者可以在签订正式购房合同前申请个人住房按揭贷款，银行等金融机构会根据期房情况、借款人的收入、纳税情况和信用记录等信息审核发放个人住房按揭贷款，贷款额度一般为总房价的 50%~70%，最高可为总房价的 100%。银行等金融机构根据施工进度，按照购房者转交的房企账单分批次发放个人住房按揭贷款，以用于向房企支付相应款项。贷款利率通常为固定利率，购房者只需在每笔贷款实际发放后开始还款。

第四，德国房企对已交付的房屋负有 5 年的保修义务。在工程完工后，房企一般需将 10% 左右的购房款交由律师管理的监管账户保管 3~5 年，以作为房屋质量纠纷的保证金。

5. 日本商品房预售制度

预售也是日本新建商品房常见的一种销售模式，被称为青田卖（日文是青田壳り）。日本以《宅地建筑物交易法》[①] 为基础，建立了一套行之有效的商品房预售制度。

第一，预售条件方面，日本《宅地建筑物交易法》规定，原则上禁

---

① 《宅地建筑物交易法》，日文名称为『宅地建物取引业法』，由日本政府于 1952 年颁布，历经 15 次修订并沿用至今。

止商品房预售，但是如果房企在获得政府部门的开发许可、建筑确认等行政许可并完成期房定金保全措施的情况下，就可以进行商品房预售。期房定金保全措施是指期房购买者与房企签订购房合同时，当期房购买者支付的定金高于总房价的5%且超过1000万日元时，房企需向金融机构申请买主定金担保或保险，且需要将担保或保险凭证交给购房者。

第二，预售资金监管方面，购房者与房企签订商品房预售合同后，需支付不超过总房价20%（一般为10%~20%）的定金。购房者支付的定金直接交付给房企，预售资金的安全由金融机构担保或保险来提供保障；剩余房款在期房竣工交付时支付。但是对于订单式住宅期房（如一户建)①来说，除了要在签订合同后向房企支付总房价约10%的定金外，还需要按照期房项目施工进度分批向房企支付剩余房款，剩余房款的支付来自购房者自有资金或个人住房按揭贷款。购房者一般需要在订单式住宅期房正式开工建设时支付总房价30%的开工款，在地基工程完工后支付总房价30%的中间金，竣工时需要支付总房价30%的竣工款。而且，因为日本《宅地建筑物交易法》相关规定并不覆盖订单式住宅期房，订单式住宅期房由《建筑业法》进行规范管理，订单式住宅期房购买者向房企支付的预售资金（包括定金、开工款、中间金等）并无相关保全措施。

第三，个人住房按揭贷款方面，日本购房者一般在签订预售合同后就可以向银行申请个人住房按揭贷款，贷款金额一般为所购房屋总价的60%~80%。但是，银行通常在期房交付后才发放贷款，并且购房者偿还个人住房按揭贷款也是从交房后开始的。订单式住宅期房购房者申请的个人住房按揭贷款则按照期房项目施工进度分批发放。

第四，一般来说，如果日本期房项目因为烂尾而无法交付，那么购房者损失的定金将由提供买主定金担保或保险的金融机构负责赔偿。但是，当订单式住宅期房在发生烂尾时，因为预售资金无相关保全措施，购房者

---

① 订单式住宅期房（如一户建）是指购房者按自己的设计要求委托房企在一定期限内开发建设的住宅期房。

所支付的预售资金难以得到有效保障。

6. 新加坡房屋预售制度

新加坡的商品房和组屋均可通过预售或预订方式进行销售。新加坡政府以《房地产开发商条例》（Housing Developers' Rules）为基础，建立一套能够规范房企预售行为和保障购房者权益的房屋预售制度。

第一，预售条件方面，新加坡房企需在获得建房规划许可证（Building Plan Approval）和房地产开发商销售许可证（Housing Developers' Sale Licence）后才能开始进行期房预售。房企在期房预售时必须使用《房地产开发商条例》所规定的标准格式的房屋预售合同（Option to Purchase）和房屋购买合同（Sale & Purchase Agreement），且在购买合同中应详细列明与施工进度相符的购房款支付计划。

第二，预售资金监管方面，在购房者与房企确定购房意向后，须签订房屋预售合同，并支付购房款的5%以作为定金。在签订房屋预售合同后的两周内，购房者需与房企签订房屋购买合同，并按约定支付总房款的20%以作为首付款（包含定金）。如果购房者在签订房屋预售合同后选择毁约，则房企有权收取定金总额的25%以作为违约金。在支付首付款（包含定金）后，购房者还需按照合同约定，根据期房项目工程施工进度分阶段支付后续房款，一般按照完成地基建设、完成房屋框架建设、完成墙体建设、完成房顶建设、完成管道门窗建设、完成小区配套设施建设、确认无他人占用、完成验收8个节点，分别支付给房企总房款的10%、10%、5%、5%、5%、5%、25%、15%。支付购房款的资金既可以是自有资金，也可以来自个人住房按揭贷款。购房者支付的全部房款（包括定金、首付款、后续房款、个人住房按揭贷款）均存入房企在银行或金融机构为期房项目开设的资金监管账户，由银行或金融机构同样按照期房项目工程施工进度分阶段拨付给房企。

第三，个人住房按揭贷款方面，购房者在签订房屋购买合同后就可以申请个人住房按揭贷款，新加坡商品房个人住房按揭贷款额度最高为总房价的75%，最长期限为35年；组屋个人住房按揭贷款额度最高为总房价的 80%，20% 的首付可以由现金、中央公积金普通账户资金或两者结合支付，最长期限为 30 年。个人住房按揭贷款申请下来后，银行按照施工进度向借款人发放个人住房按揭贷款，借款人在贷款实际发放后开始还款，未放款部分无须偿还。

第四，在新加坡期房交付给购房者 1 年内，房企负有保修义务。保修期结束后，期房项目才真正完成交付。

（三）商品房预售制度境外经验总结

商品房预售制度境外经验汇总见表 8-1。从上述国家或地区商品房预售制度相关措施来看，如下成熟经验可供借鉴。

第一，预售条件方面，亚洲地区的中国香港、日本、新加坡的期房项目在获得建设和规划许可后，需满足一定条件或需要申领预售资格证明后方可进行预售，欧美国家的期房项目仅需获得建设和规划许可后就可以进行预售。

第二，预售资金监管方面，其一，定金和预付款占购房款比例较低。其二，预售资金一般需要存放至银行、律师事务所或公证处的监管账户中。其三，预售资金拨付给房企分两种方式：一是在期房项目交付后支付给房企，如中国香港、美国，由于预售资金拨付时间较晚，采取这种方式的国家或地区往往配套发放建筑费用贷款；二是按照期房项目施工进度分节点支付给房企，如英国、德国、日本、新加坡。

第三，个人住房按揭贷款发放方面，根据预售资金中是否包含按揭贷款分为两种发放方式。其一，预售资金中不包括按揭贷款的，其按揭贷款在期房项目完工或交付后才发放，如中国香港、美国、日本（不含订单式住宅期房）、英国。这种制度安排将购房人与房企之间买卖风险和购房人与银行之间贷款风险完全隔离，不会导致购房人面临"拿不到资产且背负巨额债务"的双重困境，因为买卖合同与贷款合同之间有清楚的界限。然而，这种制度安排导致房企不能完全使用购房人的资金进行项目开发，因此需要银行介入，配套发放建筑费用贷款。但中国香港、美国和日本（不含订单式住宅期房）、英国之间还存在差异，前两者是购房人的定金在整

表 8-1　商品房预售制度境外经验汇总

国家或地区	预售条件	建筑费用监管	预售资金监管	个人住房按揭贷款的发放	期房质量与交付保障
中国香港	对于新批土地期房项目，房企需要在已经全额支付地价款，完成地基工程建设，且提交具备足够资金完成房地产项目建设的证明书的前提下，申请《预售楼花同意书》，然后进行预售	房企要将期房项目所需建筑费用存入指定信托账户（监管账户），凭建筑师开具的房地产项目建设工程所处阶段证明，申请使用建筑费资金，并确保资金用作支付期房项目建筑费用	一般需支付总房价的10%以作为定金，包括定金在内的首付款一般为期房总额的30%左右；预售资金存在指定的信托账户，直至房企将期房项目完工后，资金才会全部转交给房企	银行在购房者验楼完成后才发放个人住房按揭贷款	如果期房项目延迟交付或烂尾，购房者可以取消合同，并要求房企返还已支付款项及利息
美国	获得地方政府的建设和规划许可后即可进行预售，无须申请期房预售资格	银行或金融机构照期房项目施工进度节点分批次发放建筑贷款，并对建筑贷款的使用情况进行严格监管，确保资金只能用作与期房项目建设直接相关的费用	定金一般为房价的1%～5%，在签订正式合同之前，如果购房者选择毁约，则定金可以无条件退还；首付款一般为房价的10%～20%；购房者支付的定金和首付款均存入第三方监管账户，直至在房屋正式交付和验收完成后，预售资金才从监管账户转交给房企	银行等金融机构在期房完工并通过验收后发放个人住房按揭贷款	如果期房项目因为烂尾而无法交付，那么购房者可根据购房合同相关条款申请取回存放在第三方监管账户的预付定金和首付款，不承担任何责任与损失

续表

国家或地区	预售条件	建筑费用监管	预售资金监管	个人住房按揭贷款的发放	期房质量与交付保障
英国	房企在获得地方政府的建筑许可证后,无须申请期房预售资格即可进行期房预售	银行等金融机构通常根据房地产项目工程进度分期拨付建筑贷款,并严格监督资金使用情况,确保建筑贷款被合理地用于房地产项目	定金通常为所购期房总价的2%~5%;在签订合同后的21天内,购房者需根据购房合同支付购房首付款,在期房交付前,购房者一般会支付期房总价20%~40%的预售资金;预售资金会先转至买方律师管理的托管账户,由律师根据合同约定的节点和条件转至房企律师管理的托管账户,再转给房企	期房项目完工后需要房地产公证公司等的检验与交验收,在验收合格可以交付后,银行等金融机构才会将个人住房按揭贷款发放至房企律师管理的托管账户以作为期房款余款,并在期房完成交付后转至房企账户	英国大多数房企会与担保商合作,为购房者支付的预售资金提供担保,担保额通常为期房总价的10%。如果期房因为烂尾而无法交付,则购房者能够获得期房总价10%的保险金赔偿
德国	房企在获得完整的建筑许可证后,无须申请期房预售资格即可进行期房预售	—	购房者需要支付总房价1%左右的定金;首付方面,无最低首付比例或支付要求,但是在期房项目的工程进度节点支付前,购房者需要根据分期购房款,大部分购房款需要分7个节点支付购房款;购房者支付的款项存放在独立人管理的托管账户,由律师或公证人管理,在期房企完成相应阶段工程施工并通过验收后,购房款才会按照房企提供的账单被支付	银行等金融机构根据施工进度,按照购房者转交的个人住房按揭贷款,以用于的款项分批次发放的房企监管账户向房企支付款项	房企对已交付的房屋负有5年保修义务。在工程完工后,房企一般将10%左右的购房款交由律师监管的监管账户保管3~5年,以作为房屋质量纠纷的保证金

续表

国家或地区	预售条件	建筑费用监管	预售资金监管	个人住房按揭贷款的发放	期房质量与交付保障
日本	房企在获得政府部门的开发许可、建筑确认等行政许可并完成期房定金保全措施的情况下，可进行商品房预售。当期房购买者支付的定金高于总房价的5%且超过1000万日元时，房企需向金融机构申请保险或保证	—	购房者需支付不超过总房价20%（一般为10%~20%）的定金。定金由金融机构直接支付给房企，定金或由保险来提供保障，剩余房款在期房竣工交付时支付。（但是对于订单式住宅期房（如一户建）来说，购房者除了需要支付合同后向房企支付总房价约10%的定金外，还需按照期房项目施工进度向房企支付剩余房款。）所支付的预售资金（包括定金、开工款、中间金等）并无相关保全措施	银行通常在期房支付后才发放个人住房按揭贷款	一般来说，如果日本期房项目因为烂尾而无法交付，购房者损失的定金将由提供金融担保机构负责赔偿；但是当订单式全期房发生烂尾时，已支付的相关预售资金难以得到有效保障
新加坡	房企在获得建房规划许可证和房地产开发商销售许可证后才能进行期房预售	—	购房者支付约定房款的5%以上作为定金，按约定支付总房款的20%以作为首付款（包含定金）；根据期房项目工程施工进度分阶段支付后续款。购房者支付的全部房款（包括定金、首付款、后续购房贷款）均存入期房项目开发企业在住房按揭金融机构为期房项目开设的资金监管账户，由银行或金融机构同样按照期房项目工程施工进度分阶段发付给房企	银行按照施工进度向借款人发放个人住房按揭贷款，借款人在住房贷款发放后开始还款，未放款部分无须偿还	在期房交付给购房者1年内，房企负有保修义务

资料来源：由国家金融与发展实验室房地产金融研究中心整理。

个房企开发建设中都不能使用，后两者则可以使用购房人的定金，从这个角度讲，中国香港和美国对购房人权益的保护更强。其二，预售资金中包括按揭贷款的，其按揭贷款按照期房项目施工进度分节点发放给购房人，购房人再将按揭贷款资金通过预售资金监管账户划转房企，采取这种制度安排的包括德国、新加坡、日本（订单式住宅期房）。这一方式对购房人的权益保护相对较弱，但这三个国家的整体信用环境较好。

第四，建筑贷款或费用监管方面，一般按照期房项目施工进度支付，且需要确保建筑费用资金专门用作期房项目建设相关费用。

第五，购房者权益保护方面，可以采取以下措施：一是预售资金存入监管账户，期房项目交付完工后方可支付给房企，在期房项目出现延期交付或烂尾时，预售资金可以不受损失地取回；二是设立预售资金风险分担机制，由金融机构为购房者的预售资金提供担保或保险；三是房企负有保障期房项目质量及按期交付的责任，并在交付后为期房提供一定期限的质量保障服务。

二　我国商品房预售制度的历史及现状

我国商品房主要采取的也是预售制度，历史上源于对香港预售楼花制度的引进。目前，期房预售方式是我国商品房的主要销售方式，预售资金是房企开发建设的重要资金来源。

（一）我国商品房预售制度的历史沿革

在计划经济时期，我国城镇住房实行的是福利供给制，城镇居民的住房主要依赖单位分配，但是因为建设资金短缺，住房供给严重不足。改革开放的 1978 年，我国城镇居民人均居住面积仅为 3.6 平方米①，居住条件极差。为尽快改善城镇居民的住房条件，邓小平同志在 1980 年提出了住房

---

① 资料来源：《中国统计年鉴—1999》。

商品化的总体设想；1980 年 6 月，中共中央、国务院在批转《全国基本建设工作会议汇报提纲》中正式提出，实行住房商品化政策，准许私人建房、买房，准许私人拥有自己的住宅。1980 年，作为我国改革开放前沿城市的深圳开发建设了新中国第一个商品房小区——东湖丽苑小区。为解决商品房小区建设资金短缺问题，其引入在中国香港房地产市场盛行的预售楼花制度，采用预售楼花方式对东湖丽苑小区进行销售，并利用预售资金填补建设资金缺口。东湖丽苑小区也成为第一个期房预售项目。1986 年，国务院成立了住房制度改革领导小组，其负责领导和协调全国的房改工作。

在此之后，随着经济的快速发展，我国商品房市场进入初步发展阶段。为加强对城市房地产的管理，维护房地产市场秩序，保障房地产权利人的合法权益，促进房地产业健康发展，1994 年 7 月，第八届全国人民代表大会常务委员会第八次会议通过了《中华人民共和国城市房地产管理法》。《中华人民共和国城市房地产管理法》第四十五条明确了商品房预售条件，从法律层面正式确立了我国商品房预售制度。1994 年 11 月，为加强商品房预售管理，维护商品房交易双方的合法权益，建设部根据《中华人民共和国城市房地产管理法》制定了《城市商品房预售管理办法》，通过部门规章的方式明确了我国商品房预售制度的细则。在此之后，根据房地产市场发展状况的变化，在《中华人民共和国城市房地产管理法》经过三次修正、《城市商品房预售管理办法》经过两次修正后，商品房预售制度进一步完善和细化。2010 年，为完善商品房预售制度，住建部出台《住房和城乡建设部关于进一步加强房地产市场监管完善商品住房预售制度有关问题的通知》（建房〔2010〕53 号），要求商品房预售资金全部存入监管账户，由监管机构负责监管，确保预售资金用于商品房项目工程建设；预售资金可按建设进度进行核拨，但必须留有足够的资金保证建设工程竣工交付。2021 年之后，大规模的期房项目出现延期交付或烂尾的情况，暴露出商品房预售资金监管不到位、部分房企违规挪用预售资金等问题。2022 年，为保障房地产项目顺利竣工交付，维护购房者的合法权益，住建部、中国人民银行、银保监会、最高人民法院出台了《住房和城乡建设部 中国人民银行 银保监会关于规范商品房预售资金监管的意见》（建房〔2022〕16 号）、《最高人民法院 住房和城乡建设部 中国人民银行关于规范人民法院保全执行措施 确保商品房预售资金用于项目建设的通知》（法〔2022〕12 号），以进一步加强对商品房预售资金的监管。

（二）我国商品房预售制度的核心内容

《中华人民共和国城市房地产管理法》、《城市商品房预售管理办法》、《住房和城乡建设部关于进一步加强房地产市场监管完善商品住房预售制度有关问题的通知》、《住房和城乡建设部 中国人民银行 银保监会关于规范商品房预售资金监管的意见》与《最高人民法院 住房和城乡建设部 中国人民银行关于规范人民法院保全执行措施　确保商品房预售资金用于项目建设的通知》等法律法规和政策文件共同构成了我国商品房预售制度的基础。这些法律法规和政策文件规定了房企进行商品房预售须满足的条件、预售资金的监管措施等内容。具体来看，我国商品房预售制度的核心内容有以下几点。

第一，商品房预售条件方面，房企进行商品房预售需满足以下条件：一是已交付全部土地使用权出让金，取得土地使用权证书；二是持有建设工程规划许可证和施工许可证；三是按提供预售的商品房计算，投入开发建设的资金为工程建设总投资的 25% 以上，并已经确定施工进度和竣工交付日期；四是应当向县级以上人民政府房产管理部门申请预售许可，取得《商品房预售许可证》。

第二，预售资金监管方面，购房者与房企签订购房合同后，一般情况下，购房者会支付占总房价一定比例的定金及首付款。为保护购房者权益，相关法律法规和政策要求房企须将商品房预售资金存入银行监管专用账户，由银行对专用账户资金进行全过程监管，以保障资金专门用于与期房项目有关的工程建设。

第三，个人住房按揭贷款方面，购房者与房企签订购房合同后就可以向商业银行等金融机构申请个人住房按揭贷款，贷款额度一般不超过总房款的 70%~85%，贷款期限不超过 30 年。商业银行等金融机构一般在期房项目主体封顶①之后发放个人住房按揭贷款，购房者在期房交付前就需要开始偿还房贷。

（三）我国商品房预售制度运行现状

1. 期房预售方式是我国新建商品房最主要的销售方式

在商品房预售制度建立之后，期房预售方式成为我国新建商品房最主要的销售方式。从我国商品房销售情况来看，2005~2023 年，我国商品住房销售面积累计为 233 亿平方米。其中，商品房期房销售面积累计为 181 亿平方米，占比为 78%；商品房现房销售面积累计为 52 亿平方米，占比为 22%。2005~2023 年，商品房期房销售面积占比为 57%~87%，这意味着我国新建商品房市场长期以期房销售为主；而且，在 2020 年和 2021 年，商品房期房销售面积占比更是高达 87%。不过受房企债务违约导致部分期房项目烂尾影响，从 2022 年开始，商品房期房销售面积占比开始降低（见图 8-1），居民购买期房意愿持续下降。

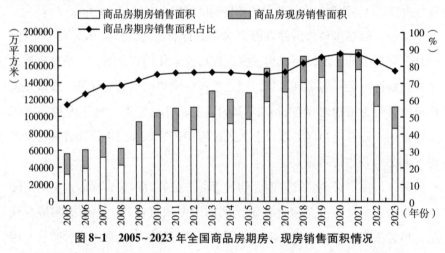

图 8-1 2005~2023 年全国商品房期房、现房销售面积情况

资料来源：国家统计局、Wind。

---

① 期房项目完成主体封顶只完成期房项目总工程量的 50%~60%，后续还需要完成墙面砌筑、二次结构施工、屋面施工、外墙装饰、外墙节能保温、楼地面及内墙装饰装修、门窗安装、水电暖消防工程安装、室外工程（如园林绿化、小区内部道路工程）等项目的施工。一般来说，从期房项目完成主体封顶到房屋交付给购房者需要 18 个月，精装修期房项目所需的时间可能更长。

2. 预售资金是我国房地产开发建设的重要资金来源

从房地产开发企业到位资金情况来看，2005～2023 年，房企共筹集到 212.3 万亿元资金用于房地产开发建设。其中，通过定金和预收款筹集到 65.8 万亿元，占比为 31.0%。考虑项目主体封顶到期房交付之前，房企还使用了购房人的按揭贷款，这部分资金规模为 30.1 万亿元，占比为 14.2%。两者合计，则房企使用购房人资金达到 95.9 万亿元，占比高达 45.2%。购房人资金成为房地产开发建设的重要资金来源。2005～2023 年，定金和预收款在房地产开发企业到位资金中的占比为 25%～37%，个人按揭贷款占比为 6.3%～16.9%；其中，2021 年，定金和预收款占当年房地产开发企业到位资金的比例高达 36.8%（见图 8-2），个人按揭贷款占当年房地产开发企业到位资金的比例为 16.1%，两者合计占比高达 52.9%。

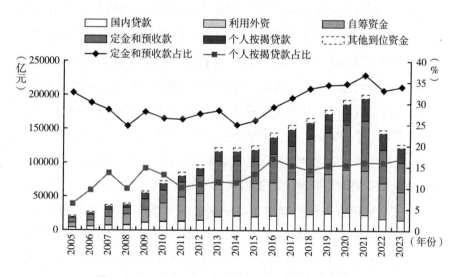

图 8-2 2005～2023 年房地产开发企业到位资金情况

资料来源：国家统计局、Wind。

三　客观评价商品房预售制度的历史作用

（一）商品房预售制度显著提升了我国房地产市场的供给能力

在改革开放后的较长一段时间内，我国房地产市场处于供不应求的状态，市场需求巨大而供给显著不足。在这个市场背景下，商品房预售制度的建立和实施，显著提升了我国房地产市场的供给能力，促进了房地产行业的快速发展。

第一，房地产行业属于资金密集行业，无论是土地的购置，还是房地产的开发和建设均需要大量资金。在商品房预售制度下，房企能够在房地产项目建设过程中提前取得销售的定金和首付款等预售资金，利用预售资金开发建设房地产项目，有效地解决了房地产建设资金短缺问题。

第二，在商品房预售制度下，房地产项目建设费用可以由无息的预售资金和有息的房地产开发贷款支付，房企只需自筹（自有资金或外源性融资）土地购置所需费用和少部分项目启动资金就能够开发建设房地产期房项目。这大幅降低了企业进入房地产行业的资金门槛和房地产开发建设所需的资金成本。在住房供给短缺、住房需求巨大的市场环境下，房地产行业准入门槛的降低，吸引了更多企业参与到房地产开发建设中，房地产市场供给主体大幅增加。从房企数量来看，我国房地产开发企业数量从1998年的2.4万家快速增加至2021年峰值时的10.5万家。①

第三，在商品房预售制度下，期房预售加快了房企资金的回笼速度，使房企能够以高周转模式开发建设房地产项目。期房预售回笼的预售资金既可以投入本项目建设，为本项目的开发建设的顺利完成提供资金保障，也可以用于快速启动新的房地产项目，使房企能够在短时间内扩大开发规模，从而大幅增加市场供给，并推动房地产市场快速增长和繁荣。

---

① 资料来源：《中国统计年鉴—2022》。

（二）商品房预售制度在房地产市场需求端也发挥重要作用

1998 年住房分配货币化改革以来，购买商品住房成为解决我国城镇居民住房问题的主要方式。随着城镇化的持续推进，我国房地产市场存在巨大的住房需求，包括城镇新增人口的刚性住房需求、城镇原居住人口的改善性住房需求等。

第一，在商品房预售制度下，由于房地产市场供给能力的显著提高，我国房地产市场规模巨大的住房需求逐渐得到满足，居民住房条件显著改善。根据第七次全国人口普查数据，2020 年，我国城镇居民人均住房面积达到 38.6 平方米，处于世界中等偏上水平。

第二，购买期房可以提前锁定住房，有效满足居民对住房地段、面积、朝向、价格等方面的个性化需求。

第三，购买期房可以提前锁定房价，在房价上涨阶段，购房人享受资产增值带来的收益，形成了较大财富效应。商品房预售制度相当于给予购房者看涨期权（该期权费极低，为"定金利息成本+违约罚金"）。根据国家金融与发展实验室的测算，2008~2019 年，一线城市的房价年化复合增长率为 12%，期房转为现房的周期为一年半至两年，按此计算，在此期间，购房者只要购买期房就可在交付前锁定 20% 左右的收益，这还不包括定金的杠杆作用。

四　当前商品房预售制度存在的问题及出现问题的原因

（一）当前商品房预售制度存在的问题

1. 商品房预售制度助推了"三高"经营模式

商品房预售制度虽然能够提高资金利用率，快速增加房地产市场供给，给房企带来规模的扩张和利润的增长，但是，过度使用"三高"模式必然存在巨大的财务和市场风险。以被市场称为"宇宙第一大房企"

的碧桂园为例，它的"456高周转模式"可谓被用到极致，即拿地4个月开盘预售、5个月资金回笼、6个月资金再周转于新项目，这种模式使它能够在全国31个省区市内同时开发建设超过3000个房地产项目。这种紧绷的开发周期以及如此之大的摊子，使其犹如在风险上走钢丝。对于整个行业而言，包括不规范的超长预售（通常在3年以上）、上下游供应商垫款、延迟支付税费以及各类不透明、半透明私募基金等在内的泛资金池规模更是可观，大量杠杆和负债藏在"表外"，实际负债远大于有息负债，实际风险远大于名义风险。

一旦环境发生改变，如融资政策收紧（融资性现金流下降）或市场下行（销售回款下降，经营性现金流下降），就将触发房企从"福"向"祸"转换的条件，"三高"模式迅速反转甚至反噬。尤其是头部房企，会迅速面临销售回款骤降、增量融资不济、上下游垫款不再、预售资金不动的全面流动性紧缩。房企脆弱的资金链断裂后，就会导致期房项目延期交付或烂尾。这种情况在2021年以来的房地产市场持续发生，数百万套已售期房无法如期交付。

2. 期房购买者的合法权益无法得到有效保障

我国商品房预售制度超长的预售期以及对购房者资金的过度占用，使购房者处于弱势地位，合法权益无法得到有效保障。依风险由小到大的顺序，购房者主要存在以下三大风险。

第一，产品"货不对版"，即期房存在质量风险。购买期房时，购房者仅通过平面图、沙盘模型或样板间获得期房相关信息。由于按揭贷款发放在项目主体封顶之时，与期房交付还有约一年半以上的时间，由于房企早早收到购房人资金，同时缺乏相应监督机制，难免在房屋交付时出现质量瑕疵问题或与销售宣传不符的情况。这是由资金进度与产品生产进度不对等造成的，再好的房企也会出现这类问题，房企优等生万科也曾出现纸板门、排水不畅、围墙开裂等问题。

第二，期房项目存在不能交房或不能按时交房的风险。购买期房时，房地产项目仍在建设中，仍需房企继续投入资金完成施工。如果预售资金、开发贷等可用于期房项目建设的资金被房企挪为他用，且房企无心或无力筹集建设资金，期房项目就将出现不能交房或不能按时交房的风险。2021年以来，债务违约房企的期房项目出现了大规模的延期交房或陷入烂尾的情况，主要原因就是预售资金、开发贷等可用于期房项目建设的资金被房企违规挪用。

第三，期房项目交付无期，却需承担偿还个人住房按揭贷款的风险。因为我国个人住房按揭贷款的发放一般在期房项目主体封顶之后、实际交付之前，如果期房项目由于流动性或资金被挪用等烂尾，那么，一方面，购房人面临期房项目交付遥遥无期的风险；另一方面，由于贷款合同相对独立于销售合同，购房者还要承担按揭贷款。此外，现实中还有更加恶劣的情况，部分商业银行在未达到预售条件之前就提前违规发放个人住房按揭贷款，将购房者置于更加危险的境地。

（二）出现问题的原因

成熟市场也采用商品房预售制度，但没有出现购房者"既收不到房又要还按揭"的情况，同时"货不对版"的问题也不多见。这说明我们的制度安排有问题，我国的商品房预售制度与成熟市场之间存在明显的差距。

第一，按揭贷款发放时间过早。从国际经验看，按揭贷款的发放方式分为两种。一种是按照期房项目施工进度分节点发放，采取这种方式的包括德国、新加坡以及日本（订单式住宅），采取这种方式的国家的信用环境普遍较好。另一种是在房屋交付后发放，采取这种方式的包括美国、中国香港、英国和日本（不含订单式住宅）。这种方式实际上是更规范的一种做法，它的好处是购房行为产生的买卖风险与贷款行为产生的借贷风险完全分离，前者风险实际上主要由预售许可制度和预售资金监管制度控制，后者风险主要由购房者收入水平、抵押物价值等手段控制。我国按揭贷款的发放时点一般为期房项目主体封顶之后、现房交付之前，远早于国际标准（主体封顶到现房交付至少需要一年半时间），这就使购房者在承担开发风险的同时又承担债务风险。过去这种预售方式之所以没有出现问题，是因为房价一直上涨，房企的资金池是不断做大的，能够保证楼盘交付。但是，在这个过程中，开发风险实际上已经转嫁给消费者了，只是在过去房价上涨环境下风险没有爆发。此外，尽管个人住房按揭贷款合同与住房销售的买卖合同是相对独立的，但购房者在收不到房的情况下只能选择断供这种方式减少风险，"集体停贷事件"爆发正是基于这个原因。

第二，预售资金监管失效。国际上一般将购房者定金和阶段性付款交予第三方管理，并按工程进度向房企分批拨付。在德国，《德国民法典》规定，房企从买方收到的所有款项必须与自有资金严格分开，放入指定托管账户中；《房地产经纪人和房地产开发商条例》详细规定了特定施工阶段购房款分期支付给房企的比例，具体建设进度由工程专业人员测定。在中国香港，购房者预付款由律师楼指定的信托账户保管，房企不能自由提取资金。购房者既可以自行聘请律师，也可以选用房企指定的律师。房企须完成规定工序才可申请从信托账户取回建筑费。我国监管部门也要求预售资金进入监管账户并按工程进度拨付，但在早期实践中存在监管不严的现象。具体包括两点：其一，预售资金没有进入监管账户，如销售收入被挪用；其二，部分房企与总包方合谋，虚报工程进度，提前支取重点监管资金，比如，通过与承建商伪造工程量、与供应商伪造采购合同、虚报工程进度等方式，提前支取预售资金。2022 年 6 月"集体停贷事件"爆发后，预售资金监管出现过严现象，导致房企完成项目进度后，其账户也没有自由现金流。具体包括两点：其一，有些地方监管部门在项目达到相应进度时不允许提取相应比例的资金，要求在下一个项目节点时才可以提取上一个节点对应比例的资金；其二，有些地方政府为了保证全市"保交楼"工作的推进，采取全市所有开发项目连坐的模式，即一个项目既使已经封顶完工也不能提取预售资金，而要全市所有项目都封顶才能提取。预售资金监管在我国实际上已经陷入了"一放就乱、一收就死"的恶性循环。为了破除这个"死结"，中国银保监会办公厅、住建部办公厅、中国人民银行办公厅三部门于 2022 年 11 月 12 日出台了《关于商业银行出

具保函置换预售监管资金有关工作的通知》，然而，该政策的执行效果很
不理想：目前只认可央企、国企的保函，对民营房企基本不做保函业务
准入。

第三，购房者权益保护机制缺乏。完备的购房者权益保护是预售制度
的重要保障，国际上普遍针对定金建立了担保机制。例如，日本《宅地
建筑物交易法》规定"期房定金保全措施"，签订期房交易合同时，房地
产商须向金融机构申请对买主定金的担保或保险。我国按揭贷款金额远远
超过定金及预收款，对此银行要求房企对按揭贷款提供阶段性担保。这一
措施看似合理，但实际上形同虚设：因为房企与项目公司看似是两个完全
独立的主体，但其实具有明显的关联关系，这就相当于自己给自己担保。

（三）我国商品房预售制度改革的必要性分析

改革的必要性源于环境的变化，即预售制度赖以生存的住房短缺、建
设资金短缺的条件已发生变化，且当前制度所带来的一系列问题导致居民
购买期房意愿降低。

第一，住房总量短缺问题已经得到解决。在商品房预售制度的支持
下，我国房地产市场发展迅速，住房市场供给显著增加。2020年，我国
（包括城镇和乡村）家庭户人均居住面积达到41.76平方米，平均每户住
房间数为3.2间，平均每户居住面积达到111.18平方米，[①] 住房总量短缺
问题已经得到解决。

第二，房地产建设资金可以通过金融市场进行筹集。随着我国金融市
场的发展，房企完全可以通过银行贷款、债券融资、信托融资、股权融
资、票据、应付款等方式从金融市场或上游企业筹集房地产建设资金，无
须过分依赖预售资金。

第三，购房者购买期房的意愿大幅降低。在房价下行和期房交付风险
陡增的形势下，群众自然转向购买现房，这是避险行为的直接表现。其

---

① 资料来源：《中国人口普查年鉴-2020》。

一，房价持续下行。对于住房投资者而言，房价下行意味着投资亏损；对于刚需购买者而言，与其购买贵的期房，不如购买便宜的现房，以降低购房成本。概言之，购买期房所蕴含的看涨期权已不具有行权价值。其二，受需求萎缩和房企债务违约冲击影响，房企不能按时交房甚至不能交房的风险陡增。对于购房者而言，不能收房意味着资产损失。同时，更为严重的是，大部分购房者购房时使用个人住房按揭贷款，贷款合同相对独立于购房买卖合同，这意味着房企即使不能交房，购房者也要继续还贷。中国的购房者实际上面临"拿不到资产且背负巨额债务"的双重困境。

五　关于商品房预售制度改革的政策建议

（一）商品房预售制度需要进行改革而非取消

近年来，关于全面取消商品房预售制度的讨论和呼声时有发生，认为商品房预售制度是期房项目烂尾、房企债务违约持续爆发的源头。但是，本报告认为应该遵循渐进式改革原则，推动我国商品房预售制度改革。原因有二。

第一，从境外经验来看，商品房预售制度被全球诸多国家或地区所采用，并未产生与我国类似的问题。只要通过建立合理的预售资金监管制度和购房者权益保护机制，并严格落实相关措施，就完全可以避免出现我国现行住房预售制度带来的问题。

第二，对于当前高度依赖杠杆运转的房地产行业，如全行业采用现房销售模式，就意味着直接切断其最重要的资金来源。这将产生两个严重的后果。其一，对于正在预售的房企，如果退回定金、预收款和按揭贷款，那么房企现金流将断裂，更多房企将爆雷。其二，对于还未预售的房企，由于产品销售的不确定性，它们可能选择"躺平"不开发，这会导致市场进一步萎缩。

（二）部分地区、企业试点现房销售模式

试点现房销售模式的主要目的在于帮助购房者建立信心。从可行性角度看，试点地区应该集中在三、四线城市，因为这类城市基本是高库存或存量饱和的城市，本身就是买方市场，现房销售应是市场竞争的一种手段。试点企业应具备较强的品牌和资金实力，前者是为了保证销售的顺利实现，后者是为了保证财务上能应对长周期开发的资金需要。

2022年，北京、合肥等城市在商品房土地出让中明确了部分地块进行现房销售，实际上，这不是好的政策选择。因为这些热点城市依然是卖方市场，房企由此承担的财务费用最终会转嫁给消费者。俄罗斯在2018年计划立法禁止预售公寓，市场机构估计可能导致开发成本增长20%，出现房企"扎堆"赶在政策出台前上马项目的现象。

（三）个人住房按揭贷款的发放必须在房屋交付之后

个人住房按揭贷款的发放在房屋交付之后，这是国际上商品房预售制度普遍采用的方式。我国商品房预售制度进行这方面的修改有利于厘清房企、购房者和银行三者之间的风险关系，有利于将期房销售的买卖合同与个人住房按揭贷款合同真正独立区分开。因为对于房屋交付后形成的贷款合同，银行的抵押物为住房而非在建工程，即使购房者违约，银行针对房屋也有相应的处置手段。而对于房屋交付前房企与购房者之间定金及预收款的风险管理，可通过预售资金监管优化和担保机制应对。

另一个重要问题，个人住房按揭贷款发放时点后移的可行性，即是否会导致房企资金链断裂，答案是不会，也即这一政策具有可行性。目前，房企的建安成本为3000~5000元/平方米，北京对预售资金监管的要求是每平方米不低于5000元，这相当于北京房价的1/10左右。如果拿掉房地产开发资金来源中的按揭贷款，仅定金及预收款一项的占比为30%~35%，再加上银行的开发贷，那么这完全能覆盖建安成本或达到预售资金的监管要求。

（四）应用数字技术优化预售资金监管机制

当前数字技术的发展为风险管理技术提升提供了有效手段。对于预售资金监管，可以借鉴供应链金融的管理技术，实现资金拨付与工程进度的实时匹配，从而避免出现预售资金监管"一放就乱、一收就死"的死结。具体地，在技术上，监管银行在项目工地安装全景摄像头，连接施工现场人员进出系统，这样就可以做到对项目进度的实时监控；在账户管理上，监管银行集成房企、供应商、施工单位对公账户以及购房者、农民工个人账户，这样就可以依据项目进度实时通知付款或进行拨付管理。当然，整个过程相关的证明材料不可或缺，但可以采取电子化方式以提高效率。

（五）开发住宅交付保险品种

再好的技术也会存在制度缺陷，为避免全套流程造假的可能，同时考虑定金及预收款是老百姓的血汗钱，在数字化资金监管的基础上还需加一道制度枷锁，即住宅交付保险。在政策上，只要国家金融监督管理总局允许，无论该保险的投保人是房企还是购房者，出险的标准、赔付的金额等事项均由市场均衡给出。

第九章
国家信用与住房金融化的钟摆[*]

——来自美国两次大危机的比较和启示

王瑞民^{**}

住房金融化是美国"大萧条"的副产品。国家信用的及时注入，使美国住房金融成本显著降低，因大萧条阻断的房地产业资金循环得以重新接合，住房金融化"起摆"。繁荣期住房金融化进一步演化，次贷的资产证券化导致杠杆和债务不断堆叠，国家信用被过度透支，住房金融化"过摆"终因不可持续而崩裂，被迫"回摆"，进入新的周期。

太阳底下并无新事。我国的住房金融化"起摆"晚了60多年，但2008年后杠杆增速较快；2021年下半年以来，去杠杆叠加住房供求关系的重大变化，使头部房企因融资收紧与销售回落出现流动性风险，"回摆"冲击仍在持续演化过程中。

管理住房金融化的钟摆既是科学，又是艺术。关键在于把握好国家信用的"平衡区间"，稳定时期主动加强对住房金融创新的监管，危机时刻则应及时、足量地注入国家信用，避免信心崩塌，为收入增长超过债务增长创造有利条件。

　＊　本章首发于吴敬琏主编《比较》2023年第6辑，中信出版社，2023。原标题为《国家信用与住房金融化的钟摆：来自美国两次大危机的启示》。

＊＊　王瑞民，国务院发展研究中心市场经济研究所副研究员。感谢国务院发展研究中心市场经济研究所青年基金和国家社会科学基金重大项目"农民获得更多土地财产权益的体制机制创新研究"（项目编号：17ZDA075）资助，也感谢邓郁松、牛三元、金浩然、孙成龙、张其光、刘培林、吴素萍、杨杰、乔虹、王明辉、宋立义、曹钧鹏、单戈、秦绪莹、王瑞东等人的意见、建议和帮助。本文仅代表笔者个人的学术观点，文责自负，与所供职单位无关。

一　大萧条与美国住房金融化"起摆"：
注入国家信用，降低住房金融成本

美国住房金融化"起摆"的时代背景是住房短缺，住房信贷不足且昂贵，但直接的"契机"是 20 世纪 20 年代末的大萧条（The Great Depression）。国家信用的注入有效解决了住房金融"太贵"的问题，住房自有进入"美国梦"叙事。

1. 住房金融化背景：大萧条叠加住房短缺

1929 年大萧条爆发前，美国住房抵押贷款在 9 年间增长了 2 倍，[①] 用于购买住房的贷款期限通常为 2~11 年，到期后就必须再贷款或还清本金。[②] 大多数放款人只愿意提供不超过住房价值 60% 的贷款，只有富人才买得起房子，租住成为美国最主要的居住形式。危机爆发后，失业的购房人遭遇现金流危机：既无力支付月供，大额本金到期后也根本不可能拿出现金。抵押贷款的所有人也遭遇融资困难，通常拒绝与借款人重新商定贷款合同，而选择直接"夺走"房屋。1928~1933 年，美国的新建住房数量下降 95%，住房维修开支下降 90%，1933 年，超过一半的住房抵押贷款出现违约，房地产业处于崩溃边缘。

面对史无前例的大萧条，在危机中上台的罗斯福总统认为"唯一值得恐惧的就是恐惧本身"，因此推出一系列重要改革措施以帮助民众重拾信心[③]，其中就包括住房信贷体系改革，注入国家信用降低住房金融成本，美国住房金融化"起摆"。

2. 住房金融化的关键机制：注入国家信用，降低住房金融成本

住房金融化的关键机制是由政府为住房金融体系注入国家信用（见

---

① Charles E. Persons, "Credit Expansion, 1920 to 1929, and Its Lessons," *Quarterly Journal of Economics*, 1930（1）：94-130.

② 〔美〕阿列克斯·施瓦兹：《美国住房政策》，陈立中译，中国社会科学出版社，2012，第 59 页。

③ 部分住房金融改革在胡佛任期内已经启动。

图 9-1），用期限长、成本低的国家杠杆兜底并置换期限短、成本高的个体杠杆，从而有效降低住房信贷成本。国家信用的注入既降低了放款人的风险，又节省了借款人的成本，让数百万个美国家庭摆脱了丧失抵押品赎回权的困境。

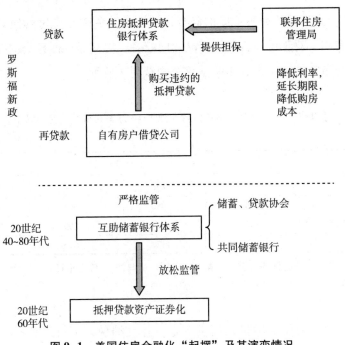

图 9-1 美国住房金融化"起摆"及其演变情况

资料来源：笔者根据公开资料整理。

1932 年，美国联邦政府颁布《联邦住房贷款银行法案》，建立住房抵押贷款银行体系①，设立了 12 个地区住房贷款银行（由联邦住房贷款委员会统一监管），其可从财政部直接获取支持，为储蓄银行提供资金，以帮助它们发放住房抵押贷款。

在住房发展特别是住房金融化历史上具有里程碑意义的是成立房主贷

---

① 住房抵押贷款银行体系在二战后成为美国住房信贷体系的重要组成部分，但在化解大萧条中的房地产危机方面没有发挥明显作用。

款公司（Owner' Loan Corporation）。1933年6月，罗斯福政府颁布《房主借贷法案》，旨在"帮助人们渡过丧失抵押品赎回权的难关"，通过长期用联邦债券折价购买违约的抵押贷款或对其进行再贷款，再贷款期限可延长到15年，从而降低月供。例如，一笔10万美元的贷款，利率从10%降到3%、期限从5年延长到30年，月供从2125美元下降到422美元（见表9-1）。该公司还为房主提供资金，用于缴纳税款或支付其他必要的住房修缮费用。对于已经丧失抵押品赎回权者，向其提供低息贷款以助其赎回，符合条件的房主中有40%从该公司获得了资助。

表9-1 不同利率水平和贷款期限下10万美元贷款的月供情况

单位：美元

利率	贷款期限			
	5年	10年	15年	30年
3%	1797	966	691	422
7%	1980	1161	899	665
10%	2125	1322	1075	878

资料来源：〔美〕阿列克斯·施瓦兹《美国住房政策》，陈立中译，中国社会科学出版社，2012。

房主贷款公司由纳税人提供资金，并且纳税人不得不负担一部分损失，但是贷款人和房主获得的"个人化收益"远远大于这些"社会化损失"，可以说是"救有所值"。

房主贷款公司开创性地推出、完善分期等额偿还的长期住房贷款并通过实践证明了其具有可行性。[①] 此时，住房信贷体系中最基本的低首付、固定利率、长期、分期偿还的住房抵押贷款在此之前并不存在，人们的观念里普遍认为分期付款方式是推销员不惜手段骗取中低收入劳动者首付款的伎俩。

需要强调的是，大萧条前，住房被视为完全个人化的选择，政府基本没有介入。1934年，罗斯福政府通过《全国住房法案》，设立联邦住房管

---

① 〔美〕肯尼思·杰克逊：《马唐草边疆》，王旭、李文硕译，商务印书馆，2018，第327页。

理局（FHA）。联邦政府通过联邦住房管理局为合格放款人发放的住房抵押贷款提供担保。当借款人无法偿还贷款时，联邦住房管理局将为其还清欠款。国家信用的注入，使放款人愿意以更低的价格（贷款利率下降2%~3%）为住房建设与购买提供更多的金融支持。因此，联邦住房管理局也被认为是"过去半个世纪（指从20世纪30年代起）对美国影响最为深远的机构"。联邦住房管理局从根本上改变了美国的住房信贷体系，通过将贷款期限进一步延长到25~30年，将贷款的最高限额提高到住房估价的93%，住房金融杠杆的放大使更多人能够买得起房，"买房比租房更划算"，住房开工率提升到前所未有的水平。

二战后，退伍军人管理局（VA）模仿联邦住房管理局的机制，且以首付比例更低的方式，[①] 帮助1600万名退伍军人以合适的价格买到了住房。

3. 住房自有：正式成为"美国梦"叙事的一部分

国家信用的及时注入与杠杆的置换，降低了住房金融的成本，并为民众提供了安全感和获得感。一个家庭在20年或30年的时间里，每月支付一笔可负担的月供，就能享受拥有房产的荣耀，[②] 住房自有逐渐成为"美国梦"叙事的一部分。

"住房对生活方式有很大影响，后者直接影响人的品味、习惯，甚至道德观念。举凡他的衣食住行、情感，甚至他对儿孙的教育，无一不受到住房条件的影响，连同他自己和后代的秉性。"[③] 罗斯福进一步强调，"如果一个国家的人民拥有自己的住房，并能够在自己的土地上赢得实实在在的份额，那么这个国家是不可战胜的"。[④]

地产商敏锐地发现并响应了国家和购房人的需求，在市中心之外的郊

---

① 杠杆可普遍放大10倍左右，部分项目可以100%贷款。
② 〔美〕戴维·戴恩：《房奴》，叶硕译，上海译文出版社，2019，第20~23页。
③ 〔美〕格温德琳·赖特：《筑梦：美国住房的社会史》，王旭译，商务印书馆，2015，第104页。
④ 〔美〕肯尼思·杰克逊：《马唐草边疆》，王旭、李文硕译，商务印书馆，2018，第315页。

区建立独立的住宅区，而高速公路和汽车的普及，将郊区和市中心紧密相连。1940 年，美国仅有 1500 万户家庭拥有自己的住房，到 1960 年时已经翻番，达到 3300 万户。在郊区购买一栋房产，成为美国新兴中产阶级人生奋斗轨迹的一部分，这是一个由白色木栅栏、现代化厨房和修剪得整整齐齐的草坪构建的"美国梦"。"美国梦"叙事深刻地引导并改变了民众对自身利益的认识，① 助推了由租到购的历史性转变。

二 美国住房金融化"过摆"：次贷的资产证券化与国家信用透支

二战后，美国进入稳定发展的黄金时期。住房金融二级市场得以迅速发展，住房抵押贷款的流动性大大增加了，相关风险也随之攀升。次贷的资产证券化标志着美国住房金融化"过摆"，将支付能力不足的穷人过度卷入金融化浪潮中，表面上是分散了风险，本质上是转移并放大了风险。

1. 创设与扩大二级市场进一步降低住房金融成本

1938 年，联邦国民抵押贷款协会（Federal National Mortgage Association），即房利美（Fannie Mae）的成立标志着住房抵押二级市场的创设。住房抵押贷款的期限比较长，20 年以上居多，缺乏流动性。1975 年前，法律禁止银行跨州经营，进一步限制了抵押贷款的流动性。房利美成立的目的就是通过买卖抵押贷款增加其在二级市场上的流动性，反向赋能一级市场，降低购房成本。

20 世纪 60 年代末，美国建立了 REITs（不动产投资信托基金）市场，扩大了房地产的融资来源，使个人投资者和一些机构投资者也能享受到房价上涨带来的收益。② 但与抵押贷款相比，REITs 规模偏小，不到前

---

① 克鲁格曼指出，政治家想取得真正的政治成功，就不能只迎合民众当前认识到的利益，而要想办法改变他们对自身利益的认识。详见〔美〕保罗·克鲁格曼《兜售繁荣》，刘波译，中信出版社，2010，第 4 页。

② 王瑞民、代丽丹：《REITs：美日等国的发展实践及对我国租赁住房融资的启示》，《中国发展观察》2022 年第 2 期，第 101~105 页。

者的 1/10。

资产证券化进一步扩大了二级市场的流动性。1968 年，房利美转变为联邦政府支持的"政府赞助企业"（Government Sponsored Enterprise），投资者和金融市场据此认为房利美得到了国家的信用注入。1970 年，为避免"房利美"一家独大，形成垄断地位，联邦政府成立联邦住宅贷款抵押公司（Freddie Mac），即"房地美"，其与"房利美"并称"两房"。从 20 世纪 70 年代起，"两房"购买的抵押贷款范围拓展到非官方担保的抵押贷款。二级市场的壮大极大地刺激了一级市场上贷款发放机构的行为，加速了住房金融化进程。

但对于收入不稳定或者有不良信用记录的借款人而言，申请抵押贷款仍非易事。美国联邦政府在 1977 年颁布《社区再投资法案》（Community Reinvestment Act），要求房利美和房地美购买"合理比例"的面向低收入家庭和普通收入家庭的可支付住房抵押贷款，"合理比例"意味着该法案仅具备倡导意义而不具有强制性。

2. 次贷的资产证券化导致国家信用透支

20 世纪 90 年代后，克林顿政府要求房利美和房地美扩大对低收入群体和普通收入群体的抵押贷款（以下简称"次贷"）的规模。1992 年，美国住房和城市发展部颁布条例，明确要求"政府赞助企业"将 30% 用于购买传统抵押贷款的额度调整为投向低收入、普通家庭的房产或位于城市中心区的房产；1996 年，将这一目标提升到 40%；2006 年进一步提升到 53%，以克服"住房自有的金融障碍"。"两房"皆为上市公司，也面临来自股票持有者要求利润高速增长的压力。政府则对银行进行"窗口指导"，要求银行向政府报告抵押贷款发放核准数量及拒绝放贷的数量，以作为考核银行满足《社区再投资法案》规定的"社区需求"的程度，银行的"考核压力"逐年攀升。[1]

---

[1] 〔美〕托马斯·索维尔：《房地产的繁荣与萧条》，吴溪译，机械工业出版社，2013，第 30~32 页。

次贷规模开始迅速扩大，风险也随之攀升。作为高违约风险的回报，借款人需要支付更高的利息和其他成本。相当一部分次贷是掠夺性的，根本没有顾及或有意忽略了借款人的承受能力，甚至利用欺骗和其他不正当手段，相应地，次贷支持债券占比也就越来越高。2006年，超过一半的次贷为"声明性收入贷款"（Stated Loans）或"谎言贷款"（Liar Loans）。次贷的贷款人"承诺"自己40%以上的收入用于支付月供。

如此激进的次贷，如何规避风险呢？只能是卖给房利美和房地美，因为"两房"有国家信用背书。需要注意的是，次贷支持债券继续被打包，成为所谓的"债务抵押证券"（Collateralized Debt Obligation），与原始的抵押贷款渐行渐远，也远离了对贷款涉及的房产所有者的认知，远离了对相关资产评估的可靠性[1]以及影响风险的其他因素。[2]

次贷进一步推高房价。1996~2006年，美国房价上涨了92%，比1890~1996年累计涨幅（27%）多65个百分点[3]，2000~2007年，美国家庭债务规模翻了一倍，达到14万亿美元，泡沫化与房价上涨形成正反馈。从表面上看，抵押贷款支持证券不是对某一单个住房抵押贷款的债权，而是对整个住房抵押贷款池的债权，作为一个整体，整个住房抵押贷款池是极度多元化的，可将其特定风险最小化。穿透来看，次贷危机前，美国最穷的20%的房产所有者的杠杆率（总负债比总资产）接近80%[4]，而最富有的20%的房产所有者的杠杆率仅为7%，也就是说，对最穷的人加了最高的杠杆。[5] 次贷规模扩大后，随着资产证券化带来的流动性提

---

[1] 这与抵押贷款证券的评级机制有关。抵押贷款证券的发行方可以在三个主要评级机构中"上架销售"相关证券，并选取其中给出的最高评级。在这样的机制下，评级机构当然倾向于给予这类新的、未经时间检验的证券"乐观的评级"。

[2] 〔美〕托马斯·索维尔：《房地产的繁荣与萧条》，吴溪译，机械工业出版社，2013，第69页。

[3] 〔美〕卡门·M.莱因哈特、肯尼斯·S.罗格夫：《这次不一样》，綦相等译，机械工业出版社，2012，第185页。

[4] 〔美〕阿蒂夫·迈恩、阿米尔·苏非：《房债》，何志强、邢增艺译，中信出版社，2015，第19页。

[5] 需要补充说明的是，房产并不是美国富人群体的主要资产。对于穷人来说，4美元的房屋资产对应1美元的其他资产；对于富人来说，1美元的房屋资产对应4美元的其他资产，如股票和债券。

高，风险大大增加了，住房金融化"过摆"。

3.脆弱的倒金字"沙塔"式资金循环

在美国的住房金融化钟摆中，资金循环并不是一个完整的闭环，而具有典型的倒金字塔模式①。房价下跌时，脆弱性就集中暴露出来，其本质上是一座脆弱的倒金字"沙塔"（见图9-2）。低收入人群贷款购买的住房形成"沙塔"最底层的资产，银行的次级抵押贷款形成"沙塔"的第二层，资金从银行通过购房者流入开发商或者二手房主；次贷的资产证券化产品形成"沙塔"的第三层；随着抵押贷款证券被继续打包，这一脆弱的倒金字"沙塔"还在继续向上堆叠。这一倒金字"沙塔"每"盖"一层，杠杆和住房金融泡沫就随之放大。一旦底层过度冒险的借款人出现问题，杠杆化损失就随之而来，整座"沙塔"就会轰然倒塌。

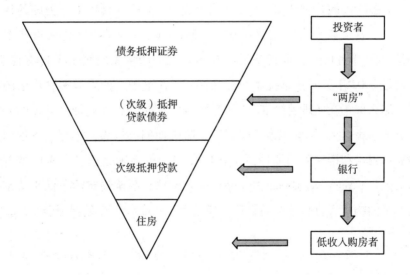

图9-2 美国住房金融化中倒金字"沙塔"式资金循环

资料来源：笔者根据邵宇、陈达飞《被金融裹挟的房地产》，《财经》2019年第26期整理得到。

---

① 邵宇、陈达飞：《被金融裹挟的房地产》，《财经》2019年第26期。

实际上，次贷规模本身并不算大，占美国所有未偿还抵押贷款的比例不到 1/7，引发危机的违约和拖欠贷款行为大多数集中在浮动利率次贷上，而这类贷款的占比不到 1/12，即便每个次贷者都违约，所造成的直接损失也不会很大。但杠杆层层堆叠后，投资者不清楚哪些证券化产品含有"有毒资产"，恐慌情绪很容易滋生并无序蔓延，进而引发全面危机，全美房价暴跌超过 30%。2007～2010 年，美国人的财富中位数由于房价暴跌下降 44%，扣除通胀因素后回到 1969 年的水平。[1] 美国政府最终埋单，时任美联储主席伯南克[2]吸取大萧条时期的教训，果断决策，美联储扮演"最后贷款人"角色，及时为房利美和房地美提供了 4000 亿美元的救命钱[3]，在"私人资本"逃离后，政府资金的注入使抵押贷款保持了流动性。

4. 住房自有率的主动跃升与被动回调

需要指出的是，从 20 世纪 60 年代中期到 90 年代中期，美国的住房自有率一直比较稳定，保持在 63%～65%。次贷的扩张使住房自有率在 2006 年上升到 69%，也就是说约有 500 万个增量家庭买上了自有住房。特别是 2002 年，时任总统小布什强调，"在美国，如果你拥有自己的房屋，那么你正在实现美国梦"，认为房屋所有权将给人们带来舒畅的心情和责任感，"你只需要跟他们握握手，听听他们的故事，感受一下他们向你展示厨房和楼梯时的那种骄傲和自豪"[4]，敦促国会通过《美国梦首付款法案》（American Dream Downpayment Act），明确规定给予低于特定收入水平的购房者首付款补贴；法案通过后，小布什继续敦促国会立法，允

---

① 〔美〕乔纳森·利维：《美国资本主义时代》，鲁伊译，北京日报出版社，2024，第 908 页。

② 伯南克自称"大萧条"研究爱好者，对大萧条的成因和影响非常着迷，在对大萧条的研究中体会到很多经济运行的规律和本质，这为其在 2008 年全球金融危机中力挽狂澜奠定了认识基础。详见〔美〕本·伯南克《伯南克论大萧条》，陈剑译，中信出版集团，2022，巴曙松推荐序及前言。

③ 〔美〕伯南克等：《灭火：美国金融危机及其教训》，冯毅译，中信出版集团，2019，第 122 页。

④ 〔美〕罗伯特·希勒：《叙事经济学》，陆殷莉译，中信出版集团，2020，第 159 页。

许联邦住房管理局向低收入人群发放零利率、零首付款的房屋抵押贷款。

在没有收入增长作为支撑的前提下，这本质上是一种选票政治下安抚民心的民粹主义政策宣示。[1] 在此期间，住房自有率增长最快的群体是位于西部地区的 35 岁以下的低收入拉美裔和黑人族群。但支付能力不足的根本问题实际上没有得到有效解决，金融危机爆发后，抵押贷款违约率超过 10%，次贷集中的底特律西部地区高达 30%，这些人大多失去了住房，美国的住房自有率在 2012 年回落到 65%。

美国住房自有率主动跃升后的被动回调，反映出经济规律的力量，即在长期中，经济规律总是表现出其不可违背的一面。历史往往会重复相似的周期，"从历史长河看，我们才能真正看清楚潮起潮落"[2]。脆弱的金融杠杆无法支撑低收入人群住房自有的"美国梦"。

三　中美住房金融化"钟摆"的初步比较

与美国相比，我国的住房金融化也起源于应对重大危机，但在"过摆"机制、最先崩裂的环节、冲击范围等方面有显著的不同。

1．"起摆"：应对亚洲金融危机

我国住房金融化的"起摆"始于 1998 年应对亚洲金融危机而骤然加快的住房市场化改革，比美国晚 60 多年。需要指出的是，1994 年，《国务院关于深化城镇住房制度改革的决定》（国发〔1994〕43 号）明确提出以售为主的综合改革方案，构建了我国住房制度改革的纲领性框架。在随后的政策执行过程中，货币化改革未能取得实质突破，居民对政府和单位福利分房的依赖仍然很强，在存量旧房逐步进入新体制的同时，增量新房又不断进入旧体制。[3]

---

[1] 刘鹤：《两次全球大危机的比较研究》，中国经济出版社，2013。

[2] 〔美〕霍华德·马克斯：《周期》，刘建位译，中信出版集团，2019，第 195 页。

[3] 这源于 2023 年 10 月 11 日上午，在住房和城乡建设部第三期"老干部讲堂"，刘志峰以"房改旧事 其命维新——我所亲历的全国城镇住房制度改革"为主题进行授课的内容。

为应对亚洲金融危机的冲击，迫切需要扩大内需，培育新的经济增长点。考虑到住宅产业关联度高，其对投资、消费拉动效应明显。1998年，中国停止福利分房，住房市场得以全面启动，公积金改革等住房金融改革也相应提速。伴随国家信用的注入，住房金融成本显著降低，贷款买房成为新的住房消费模式，住房金融化"起摆"。与美国不同的是，当时，我国的住房金融本身并不存在流动性危机。

1998年，我国的住户部门杠杆率仅为3%，但在2008年后快速攀升。住户部门杠杆率从2008年的不到20%上升到2021年的72.2%[1]（见图9-3），年均上升4个百分点以上，超过65%的国际警戒线，进入"过摆"区间[2]。特别是2015~2021年棚改货币化助推的住户部门杠杆率攀升速度，实际上已经与2001~2007年美国次贷危机前的情况类似。[3] 监管部门不得不开始去杠杆，银根收紧后，住房金融化快速"回摆"。

2. "过摆"机制：土地财政激励助推下的房企过度冒险

美国住房金融化的"过摆"源于提升住房自有率的民粹主义性质的社会目标，新移民等低收入人群在"美国梦"叙事的政策号召和低息诱惑下大量贷款买房，随后次贷及其风险又被资产证券化。2001~2003年，美联储连续降息，利率从6.5%调整到1%。金融机构之间的竞争也将个人抵押贷款利率持续拉低，达到在这之前几十年以来的低点。更低的利率让更多的人有支付能力购买房屋，也能让同一个人以同样的月供购买更贵的房屋，低利率刺激了低收入人群的购房需求。

---

① 数据来源：《我国宏观杠杆率增幅总体稳定》，中国人民银行网站，http：//www.pbc. gov.cn/goutongjiaoliu/113456/113469/4503991/index.html。

② 根据国际货币基金组织的相关研究，住户部门杠杆率超过30%时，便有可能影响中期经济增长情况；超过65%时则有可能影响一个国家的金融稳定，甚至引发金融危机，详见 "Global Financial Stability Report October 2017：Is Growth at Risk？"https：//www.imf.org/ en/Publications/GFSR/Issues/ 2017/09/27/global-financial-stability-report-october-2017。

③ Amir Sufi, Housing, Household Debt, and the Business Cycle：An Application to China and Korea, NBER Working Paper No. 31489, 2015.

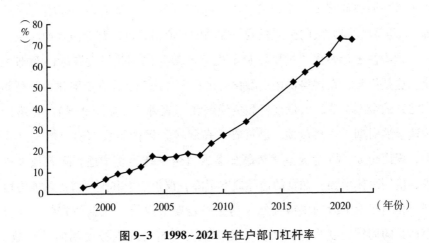

图 9-3　1998~2021 年住户部门杠杆率

资料来源：中国社会科学院国家金融与发展实验室国家资产负债表研究中心、中国人民银行调查统计司。

　　我国住房金融化"过摆"则源于地方政府土地财政激励①助推下的房企过度冒险。起初，建安成本是大头，预售制解决的是没钱盖房的问题，购房人"无息"借款给开发商但也享受到了"甜头"，期房比现房的价格低得多，且在随后的房价快速上涨中实现了资产增值。随着地价持续攀升及其在房价中的占比提高，预售主要解决的是没钱拿地的问题，房企和地方政府的利益联结日益紧密。为了多卖地、好卖地，一些地方政府睁一只眼、闭一只眼，放松预售资金监管，这本质上也是一种政府信用的隐性注入。如此一来，房企过度超前拿地的风险通过预售转移给了购房人，并在市场下行后暴露无遗，引发烂尾楼风险。

3.最先崩裂环节：房企端而非居民端

　　美国的情况是加息引发居民端支付能力骤降，过度冒险的抵押贷款人

---

①　在土地财政模式下，地方政府从房地产发展中获得可观的土地出让金与税收，并用来建设、完善基础设施，进一步促进产业和城市发展，从而实现房地产对制造业的"横向补贴"。详见陶然、陆曦、苏福兵、汪晖《地区竞争格局演变下的中国转轨：财政激励和发展模式反思》，《经济研究》2009 年第 7 期，第 21~33 页。

成为最先崩裂的环节。紧接着，在"金融创新"链条上丧失原则的评估师、将风险无限放大的金融机构、虚弱的政府监管部门都浮出水面。

我国住房金融化"过摆"后最先"崩裂"的则是过度冒险的头部房企。这是因为，在住房快速金融化的过程中，房企已经逐步演化为监管部门之外的金融企业，大量杠杆和负债藏在"表外"（见图9-4）。在房价快速上涨时期，"高负债、高杠杆、高周转"摊薄了头部房企的资金成本，规模越大，资金成本优势越显著，房企也越容易拿地。随着规模扩张，信用总体增强，融资的边际成本下降，议价能力和上下游占款能力增强，相当于上下游的供应商给了房企一定期限内的"无息"贷款。大规模房企的周转速度明显更快，单位资金在一定时间内被使用的"次数"增加，资金成本在"高周转"中进一步降低。

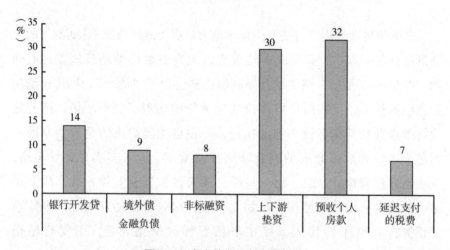

图9-4 房企的多元化负债结构

资料来源：中华人民共和国国务院新闻办公室网站，http://www.scio.gov.cn/xwfbh/xwbfbh/wqfbh/49421/49462/wz49464/Document/1735356/1735356.htm。

然而，一旦房价停止上涨，上述机制便将迅速反转甚至反噬。房地产开发的长周期资金需求与房企过度依赖短期杠杆之间的矛盾，在融资收紧与市场下行时被快速放大。头部房企过度追求规模扩张的风险集中暴露，销售回款速度骤降，其难以获得增量融资，上下游供应商要求现款支付，各地政府几乎同时加强了预售资金监管，按住了房企的"高周转"，头部房企成为住房金融化中最先"崩裂"的环节，杠杆化损失随即到来并蔓延。

4. "回摆"的冲击范围更广

美国住房金融化"回摆"中受到冲击的主要是金融机构。在我国住房金融化"回摆"过程中，房企首当其冲，但随着房企流动性危机持续发酵，房地产上下游企业、金融机构、地方政府、居民都面临资产负债表衰退风险。[①]"回摆"冲击更广，且相互交织。

目前，除少数"优质房企"外，房企流动性仍在持续恶化。在我国前100强房企中，已有半数左右"爆雷"。尚未公开"爆雷"的房企也开始频繁出现商票违约、裁员等情况。在高度金融化背景下，房企的项目公司与集团公司之间的债权债务关系盘根错节，单独救项目往往因房企不配合而难以取得预期效果，甚至陷入僵局。

房企长期处于产业链优势地位，与上下游产业链形成了账期长、欠款多、垫资多的资金关系，上下游垫资占房企总负债的30%左右，与房企的金融负债规模相当。部分建筑建材企业受"爆雷"房企影响，被拖欠资金数额大，出现"房企欠总包商、总包商欠分包商、分包商欠建材商和农民工"的债务传导，一些主体甚至破产。2021年以来，至少已经有三家特级资质和四家一级资质建筑企业申请破产重组或清算，这一态势有蔓延迹象，可能引发连锁反应。

房企金融化程度普遍较高，仅中国恒大一家出险房企的相关债务就达到2.4万亿元，接近GDP的2%。[②]市场持续下行导致房地产资产缩水，

---

① 〔美〕辜朝明：《大衰退：宏观经济学的圣杯》，喻海翔译，东方出版社，2016，第17~25页。需要指出的是，从资产负债表视角探讨对经济的影响的最早的文献是Frydl, Edward J., "Overhangs and Hangovers: Coping with the Imbalances of the 1980s," Federal Reserve Bank of New York Annual Report , 1991，辜朝明在本书中明确表示，其受到Frydl的影响。

② 根据相关研究，对GDP的冲击达到3%时即可被认定为发生债务危机，详见〔美〕瑞·达利欧《债务危机》，赵灿等译，中信出版社，2019，第7页。

以房产作为抵押物的贷款质量下降，按揭贷款违约数量也不断攀升，冲击金融体系的稳定性。涉房贷款占比较高的中小银行是行业最薄弱的环节，一些城商行等中小金融机构的房地产相关贷款占比约为80%，其受市场下行与资产缩水的冲击较大，面临坏账率急剧攀升的风险，"爆雷"概率加大。笔者在实地调研中发现，不少中小银行的房地产相关贷款主动或被动展期情况十分普遍，潜在的"坏账"在沉积。2021年下半年以来，各地城商行加快合并重组以抱团取暖，也从侧面反映了其面临的风险不容小觑。

与美国显著不同的一点是，我国地方政府普遍对土地财政高度依赖，房企的流动性危机极易引发地方财政危机。近年来，全国土地出让金和房地产相关税收收入占地方政府全口径本级财政收入的半壁江山。① 2022年，国有土地使用权出让收入同比下降23.3%（见图9-5）。若这种态势持续，土地出让金和房地产相关税收收入都将进一步"雪上加霜"，直接影响到地方政府债务偿还，特别是城投债风险将显著加大。

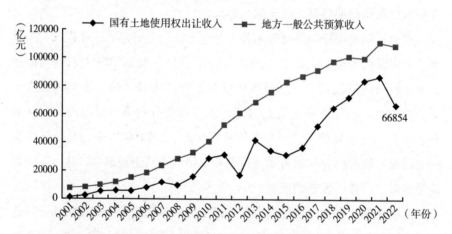

图9-5 2001～2022年国有土地使用权出让收入与地方一般公共预算收入

资料来源：自然资源部、财政部。

---

① 王瑞民、孙成龙、陶然：《"土地财政"的规模、挑战与转型》，《比较》2022年第6期，第137～152页。

需要注意的是，在当前土地市场，民企拿地意愿普遍不强，不少地方政府通过城投平台拿地托底。诸葛找房数据显示，2022 年，"两集中"试点的 22 城的城投拿地比重超过40%①。2023 年第一季度，这一比重骤降至 24%，呈现后继乏力的态势。这些平台企业普遍不具备房地产开发能力。2021 年和 2022 年，城投拿地开工率分别只有 38% 和 8%，远低于 67% 的平均水平。城投平台债务负担已经较重，通过举债方式继续拿地，实际上变相增加了地方政府债务，并将地方政府的财政危机传导至金融体系，不可持续且容易埋下更大的风险隐患，在当前的央地关系架构下，这本质上是国家信用的进一步隐性透支，需要引起高度关注。

已售未交付楼盘的烂尾引发的停贷潮，在政府介入下已经暂时平息，但即便存量房贷利率有所降低，"提前还贷潮"仍在蔓延。这是因为，存量房贷利率仍然高于增量房贷利率、消费贷利率、经营贷利率，加之经济尚未全面复苏，投资机会有限，提前还贷成为居民个体的"理性选择"，但所有人都这样做时，就带来了"合成谬误"。现金流不足的个人面临被动"断供"的风险。

四　政策讨论与启示

真实世界中的住房金融化"钟摆"，不是在摆向极端点，就是在摆脱极端点，这是对人性中"贪婪和恐惧"循环往复的映射。若想管理好住房金融化的钟摆，就应使国家信用成为个人"恐惧和贪婪"的对冲力量，动态把握国家信用运用的"平衡区间"，既要防止危机的发生，又要在发生危机时果断出手以减轻损失，从而降低住房金融化"钟摆"震荡的剧烈程度。

---

① 数据来源：《诸葛找房：2022 年城投拿地"比重升，溢价跌"，预计城投公司拿地身影或减少》，新浪财经，https：//k. sina. com. cn/article_ 1912228615_ 71fa4b07001010qgp. html？cre = tianyi&mod=pcpager_ fintoutiao&loc=3&r=0&rfunc=32&tj=cxvertical_ pc_ pager_ spt&tr=174。

　　稳定时期不能放松金融创新监管，要充分认识到住房金融化"过摆"的经济、社会后果，控制好杠杆率。长期的稳定可能产生过度自信和不稳定，[①] 几乎不可避免地会滋生过度冒险性质的金融创新行为。明斯基认为，针对私人部门的金融创新，经常改变监管措施至关重要[②]。在住房金融化、泡沫化的早期阶段，应高度关注产生并扩大泡沫的心理因素，采取较为严格的监管措施，有效防止房价与金融化形成正反馈机制。需要指出的是，与美国住房模式中的金融化程度相比，由于首付比例较高，我国居民部门风险总体比美国小。但是，住房金融化的"过摆"，日益侵蚀实体经济的竞争力，并对社会心理产生负面影响，人们不再敬重埋头苦干的人，"因为要想获得别人由衷的尊重，你必须是一个精明的投资者"[③]。住房金融化"过摆"还使有房者"躺赢"，与无房者的财富差距迅速拉大，后者的获得感显著减弱，甚至出现"躺平"的心理。

　　危机时刻要及时、足量注入国家信用以避免"信心"崩塌。危机发生时，往往是"信心"崩塌的时刻，在这时如果任由其发展，那么离资产价格崩溃的"明斯基时刻"就不远了。对尚处于流动性危机阶段的主体，宜及时注入国家信用，担当好最后贷款人的角色，重构经济主体间的信任关系。避免非理性的"动物精神"无序蔓延，使绝大多数普通人产生悲观情绪，将那些原本健康的机构也卷进"挤兑"旋涡。"如同一座木屋着火之后迅速蔓延至另一座，甚至将防火建筑也卷入火海一样。"[④] 国家信用的注入，可将期限短、成本高的杠杆置换成期限长、成本低的杠

---

① 〔美〕海曼·P. 明斯基：《稳定不稳定的经济——一种金融不稳定视角（中文修订版）》，石宝峰、张慧卉译，清华大学出版社，2015，第9页。
② 〔美〕兰德尔·雷：《明斯基时刻：如何应对下一场金融危机》，张田、张晓东等译，中信出版集团，2019，第79页。
③ 〔美〕罗伯特·席勒：《非理性繁荣与金融危机》，何正云、束宇译，中信出版社，2013，第28页。
④ 马歇尔语，转引自〔美〕查尔斯·P. 金德尔伯格、罗伯特·Z. 阿利伯《疯狂、惊恐和崩溃：金融危机史（第六版）》，朱隽等译，中国金融出版社，2014。

杆，为收入增长重新超过债务增长创造有利的条件，这有利于激发"信心乘数"效应。具体操作上，可通过"尽快建立主办银行制度"①，注入流动性，避免房企流动性风险演化为资不抵债的风险。

除注入时机外，国家信用的注入总量也很重要，量不够就不能有效解决问题。20世纪90年代日本的房地产泡沫破灭后，日本政府在救助"住专"时过度乐观②甚至寄希望于房价重新恢复快速上涨的趋势，注入总量不足导致救助失败。与之形成鲜明对比的是，新冠疫情期间，美联储拟用不超过2500亿美元限额的二级市场公司信贷工具（SMCCF）为金融市场注入流动性，实际上，在注入约137亿美元时便达到了撬动"信心乘数"的良好效果。③ 当然，在注入国家信用的过程中，将不可避免地产生道德风险，但两害相权取其轻，实际上是极端情况下无奈但合理的政策选择。如同对一个心脏病发作

---

① 张其光、李国彦、张真：《中国房协：有效化解房地产风险的四条思路》，大势看财经微信公众号，https://mp.weixin.qq.com/s/D0KpiPhKmJb07c5wJWJq1w。需要指出的是，主银行制起源于二战后日本金融复兴改革。对于大量资不抵债的企业和金融机构，逐一实施破产程序是不切实际的。日本政府分三步解决这一问题。首先，每家企业和每个金融机构的资产负债表被分成旧账户和新账户两部分。新账户只包括对企业持续经营至关重要的资产，所有其他资产和负债都归入旧账户。其次，旧账户重组，减计负债，以使资产足以偿还负债。最后，重组以后，旧账户并入新账户。规定重组的法律要求主要债权人的代表必须包含在设计和执行重组行动的团队中。这意味着日本的银行参与了其客户的重组，从而获得更多有关客户的信息，并加深与客户的联系，逐渐发展出了主银行制。参见〔日〕伊藤隆敏、星岳雄《繁荣与停滞——日本经济发展和转型》，郭金兴译，中信出版集团，2022，第58~59页。

② 〔日〕伊藤隆敏、星岳雄：《繁荣与停滞——日本经济发展和转型》，郭金兴译，中信出版集团，2022，第130~132页。

③ SMCCF（Secondary Market Corporate Credit Facility，二级市场公司信贷工具）是由美联储于2020年3月23日宣布推出的用于支持本国企业融资需求的金融工具。在新冠疫情的影响下，美国股市在一个月内经历了4次熔断，金融市场流动性接近枯竭。为保障大企业的融资需求从而保障就业市场的稳定，美联储通过向SPV（Special Purpose Vehicle）发放贷款的方式，让其将资金用于表外购买符合条件的（由合格发行人发行且评级在BBB-级以上）投资级公司债券以及ETF。SMCCF选择让黑石作为金融市场顾问，工具限额为2500亿美元，其作用效果显著。仅在SMCCF宣布当天，中期信贷利差即下降近100BP。2020年5月12日，美联储正式使用SMCCF在公开市场购买公司债券、ETF以及信用债市场指数组合，并在仅使用5%限额（约137亿美元）的情况下，实现了既定的调控目标。2020年12月31日，SMCCF按照原定计划停止购买债券并逐步降低头寸。从2021年6月7日开始，SMCCF出售其ETF头寸，并于同年7月12日出售公司债头寸。2021年12月17日，SMCCF终止，相应的SPV也随之停止。

的肥胖病人，情况紧急，重要的是及时救助，而非告诫他少吃肉。

对于已经严重资不抵债的头部房企，不宜再拖，要加快破产重整，通过股权清零、大额债权打折等方式承担相应的损失。[1]

还需要清醒认识的一点是，无论住房金融化"钟摆"如何摆动，大城市的住房问题与低收入群体的住房问题，特别是大城市的低收入群体的住房问题始终存在，中外皆然。由于供应弹性低，经济活力强，人口净流入的大城市的房价持续攀升，甚至很容易超过中产阶级特别是新兴中产阶级的支付能力，从而为住房过度金融化提供"温床"。从供需关系入手，增加大城市的住房供应规模，是缓解"长安居、大不易"这一问题的根本举措。

对于低收入群体而言，无论大城市的房价怎么回落，实际上，他们都缺乏必要的支付能力购买住房，他们的问题主要出在收入上，因此，需要区分城市贫困和住房市场失灵问题。[2] 政策的重点应是着力解决其收入问题，而不是通过加杠杆不负责任地放大其短期支付能力，将其推向"过度冒险"的境地。

[1] 易纲：《建设现代中央银行制度（认真学习宣传贯彻党的二十大精神）》，《人民日报》2022年12月13日，第13版。
[2] 〔美〕爱德华·L.格莱泽：《美国联邦住房政策反思》，陈立中、陈一方译，中国建筑工业出版社，2012，第5页。

图书在版编目(CIP)数据

中国住房金融发展报告.2024／蔡真等著.--北京：
社会科学文献出版社，2024.11. -- ISBN 978-7-5228
-4315-5

Ⅰ.F299.233.38

中国国家版本馆 CIP 数据核字第 2024EF4988 号

中国住房金融发展报告（2024）

顾　　问／李　扬
著　者／蔡　真　崔　玉　等

出 版 人／冀祥德
组稿编辑／恽　薇
责任编辑／孔庆梅
责任印制／王京美

出　　版／社会科学文献出版社·经济与管理分社（010）59367226
　　　　　地址：北京市北三环中路甲 29 号院华龙大厦　邮编：100029
　　　　　网址：www.ssap.com.cn
发　　行／社会科学文献出版社（010）59367028
印　　装／三河市东方印刷有限公司

规　　格／开　本：787mm×1092mm　1/16
　　　　　印　张：18.25　字　数：268 千字
版　　次／2024 年 11 月第 1 版　2024 年 11 月第 1 次印刷
书　　号／ISBN 978-7-5228-4315-5
定　　价／138.00 元

读者服务电话：4008918866